掌尚文化

Culture is Future

尚文化·掌天下

湖南大学-爱康教育基金

Decentralized
Finance

刘轶　张立军　**主编**

徐朗明　任翀　**副主编**

去中心化
金融

经济管理出版社
ECONOMY & MANAGEMENT PUBLISHING HOUSE

图书在版编目（CIP）数据

去中心化金融／刘轶，张立军主编；徐朗明，任翀副主编. —北京：经济管理出版社，2022.6

ISBN 978-7-5096-8502-0

Ⅰ. ①去… Ⅱ. ①刘… ②张… ③徐… ④任… Ⅲ. ①区块链技术—应用—金融业—研究 Ⅳ. ①F83-39

中国版本图书馆 CIP 数据核字（2022）第 099583 号

策划编辑：王 倩
责任编辑：宋 娜 王 倩
责任印制：黄章平
责任校对：王淑卿

出版发行：经济管理出版社
　　　　　（北京市海淀区北蜂窝 8 号中雅大厦 A 座 11 层 　100038）
网　　址：www. E-mp. com. cn
电　　话：（010）51915602
印　　刷：唐山昊达印刷有限公司
经　　销：新华书店
开　　本：710mm×1000mm /16
印　　张：20.5
字　　数：273 千字
版　　次：2022 年 7 月第 1 版　　2022 年 7 月第 1 次印刷
书　　号：ISBN 978-7-5096-8502-0
定　　价：98.00 元

目 录

第一章
导论

第一节　去中心化金融的概念

讨论去中心化金融（Decentralized Finance，DeFi）之前，要先提到一个概念——金融科技（Financial Technology，FinTech），金融科技是指通过技术手段推动金融创新，形成对金融市场、机构及金融服务产生重大影响的业务模式、技术应用以及流程和产品。从技术的角度看，金融科技也被认为是应用于金融领域的各类新技术，如分布式账户、区块链、云计算、大数据等。需要强调的是，金融科技并未改变金融服务的本质，金融科技只是改变了技术在金融活动中的流程，提高了重要性，拓展了交易对象，提高了交易效率。

去中心化金融与金融科技既有联系又有区别。去中心化金融（DeFi）基于区块链技术构建金融服务体系，其概念来自借贷产品 Dharma 的联合创始人 Brendan Forster，他在文章 *Announcing DeFi，A Community for Decentralized Finance Platforms* 中首次提出了 DeFi 的概念，他认为 DeFi 是一个分散的金融平台社区，且需要符合以下标准：①采用区块链技术；②服务于金融业；③代码开源；④有强大的开发者平台。

目前学术界对去中心化金融（DeFi）尚未给出严格的定义。有学者认为 DeFi 是一系列替代银行、保险、债券和货币市场等机构的产品和服务。去中心化应用（DAPP）允许用户将它们提供的服务组合起来，从而开启了更多的可能性。由于其可组合性，DeFi 通常被称为货币乐高（Money LEGO）。也有学者将去中心化金融（DeFi）定义为一场能够让用户在无须依靠中心化实体的情况下使用诸如借贷和交易等金融服务的运动，这些金融服务由去中心化应用（DAPP）提供，且大部分应用部署在以太坊平台上。DeFi 不是某一个具体的项目，而是一些项目的集合，可以将其看作是这一类项目的统称。

此外，国外一些研究者将 DeFi 的含义扩大化。他们认为，加密货币本身就是一种 DeFi，即去中心化的货币，比如比特币。去中心化货币是 DeFi 最根本的基础设施，有了去中心化的货币，就可以搭建去中心化的稳定币、去中心化的借贷市场、去中心化的交易所以及去中心化的衍生品和保险等，DeFi 的发展思路与加密数字货币的思路一脉相承，最后构建起加密货币的金融生态。

在现有的金融系统中，金融服务主要由中央银行与金融监管机构进行宏观把控和调节，无论是最基本的货币存取与转账还是借贷与衍生品交易，都是围绕着中心化的金融机构进行的。与之不同的是，去中心化金融希望通过分布式开源协议以及区块链技术，建立一套具有透明度、可访问性和包容性的开放式金融系统，无须依靠中心化实体，将信任风险最小化，让参与者更便捷地实现交易。

第二节　去中心化金融的目标

金融行业自萌芽到逐渐成熟，一直在"去中心化到中心化，再回到去中心化"的反复更迭中。金融中心化与去中心化，一直就是金融变革的核心问题。在加密货币与 DeFi 项目备受关注的今天，支持去中心化金融的呼声高涨。

目前来说，传统金融体系存在着以下弊端：①区别对待金融服务。由于传统金融进入门槛相对较高，部分长尾用户无法享受到平等的金融服务，且使用传统金融设施需要支付高昂的手续费。②对监管与审查的要求比较高。传统金融受到政府和政策的监管，且监管政策随着金融体系逐渐庞大而日益纷繁复杂；由于地理边界而导致的资产缺乏、官僚主义及监管审查问题，使投资者们的投资组合无法多样化而错失机会。③受到对手方风险的困扰。在传统金融中，个人可能会承担过高且不必要的交易对手方风险。

区块链技术的发展打破了中心化的限制，使去中心化金融（DeFi）得以实现，传统金融体系的弊端反而成为了 DeFi 的优势。我们可以把区块链理解成一个去中心化不可篡改的数据库，而 DeFi 就是一类依赖分布式账本技术与区块链技术，在开放的去中心化网络中发展建立的各类金融领域的应用，其目的是以去中心化的方式进行开发和运营，在区块链网络上提供所有类型的金融服务，建立一个多层面的金融系统，重新构造并完善已有的金融体系。由于利用了最流行的分布式账本与区块链技术，去中心化金融在一些方面显著地优于传统金融，它的目标是构建具有以下特点的金融系统：

（1）无须许可。DeFi 为全世界每个人营造公平的参与环境，每个人都可以不受时间与空间的限制享受公平的服务。

（2）审核免疫。在符合 DeFi 协议的前提下，每个人都可以使用所有的金融设施，无须受相关规定的约束，且中央方没有资格停用用户账号。

（3）可编程。每个合约都是预编程的，对每个人而言都以同样的方式执行，开发者可以利用编程实现低成本的金融服务。

（4）透明度。合约的内部工作在分布式账本上完全可见，因此为系统引入了透明度。这些合约通常会有去中心化的治理组织，来确保每个人都清楚发生了什么，并确保没有恶意行为者能够单独地做出恶意决策。

（5）可信度。无须中央方确认交易的有效性。

由于上述特点，整个去中心化金融系统可以被每个普通人所信赖。

第三节　去中心化金融的背景

一、加密货币崭露头角

以比特币为代表的早期加密货币，其诞生时间大致为 2009 年，2009—2014 年是加密货币发展的最早期。比特币（Bitcoin，BTC）的概念最初由中本聪在 2008 年 11 月 1 日提出，并于 2009 年 1 月 3 日正式诞生。比特币是一种 P2P 形式的虚拟加密数字货币，P2P 的去中心化特性与算法本身可以确保无法通过大量制造比特币来人为操控币值，这种去中心化货币正是去中心化金融的基础设施。因此，学者们将 BTC 和其他加密货币的诞生视为 DeFi 的尝试，然而，将货币的发行和存储分散化只是提供了点对点结算的解决方案，还不足以支撑丰富的金融业务。

二、以太坊孕育去中心化金融雏形

以太坊从设计上就是为了解决比特币扩展性不足的问题，它的出现为 DeFi 打开了新世界的大门，一些 DeFi 项目依靠着以太坊技术而落地成功。

2015 年 8 月，MakerDAO 发布白皮书。当时，DAI 还没有被赋予稳定币的概念，它被定义为首个可转移、可互换的加密债券。发行方即借款人可以通过锁定价值资产发行 DAI，从而获得稳定并且低风险的利息收益，收益来自发行方的抵押资产。

市场上缺乏稳定且高效的去中心化网络来承载类似 Maker 的构想，而以太坊的出现提供了选择性。在 Maker 白皮书刊发的一个月前，也就是 2015 年 7 月，以太坊主网的第一个版本 Frontier 发布。这个初代的网络虽然仅对用户开放了挖矿接口以及上传和执行合约的方案，但已具备了发展的可能性。2016 年，以太坊主网的 Homestead 升级做了三个重要修改——移除 Canary 合约并去除了网络中的中心化部分；在合约编程语言 Solidity 中引入了新代码；带来了 Mist 钱包，让用户能持有、交易以太币（ETH），更方便地编写和部署智能合约。

2016 年 10 月，基于以太坊的去中心化交易所 IDEX 上线，为了规避以太坊网络的低效问题，其采用了订单簿模式，支持限制和管理订单，链下撮合、链上清算的方式实现高吞吐量和实时交易。IDEX 成为以太坊上能够同时进行多笔交易的平台。

从广义上讲，去中心化金融的兼容度很强，无论是去中心化交易所、去中心化借贷、支付平台、衍生品等均可以被归入 DeFi 的范畴，以太坊踏上 DeFi 这条路并非偶然。从以太坊的发展历史看，在 2017 年 ICO 最疯狂的阶段，大部分募资代币都是采用了 ERC20 协议生成的，这些海量资产沉淀在了以太坊网络上，大部分代币之间的交换仅需支付 ETH 作为 GAS 费用即可。

与此同时，基于以太坊的稳定币也占据了大部分市场份额。包括 USDT、USDC、PAX、BUSD、TUSD、HUSD、DAI 等稳定币均基于 ERC20 协议生成，据以太坊浏览器数据显示，这些稳定币流通总市值超过 100 亿美元。丰富的稳定币体系，满足了用户资产抵押、点对点借贷等基本金融需求，使无准入制的开放式金融初步形成。因此，以太坊网络的诞生、开发者对金融场景的链上尝试、早期资金的支持都为 DeFi 的发展奠定了基础。

随着数字货币技术的不断发展，以及数字货币基础知识的普及，有价值的数字货币越来越多，尤其是 ETH 公链上的代币，当数字货币生态越来越丰富，这些代币间的置换、抵押借贷等需求也就自然而然地产生了。用户进行代币间的置换和抵押借贷，主要还是出于理财的需求，传统金融产品可以理财，数字货币当然也可以进行理财，而且收益率并不低，尤其是在熊市中，利用手中已有的数字货币进行理财是刚需。当越来越多的人使用数字货币进行理财时，代币间的闪兑、抵押借贷等交易会变得越来越频繁，再加上以太坊上 DeFi 基础设施的不断完善，DeFi 的爆发就顺理成章了。

第四节　去中心化金融的意义

一、解决交易双方互信难题

区块链技术本身是一种效率较低的技术，它真正的价值在于提供传统互联网巨头所不能提供的信任，而不是盲目追逐系统吞吐量。目前，网上信息的不可信、数据的不可信、身份的不可信、交易的不可信，已经成为未来互联网发展的瓶颈。因此，我们需要采取建立在数学之上的另外一种不同的信任方法。区块链就是这样的一种新方法，它消除了对可信中介的需求，因为信任是用密码学创建的，我们不需要相信第三方，而是相信数学。区块链技术的出现就是要在这样一个互联网相对不可信、不信任或者弱信任的环境下，来建立一个信息对称支撑的可信体系。

区块链被认为是"一台创造信任的机器"，其中的点对点网络（P2P）技术与非对称加密机制，本质上都是"技术背书"对"权威背书"的挑战。DeFi 希望通过分布式开源协议与区块链技术建立一套具有透明度、可访问和包容性的点对点金融系统，通过达成共识实现去中心化，有效解决信任问题并将信任风险最小化。

二、降低金融服务门槛

中心化金融体系对用户的门槛要求很高，在身份、财富和地域方面都有严格的把控。在中心化金融体系中，对交易者设置门槛的一个重要原因就是为了筛选出优质的交易者，在规避可能风险的前提下实现利润最大化。区块链技术通过去中心化降低了交易成本，在降低交易者资质门槛的同时，可以达到类似效果。

《2016 年中国银行业白皮书》中提到，从受众人群来看，区块链金融的普及，使未在传统金融体系中享受到金融服务的民众也能通过区块链金融平台进行价值转移，最大限度获得金融服务。从交易成本来看，区块链金融无须第三方中介机构，在区块链上就可直接进行可信任的价值交换，极大降低了人力资源成本和中介机构基础设施成本，且交易在瞬间即可完成，提高了交易效率。因此，去中心化金融在一定程度上满足了过去传统金融机构无法实现的金融需求，降低了门槛，扩大了客户群。

三、实现全球普惠金融服务

有数据统计，全世界 200 多个国家中，大约有 17 亿人口无银行账户及信用卡。也许是银行在该地区没有开设分支机构，也许是开户需要很多文件、资料，同时开户还要收取管理费，导致有人不想或没办法开立账户。然而，在那些没有银行账户的人中，80%的人有手机，能连上互联网，他们有可能通过 DeFi 享受到金融服务，只有去中心化的分布式金融，才能把成本降到最低，并通过手机和互联网实现金融的普惠。

去中心化金融使任何人都可以通过互联网或智能手机来获得金融服务。在去中心化金融体系中，金融公司的金牌交易员与偏远地区的农民享受到的服务是没有区别的。同时，去中心化金融还可以实现经济实惠的跨境支付，省略了昂贵的中介费用，有效降低了国际汇款的成本。

去中心化金融通过消除中介机构和进入壁垒，使用区块链技术为世界各地所有人提供传统金融服务的访问权限。DeFi 并不是只想要服务金融体系高度发达的地区和人群，还要服务到那些没有被传统金融服务覆盖的地区和人群。

DeFi 做普惠金融还有以下几点优势：

（1）准入门槛很低。只要有手机，连上互联网就可以进行借贷、支付、衍生品交易、保险交易。

（2）可靠。交易细节都写进代码中，用户有权查看协议与代码。

（3）透明、公开、开放。DeFi 的所有对手盘都处于平等地位，没有哪一方能占据信息优势或地理优势等，也不会存在一方费率更低、效率更快的情况。

（4）无对手风险。在 DeFi 中，严格用典当或抵押的形式保证对方能够进行支付与还债。同时，还使用智能合约进行借贷，一旦触发执行机制，智能合约就能够立刻执行，以此最大限度地减少交易对手风险。

（5）减少中介机构的风险。DeFi 没有中介机构，只有智能合约。成本也会因为没有了中介机构而降低。

（6）可组合性。可组合、可编程是 DeFi 的一大特点，许多标的可以用来做衍生品，像"乐高"一样进行组合，这样会使金融产品变得特别丰富。

去中心化的世界，不能保证所有人都话音同频，但至少可以让每个声音被听见。DeFi 的出现并不是偶然，它给了世界重新定义金融的机会，给了全球市场重新起跑的机会，也给了每个人享受无身份歧视的金融服务的机会，最终真正地实现普惠金融。

参考文献

［1］ Brendan Forster. Announcing De Fi, A Community for Decentralized Finance Platforms ［EB/OL］. (2018-08-31) ［2020-08-28］. https：//medium. com/dharma-blog/announcing-de-fi-an-alliance-of-decentralized-finance-platforms-9b4faf50b801.

［2］ ForTube. DeFi 三要素：信任、所有权和流动性 ［EB/OL］. (2020-07-15) ［2020-08-28］. https：//www. jinse. com/blockchain/758561. html.

［3］ PANews. 为什么 DeFi 成为以太坊的护城河？ ［EB/OL］. (2020-06-14) ［2020-08-28］. https：//www. zilian8. com/359313. html.

［4］ 百度文库. 金融科技与科技金融有何不同 ［EB/OL］. (2019-04-26) ［2020-08-28］. https：//wenku. baidu. com/view/0c9459a7bc64783e0912 a21614791711cc797995. html.

［5］ 蔡凯龙. DeFi 从入门到精通 ［EB/OL］. (2020-09-01) ［2020-09-28］. https：//news. huoxing24. com/20200901233523042122. html.

［6］ 陈永伟. DeFi 的优势与风险 ［N］. 经济观察报，2020-09-21 (35).

［7］ 单志广. 区块链的价值主要是一种新的信任机制 ［N］. 学习时

报，2020-01-10（8）.

[8] 高荣伟. 比特币究竟是什么？[J]. 山西老年，2014（4）：35.

[9] 经济观察报. DeFi 的优势与风险 [EB/OL].（2020-09-21）[2020-09-28]. https：//baijiahao. baidu. com/s? id=1678432283178865814. html.

[10] 李东卫. 美、欧央行监管比特币的做法及其对我国的启示 [J]. 北京市经济管理干部学院学报，2013，28（4）：30-33+42.

[11] 林胜德. 比特币对实体货币及经济的影响 [J]. 中外企业家，2013（34）：115.

[12] 灵鸽. DeFi 概念的缘起和分类 [EB/OL].（2019-06-20）[2020-08-24]. https：//www. chaindd. com/3205062. html.

[13] 刘唤宇. "挖矿" 热潮带火显卡市场 翻倍价格何时复原 [N]. 中国城市报，2021-03-15（4）.

[14] 乔海曙，谢姗珊. 区块链金融理论研究的最新进展 [J]. 金融理论与实践，2017（3）：75-79.

[15] 趣币. 去中心化金融 DeFi 是什么？[EB/OL].（2020-08-18）[2020-08-24]. https：//www. qubi8. com/archives/632830. html.

[16] 速途网. DeFi 挖矿新金融模式风靡全球 [EB/OL].（2020-09-04）[2020-09-28]. http：//www. sootoo. com/content/745248. shtml.

[17] 碳链价值. DeFi 沉思录：历史、中国与未来 [EB/OL].（2020-07-11）[2020-08-24]. https：//zhuanlan. zhihu. com/P/158748119.

[18] 通证通研究院. 区块链行业 DeFi 前景展望：DeFi，未来 "代码世界" 的主宰 [EB/OL].（2019-04-26）[2020-08-28]. https：//www. doc88. com/p-0806433574848. html.

[19] 王碧颖. 用比特币赚钱，靠谱吗？[J]. 新民周刊，2013（43）：50-52.

[20] 萧琛，李淑萍. 国际货币融通手段的多元化与虚拟化——低碳

时代物联网条件下虚拟货币的演进与前景［J］. 广义虚拟经济研究，2013（4）：5-13.

［21］星球日报. 为什么我们说去中心化借贷是 DeFi 最具想象力的部分［EB/OL］.（2019-06-03）［2020-08-28］. https：//www. odaily. com/post/5138 241.

［22］杨涛，王斌. 去中心化金融与区块链［J］. 金融博览，2016（6）：18-19.

［23］佚名. WatchGuard：2014 年全球安全趋势八大预测［J］. 网友世界，2013（23）：33-35.

［24］佚名. 比特币［J］. 金融与经济，2013（11）：96.

［25］翟冠楠，李昭勇. 5G 无线通信技术概念及相关应用［J］. 电信网技术，2013（9）：1-6.

［26］张越，汪国华，王旭. 比特世界［J］. 个人电脑，2013，19（6）：56-70.

［27］赵昕蕊. 机器学习方法在期权定价中的应用［D/OL］. 安徽：中国科学技术大学，2019［2019-08-23］. https：//d. wanfangdata. com. cn/thesis/Y3565590.

［28］仲品. 疯狂的比特币［J］. 中国西部，2014（1）：102-105.

第二章
去中心化金融的发展历程

第一节 从传统金融到去中心化金融的探索

金融中心化与去中心化,一直都是金融变革的核心问题。从货币发行史看,货币经历了从分散到集中、由民间主体发行到中央银行发行的过程,而现在的数字货币,又存在将货币发行推向分散化的可能。

在古代,早期人类社会生存形式大多是聚居,没有特别强的集权整体,不存在统一的金融中心发行货币,原始的物物交易以及价值流转是通过一般等价物进行的,那时并没有一个中心充当物物交易的中介,人们约定俗成用某个实物来充当一般等价物,通过去中心化资产来自行交换所需,这类型去中心化资产的价值是得到人们普遍认同的,并非取决于哪一个机构。在当时,金融是分散的、去中心化的。随着贸易往来逐渐频繁,多种形式的货币开始出现,在这期间,金属货币的价值得到了大家广泛的认同。由于古代技术不够发达,且勘测到贵金属矿具有非常大的偶然性,各种因素导致金属铸币权分散在各个地区,金属货币似乎是一种典型的基于去中心化资产的货币。

纸币时代,国家、政府、大型金融机构在整个金融系统中扮演着金融中心的角色，在一定程度上推动了金融行业的发展。北宋"交子"作为纸币的先驱，便利了商业往来，被学者们认为是一个彻头彻尾的中心化货币，其背后真正的背书资产，其实是北宋中央和地方政府信用。然而，"交子"的声誉似乎并不好，究其原因是北宋战事不断，大量印发货币导致了严重的通货膨胀，使社会经济受创。

在中心化金融出现了越来越多的弊端之后，去中心化成为重要的改革方向。从黄金到"交子"，又从传统货币到数字货币，我们似乎可以预见，货币后端背书资产的发展趋势可能是一个循环："去中心化到中心化、中心化到去中心化"，这样一个不断更迭的模式。又或者说，在无尽的历史长河中，形成了一个偏中心化与偏去中心化的轮回。当然，在走向去中心化的趋势下，也可能存在多向演变和阶段性波动。

一、中心化金融

金融是围绕货币及各类金融资产或其相关行为而进行的各项活动。传统金融也称中心化金融（Centralized Finance，CeFi），其服务方大多数是经由各国家政府批准的大型中心化机构，这些金融中介是金融市场的核心，集中了职能和财力，提供诸如资金借贷，货币、权益类资产或交割类资产交易，以及金融衍生工具交易等。中心化机构如银行等提供服务的同时也承担了信用背书的职责。在传统金融活动中，多数金融业务都是在银行进行的，银行是进行传统金融活动的重要机构，为人们办理金融业务提供场所和相关服务。随着时代发展，金融行业已不再局限于银行业，逐步拓展为更多样化的证券业务。传统金融体系的发展取决于大型金融机构及其监管者的实力、稳定性、权威性和可信度等。

二、金融科技

随着互联网时代的到来，金融科技（Fintech）逐渐发展成为一种热潮。"Financial（金融）+Technology（科技）= Fintech" 即以科技作为核心驱动力将新技术，如人工智能、区块链、云计算、大数据等应用到金融领域中，以提供高效且低成本的服务，从而提高公司的效率和收益。依靠金融科技让普惠金融成为现实，比如，余额宝上线 18 天就吸引了 250 万客户，一年以后其客户超过了 1 亿人。余额宝账户平均余额只有 5000 元的客户，对银行来说服务成本较高，因此银行难以为这些资产较少的客户提供服务，而 Fintech 的高效和低成本，很好地解决了资产较少客户的金融需求痛点。此外，市场上还出现了一些 P2P 借贷平台直接服务于贷款人和出借人，这些平台的出现使金融服务的门槛降低，为传统金融无法服务到的长尾客户提供了资金借贷渠道。

三、去中心化金融

金融中心化与去中心化，一直就是金融变革的核心问题之一。在中心化金融出现了越来越多的弊端之后，去中心化成为重要的改革方向。区块链技术的发展打破了中心化的限制，使去中心化金融（DeFi）得以实现，中心化的弊端反而成了 DeFi 的优势。DeFi 不是某一个具体的项目，而是一个概念，我们可以将其看成是一类项目的统称，它希望通过分布式开源协议以及区块链技术，建立一套具有透明度、可访问性和包容性的开放式金融系统。

四、CeFi 与 DeFi 的对比

市场摩擦、不可获取性和监管的不确定性是困扰当前传统金融系统的一些主要问题。很不幸，并非所有人都能享受到当前银行系统中的服务，无法获取银行服务的人很难公平地参与进来。DeFi 就是要弥合这些鸿沟，让每个人都可以获取金融服务，而不需接受任何形式的审查。简言之，DeFi 开启了巨大的机遇之窗，允许用户能够不受种族、宗教、年龄、国籍和地理限制享受各种金融服务。

DeFi 平台 Kava Labs 的首席执行官 Brian Kerr 表示，DeFi 背后的核心理念是将加密生态系统完全去中心化。与中心化金融（Centralized Finance，CeFi）服务不同，DeFi 协议及应用程序都是开源的，而且是由全球众多运营商在云中运行的，对任何能上网的人都是开放的，不需要 KYC（Know Your Customer），也不像传统金融世界那样需要烦琐的流程。

换言之，DeFi 服务是去允许和去信任的。DeFi 不存在一个中心化的机构，因此 DeFi 少监管且无须 KYC，但 CeFi 有监管且需要 KYC。DeFi 开源且操作公开，但 CeFi 往往由不同的金融机构垄断，业务流程不开源且时有隐藏操作。DeFi 有严格的智能合约代码，抗审查性强，而 CeFi 很容易被审查。DeFi 交易费用低，CeFi 交易费用高且具有中介费用。DeFi 主要是基于区块链技术，而 CeFi 是建立在旧金融体系上的。

使用 CeFi 服务的好处是灵活性更高。这种灵活性带来的一些好处包括 fait 转换、跨链交换，以及通过处理资金直接帮助客户的能力。CeFi 服务一般提供整体解决方案，可以快速适应客户的需求。使用 DeFi 金融服务的好处是不需要放弃个人信息或保管资金。这大大降低了信息未经同意被使用或资金被盗的风险。DeFi 使人们能够独立管理他们的资产，且不会错过 CeFi 等机构提供的任何服务。

尽管 CeFi 和 DeFi 之间有许多细微的区别，但区别的核心是用户应该信任人还是应该信任技术。有了 CeFi，用户可以信任企业的管理者，让他们管理资金并提供相应的服务。有了 DeFi，用户可以信任背后的技术并按照预期执行服务。

五、Fintech 与 DeFi 的对比

金融科技是一种对公司策略行为的描述，更强调技术在公司金融行为中的地位和作用。从信任维度来看，Fintech 更多的是中心机构提供背书，科技技术掌握也过于集中，而 DeFi 则将信任需求最小化。

DeFi 创始人最近撰文，分析了 DeFi 的领域与金融科技 Fintech 之间的差别。他指出，Fintech 植根于官僚主义和传统信任机制，而 DeFi 则是独立于系统之外的，对信任的需求是最小化的。因此，DeFi 不像其他行业那样被规则紧紧约束，DeFi 给开发者带来了根本性自由。

从广义上来说，DeFi 企业也应该是 Fintech 公司的一种分类，因为 DeFi 企业是基于区块链这样的新型科学技术来构建去中心化金融服务体系。从根本上看，Fintech 与 DeFi 之间又有着非常大的区别，具体区别如下：①Fintech 系统由中央控制，为机构背书，而 DeFi 系统为开放源码，为信任背书；②Fintech 交易清算可撤销，由管理员掌握最高权限，而 DeFi 执行逻辑严格，一旦触动则不可撤销；③Fintech 交易需要通过银行或金融机构许可，而 DeFi 不需要通过银行或金融机构的许可。

第二节　去中心化金融的演化过程

随着技术实力的提升，我们可以将 DeFi 的演化分为四个阶段。第一阶

段的 DeFi 项目主要提供基础模块服务。最初的 MakerDAO 项目，让 DAI 稳定币的风头一时无两，再到 Compound 项目的出现，"借贷即挖矿"火爆，各类数字货币、借贷项目层出不穷，标志着去中心化金融正式兴起；随着区块链技术逐渐突破、各类合成资产兴起，现货和衍生品市场的去中心化交易所火爆，各类传统金融服务被复制到去中心化金融中，DeFi 进入第二阶段；DeFi 市场更新迭代速度极快，所有人都在期待谁是下一个时代的宠儿，Polkadot 跨链服务的横空出世，让众人看到了第三阶段的曙光，同时 DeFi 保险作为风险对冲进场，也为 DeFi 生态完善助力。至于 DeFi 什么时候能够形成完整的生态体系，目前还是一个未知数，但可以肯定的是，DeFi 行业未来的发展一定是生机蓬勃的。在表 2-1 中，我们简要概括了去中心化金融演化过程中的四个阶段。

表 2-1　去中心化金融的演化过程

四部曲	介绍	主要应用	亮点
兴起	提供基础模块服务，概念上试图将传统金融产品移植到区块链中，但处理速度缓慢，技术实现不足	MakerDAO、Compound	数字货币出现；资产发行（LAT、ETH、BTC、USTD）；流动性挖矿
突破	将传统金融服务引入到 DeFi 中，合成资产兴起以及现货和衍生品市场的去中心化交易所出现	Uniswap、Curve	资管类出现了钱包；交易类出现了交易所；衍生品类出现了衍生 DeFi 产品
繁荣	突破技术限制后、更复杂的衍生品交易、保险业务出现、圈外资产引入、资产跨链得以实现	Polkadot、Cosmos	跨区块链通信技术；信用管理类
成形	形成完整的生态体系	——	链外资产上链、合规性要求

资料来源：币伙计。

一、DeFi 的兴起

DeFi 发展历程的第一阶段为概念验证（Proof of Concept，PoC）阶段。在这个阶段中，区块链技术的发展为去中心化金融的萌芽提供了良好的土壤。研究者们从概念上试图将传统金融产品移植到区块链和分布式账本中，但由于区块链技术尚未发展成熟，处理速度缓慢，技术实现不足等问题直接限制了 DeFi 的实际应用。

反对者或者质疑者认为：区块链虽然可以处理复杂的金融工具，但是其速度却无法令人满意。它们只是成功的概念验证协议，而无法被实际应用。支持者们认为 BTC 等数字货币已经构成 DeFi 的 1.0 版本。在这个阶段，数字货币作为货币体系中的重要角色已经实现了去中心化。随后这个阶段的产品出现了 MakerDAO、Compound，去中心稳定币使贷款和借款的超额抵押成为可能。

在第一阶段中 DeFi 市场主要提供一些基础模块服务。其中，资产创建类等项目包括了资产发行、资产管理以及流动性挖矿等项目；借贷质押支付类项目包括了去中心化借贷交易等项目。上述项目需要支持基础的 DeFi 协议标准。

DeFi 市场中第一个现象级的应用是 MakerDAO，长期占据 DeFi 锁仓市值榜前三甲。MakerDAO 是一个借贷类的产品，采取超额抵押生成稳定币的方式运行。MakerDAO 采用双币制，DAI 为稳定币，MKR 为治理代币，持有 MKR 可以参与 MakerDAO 的去中心化治理，治理内容包含增加抵押品种类、修改已有抵押债仓种类、修改债务上限和清算比例等关键参数，而 DAI 的抵押、生成、清算等一切操作则是通过智能合约执行，所有人都能在链上查看抵押情况，完全透明，这就是 DeFi 的优势。

Compound 同属借贷平台，与 MakerDAO 不同的是，其不需要发行稳定币，而是通过借贷共享代币池的模式来维持市场的运转。对比 MakerDAO，Compound 有着开创性的三大优势：①流动性优势。COMP 的流动性挖矿奖励，本质上是对借贷双方的额外补贴，能让抵押方获得更多收益，贷款方支付更少利息。②借贷分离。在 MakerDAO 中借贷是捆绑的，抵押和贷款同步产生，而在 Compound 中，可以只抵押不贷款，抵押本身可以创造收益，实现理财。③借贷方向自由。不同币种的代币池相互分立，用户可以抵押或贷款，该平台支持任何资产，更能满足市场多样化的需求。

二、DeFi 的技术突破

在初始概念验证（PoC）之后，资管类产品比如钱包、交易类产品比如交易所、固收类产品和衍生产品的出现，表明 DeFi 进入了突破时刻——第二阶段。对预先存在金融产品的接受表明，象征性的价值捕获机制可以蓬勃发展，我们见证了合成资产、现货和衍生品市场分散交易的兴起，去中心化交易所也成为极度热门的项目。去中心化交易所（DEX）有两种类型——基于订单簿的 DEX 和基于流动性池的 DEX。像 dYdX 和 dex. blue 那样基于订单簿的 DEX 的运作方式与 CEX 类似，用户可以按限价或市价提交买卖订单。两种类型交易所之间的主要区别在于，对于 CEX，交易资产需要保管在交易所钱包里，而对于 DEX，交易资产可以保管在用户自己的钱包里。然而，基于订单簿的 DEX 面临的最大问题是流动性。用户在订单簿中的订单可能需要等待很长时间才能成交。为了解决这个问题，引入了基于流动性池的 DEX。流动性池本质上是智能合约中的代币准备金，用户可以随时买卖流动性池中的可用代币。代币的价格是通过算法确定的，会因大额交易而上涨。DEX 流动性池可以跨多个 DEX 平台共享，这将推高任何单个平台的可用流动性。基于流动性池的 DEX 的例子有 KyberNetwork、Bancor 和 Uniswap 等。

三、DeFi 的繁荣

在行业的第一阶段，DeFi 创新者试图将传统金融产品转移到区块链上，但他们的努力因操作和加工速度缓慢而受到阻碍。在 DeFi 的第三阶段，公司又回到了传统产品。"传统"产品具有指数优势，这些产品不仅利用了权力下放的潜力，而且超越了以往链条和分类账的局限性。监管、用户体验和扩展解决方案消除了进入障碍。

在第三阶段，DeFi 保险作为风险对冲工具入场，基于分布式数字身份的信用管理服务项目出现，以预言机为技术支撑的可信的咨询数据聚合服务广泛应用，促进了 DeFi 市场的繁荣。

与此同时，许多尝试跨链技术的应用也崭露头角。自带光环的 Polkadot（波卡）从一出现就吸引了大众眼球，其目标是实现各个链之间资产与数据的互相流通。Polkadot 定义了一套平行链（Parachain）和中继链（Relay Chain），来分别解决异构性、扩展性和伸缩性问题。跨链底层项目 Polkadot（波卡）和 Cosmos 的定位比较接近，同样是尝试建立一套多链的架构，让所有接入此架构的区块链能更好地完成彼此之间的信息交互。有人形象地比喻 Cosmos 更像安卓系统，Polkadot 更像 iOS 系统。

四、DeFi 的未来

在第四阶段，DeFi 项目开发者极力想构建一个完善的 DeFi 生态体系，但 DeFi 有个无形的天花板，即 ETH 或是 BTC 的市值限制。要打破这个限制，真正地实现区块链改变世界的理想，就须打破圈子的壁垒，让外部世界的资产流入或映射进来。在这个体系中，合规性也会受到极大的重视。

一方面，Maker 开始寻求引入供应链发票和音乐家未来的版税作为抵押物之一，为圈外资产的引入开了一个好头。另一方面，圈内最大的区块链公司 Consensys 开始发力，启动了 Codefi Compliance，这是一种用于加密货币和数字资产的自动化、敏捷的法规和合规性平台。作为 AML、CFT 的下一代解决方案，Codefi Compliance 可确保数字资产满足监管要求，而不会损害市场和业务需求。它是唯一专门针对基于以太坊的资产设计的合规性解决方案。可以想象的是，两年前火过又冷却下来的合规与资产代币化（Security Token Offering，STO），以及 KYC、AML 等的市场，会在 DeFi 将圈外资产引入圈内这一过程中发挥重要的作用，但 DeFi 发展的最终阶段将包括什么？它究竟什么时候才会到来？现在来说，尚且是个谜题。

第三节　DeFi 项目的发展史

智能合约概念于 1996 年被 Nick Szabo 提出，然而基于当时的状况智能合约始终未能付诸实践，直到 2013 年，以太坊白皮书中提到：以太坊被设计为一个比特币替代协议，目的是为迎合快速发展时期诞生的诸多去中心化的应用，其内嵌图灵完备的编程语言可允许任何人编写智能合约及去中心化应用。以太坊协议实现着远超货币功能的应用，DeFi 也在此时初见雏形。从 2013 年 DeFi 概念初见雏形到 2018 年 Dharma Labs 创始人 Brendan Forster 首次提出去中心化金融或开放式金融 Decentralized Finance 的概念时隔 5 年之久，这期间也是整个区块链生态的萌芽阶段。

说到第一个尝试 DeFi 的项目，很多人可能会提到今天的 DeFi 龙头 MakerDAO，但实际并非如此，第一个尝试 DeFi 的项目，实际是由 Daniel Larimer、Charles Hoskinson 等创建的 Bitshares（比特股），Bitshares 是一种支持包括虚拟货币、法币以及贵金属等有价值实物的开源分布式交易系统，该系统主要能够提供一个去中心化交易所的解决方案。Bitshares 的独特之处在于它实现了类似传统银行业或股票经纪业运作的商业模式。

然而，真正把 DeFi 这个词传播到全世界的项目是 MakerDAO。2017 年 12 月，全球首个 DeFi 应用 MakerDAO 正式上线。在 MakerDAO 成功案例的激励下，DeFi 应用如同雨后春笋拔地而起。

2018 年，著名 DeFi 应用 Compound、dxdy、Uniswap、Dharmar、Augur、Synthetix 等上线；2019 年，WBTC、DDEX、Chainlink、dForce、Kyber、Insta-dapp 上线；2020 年，Loopring、Balancer、Aave、Sushiswap 相继上线，Aave 在短短时间内就上升到了 DeFi 应用锁仓量的前几名。同年，Compound 上市 Coinbase，并以"借贷即挖矿"的"流动性挖矿"模式分发占总量 42% 的治理代币，掀起了 DeFi 的锁仓狂潮。目前市场上又出现了诸如 Polkadot、Cosmos 这类支持资产跨链交易的项目，DeFi 项目百花齐放。图 2-1 展示了 DeFi 项目的发展历程。

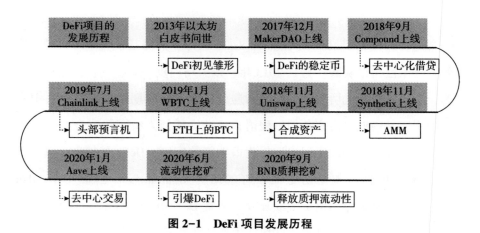

图 2-1　DeFi 项目发展历程

资料来源：金色财经。

一、DeFi 项目的发展历程

1. 2017 年 12 月 MakerDAO 上线

MakerDAO 于 2017 年 12 月上线，是一个运行在以太坊上的去中心化自治组织。它通过 MKR 和 DAI 双代币系统，让数字资产的价格保持在相对稳定的状态。Maker（MKR）是 MakerDAO 平台的实用性代币，代币持有者利用它来治理平台。Maker 代币不与任何特定的价格挂钩，所以它的价格和其他数字资产一样自由波动。DAI 是 MakerDAO 平台的稳定币，但与 MKR 不一样，DAI 设计成没有价格波动，固定在 1 美元，从而允许用户持有而不用担心价值损失。除中心化稳定币功能外，去中心化稳定币 DAI 还具备以下特征：

（1）抗恶性通胀。阿根廷通胀率高达 37.2%。稳定币 DAI 锚定美元的特性，使之已成为许多阿根廷民众用来储存财富的工具。

（2）另类金融通道。基于 DeFi 去中心化的特点，用户甚至不需要持有银行账户即可完成转账、交易甚至支付等功能。

（3）无审查、7×24 小时市场及避税等特点。去中心化、公开审计、完全透明、链上可查无一是 USDT 能做到的。目前来讲 DAI 不仅是许多交易所的计价货币，也是许多 DAPP 上默认使用的稳定支付手段。Maker 作为整个生态的第一个项目发行稳定币为整个 DeFi 生态的未来打好了基石，不需依赖银行账户、不需依赖信用评级，甚至不需依赖 USDT，这就是 DAI 一直以来稳居 DeFi 第一的原因。

2. 2018 年 9 月 Compound 上线

2018 年 9 月被称为去中心化的商业银行 Compound 上线，这个借贷平台采用的计息方式是复利而不是单利，它在以太坊一个出块时间也就是 13 秒左右就能完成一次计息。首先，Compound 无须 KYC（Know Your Customer），相对于没有银行账户的人这或许是个很好的选择。其次，Compound 没有对手方风险，用户交易对手方是智能合约，智能合约由于链上公开透明每一步操作皆可查。最后，用户资金是在链上而不是在项目方手里，因此相对来说更为可信。

2018 年到现在虽然仅仅 3 年时间，但在那个 DeFi 刚刚崭露头角的年代里，Compound 首个商业银行的身份足以吸引到诸如 Coinbase 等知名投资机构，事实也是如此，Compound 一直稳坐借贷平台龙头宝座，直到后来 Aave 上线才占据了这个宝座。作为商业银行用户最关心的问题即存款的利率问题，如图 2-2 所示，Compound 上存款利率则显著高于传统领域各国的存款利率。

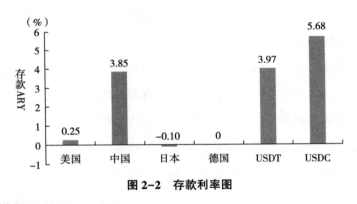

图 2-2　存款利率图

资料来源：Trading Economics。

3. 2018 年 11 月 Synthetix 上线

随着整个 DeFi 生态的日趋完善，从稳定币到借贷平台再到 DEX，用户几乎可以看到另一个传统金融世界，然而在这个世界里却缺少了传统金融领域诸如股票、大宗商品及其他衍生品投资标的。用户若想参与传统领域投资则必须回归传统交易所且存在诸如地域监管等条条框框，而随着 Synthetix 上线，几乎是打通了传统金融资产的通道。值得注意的是，整个项目依然是去中心化无准入门槛的。

作为头部衍生品项目，其合成资产可简单理解为现实资产的"平行世界"，把现实中的投资标的搬到链上。其实现的可用投资组合多样性是毋庸置疑的，用户可以持有 iBTC 去对冲 BTC 下跌风险的同时保留手上 BTC 的头寸，同理用户也可以持有苹果公司股票以增加加密货币投资组合的多样性，基于加密货币与传统市场许多投资标的相关性很低，而投资组合中各资产相关性很低则才会保证组合的有效性，降低相关性从而分散风险是其重要的意义。

4. 2018 年 11 月 Uniswap 上线

2018 年 11 月 Uniswap 上线，Uniswap 是建立在以太坊基础上的协议，旨在方便 ETH 和 ERC20 代币交易。Uniswap 完全是链上交易，只要安装 MetaMask 就可以参与交易。Uniswap 试图利用底层的去中心化架构来架空数字资产交换中的中间商。Uniswap 协议的设计架构和传统的数字资产交易所差别很大。大多数传统交易所利用一个订单簿来匹配买家和卖家，而 Uniswap 利用流动性储备（Liquidity Reserves）来促进数字资产的交换。交易合约里的储备由流动性提供商网络来提供。

区块链底层技术的夯实与以太坊的改进使整个生态处于初步飞速发展状态，数字货币交易所承担着投资者热情释放的角色。Uniswap 于 2020 年第三季度早已远超其他 DEX 成为赛道龙头。摒弃订单簿模式，没有因流动性不足匹配买卖单困难的问题，也不会有限价单一直不成交的深度问题。自动做市商模式（Automated Market Maker，AMM）将流动性汇集到一起根据算法实现做市，根据其 CFMM（恒定函数做市商）公式定价，根本不需要用到预言机。用户的对手方是资金池，用户在链上的资金 100% 安全，所以根本不用担心交易所跑路之类的问题，这是中心化交易所永远都不可能解决的问题。Uniswap 还提供了一个公开透明、无须发行许可、满足长尾市场交易需求的平台，不需要撮合订单簿，且无上币门槛，在无形间提高了交易广度。

5. 2019 年 1 月 WBTC 上线

比特币一直以来都是最高市值、最高流通量的加密货币，但比特币和以太坊网络不流通，WBTC 的诞生目的在于为以太坊生态带来了 BTC 的流动性。WBTC 是代表比特币的 ERC20 代币，一个 WBTC 等于一个 BTC，BTC 可以转换为 WBTC，反之亦然。作为 ERC20 版本的比特币，WBTC 的传输速度比普通比特币要快，但是 WBTC 的主要优势在于它集成到以太坊钱包、DAPP 和智能合约的世界中。用户如果持有 WBTC，他所能够消费的场景，是和比特币一样的，有个直接的类比：BTC 等于黄金，WBTC 等于和黄金价值相当的人民币，人民币方便在生活中使用，而 WBTC 能方便地在以太坊网络中使用。

6. 2019 年 7 月 Chainlink 上线

当智能合约只能调取链上数据，而规模的增长自然伴随着一个与现实世界交互的需求。交互才意味着与现实社会接轨，2019 年 7 月预言机赛道首个项目在以太坊主网 Chainlink 上线了。Chainlink 正在开发世界上首个去中心化预言机网络，该网络是一个综合平台，为开发者提供全面的工具和数据，帮助其在任意平台上开发出各种类别的智能合约预言机。因此，可以说 Chainlink 既是预言机，又是灵活的框架，可以为智能合约开发者提供安全可靠的预言机解决方案，如 Aave、Synthetix、Yearn Finance 等 DeFi 类应用项目。

7. 2020 年 1 月 Aave 上线

Aave 是一种去中心化协议，可通过存款赚取利息，也可借贷。它是开源且无监管的，也就是说所有人都可以访问其代码。Aave 是以太坊区块链上的智能合约生态系统，因此它是完全透明的、可跟踪的，且所有人都可以对其进行审计。用户可以将部分资产存入 Aave 储备资金池，并从中赚取利息，其回报率要高于大多数传统银行。若用户有足够的抵押品，还可以从资金池中借用一些资产。

闪电贷这一革命性的金融工具最早来源于 Aave，之所以把它称为金融工具，是因为它与期货期权等衍生工具具有相似性，需跨越现在与未来不同的时点。但与金融衍生品不同，它的特点是"没有结束就没有开始"，用户只需要在一个以太坊出块时间约 13 秒内完成还款及利息即会被认为是一次成功的闪电贷，但代码逻辑不完整或不能如期归还则被认为没有开始过。Aave 推出的闪电贷可以说颠覆了传统的认知，逻辑上讲有开始才会有结束，闪电贷却是结束才能看到开始。闪电贷当前的绝大多数应用是被用来做套利，套利机会可大可小几乎无处不在，闪电贷被用作套利工具抹平价差，也许是促进生态正向发展的一大步。

8. 2020 年 6 月流动性挖矿

2020 年 6 月 Compound 推出流动性挖矿带火了整个 DeFi 经济，Compound 并非第一个推出流动性挖矿的项目，但为何能带来裂变？究其原因还是用户发现了当时的 BAT 套利模型，Compound 代币分发奖励设置为每个市场收到的 COMP 代币数量根据市场中应计利息成正比，也就是支付利息越高，得到的 COMP 越多。2020 年 6 月 22 日，BAT 在 Compound 上的存贷利率分别高达 23.77% 和 31.88%，而 Compound 从 5 月 23 日上线到 6 月 18 日，BAT 的存贷利率一直仅为 0.06% 和 2.75% 左右。

另一个主要的 DeFi 协议——Yearn Finance 借着这股浪潮诞生了。该项目是由 Andre Cronje 在 2020 年初开发的一个收益优化器，它专注于通过自动切换不同的借贷协议将 DeFi 赚钱的能力提高到最大化。为了进一步将 Yearn 去中心化，Andre 决定在 2020 年 7 月向 Yearn 社区分发治理型代币 YFI。YFI 代币完全通过流动性挖矿来分配，它没有风投，没有投资方奖励，没有开发奖励。这一模式吸引了大量来自 DeFi 社区的支持，价值超过 6 亿美元的资金流入了流动性池子。YFI 代币的价格在 Uniswap 上首次上线时约为 6 美元，上线不到 2 个月每个代币的价格就超过了 3 万美元。

Yearn Finance 是一个自动将用户的资金投资到收益率最高的去中心化

借贷市场的应用，它在 2020 年 7 月中旬推出了 YFI 治理 Token。YFI 是通过激励性的流动性池推出的，这已经成为 DeFi 中 Token 的一种流行方式。YFI 在 2020 年 8 月底已经拥有超过 10 亿美元的市值。

9. 2020 年 9 月 BNB 质押挖矿

随着 DeFi 生态代币的回调，第一波流动性挖矿浪潮逐渐退去，中心化交易平台开始接力"挖矿"。除了拥抱、布局 DeFi，各中心化交易平台"乘风破浪"，不断探索新的创新模式。

币安智能链（BSC）于 2020 年 4 月创建，创建 5 个月后，币安链社区决定上线智能链主网。BSC 作为以币安交易平台为主导运行的区块链，不仅可以创建代币智能合约，还引入了交易所平台币 BNB 形成质押挖矿机制。

BSC 是以太坊虚拟机兼容的区块链，是加密资产行业顶尖项目的测试和前沿探索。BSC 的上线大幅提升了币安链和 BNB 的使用效率，并扩大了两者的应用范围。通过引入权益权威证明（PoA）共识机制，BSC 创建了一个允许节点、代币持有者、开发者和用户都能够从区块链中获益的生态系统，带来了全新的去中心化生态。

二、现状总结

从 2020 年开始，很多项目探索出了激励用户、吸引资金的方法即发行平台治理代币，为提供流动性、使用服务的用户发放一定的收益，这也就催生出了"流动性挖矿"的热潮。2020 年 6 月 Compound 协议的 COMP 治理 Token 推出，去中心化借贷兴起，成为 DeFi 快速发展的最初动力。Compound 让用户可以使用加密资产作为抵押品借入 ETH、DAI 和 USDC 等加密资产。它还可以让用户借出他们的加密资产并赚取收益，这已经成为 DeFi 投资的基石。

Compound 的快速发展吸引了市场的关注，从那时起，几乎每隔一天就会有新项目出现，"流动性挖矿"开始风靡整个行业。以 Uniswap、Compound、Balancer、Aave、Curve、Yearn 等为代表的 DeFi 协议，2020 年一整年都持续有大动作。各平台纷纷上线治理代币、迭代新版本，UNI 首开空投撒钱模式，一度让整个币圈人都羡慕嫉妒恨。

DeFi 市值在 2020 年 9 月 18 日 Uniswap 的 UNI 治理 Token 推出后不久就达到历史顶峰，总市值达到了 177 亿美元。UNI 的推出是为了奖励之前的 Uniswap 用户和流动性提供者的空投。由于推出的突然，UNI 几乎一下子就将 DeFi 市值推到了历史新高。但不久之后，泡沫开始破灭。收到 UNI 空投的投资者们开始集体出售他们的 Token，导致 UNI 的价格从接近 7 美元的高点跌到了不到 2 美元的低点。此外，一系列的漏洞和黑客导致了巨额的损失，这让该领域的市值持续下降。

进入 2021 年，DeFi 总市值一路疯涨，短短三个月，增长至 2020 年的 3 倍之多，在 2021 年 3 月 9 日达到了将近 630 亿美元的历史最高市值。截至 2021 年 3 月 13 日，DeFi 行业总锁仓量排名前五的是 WBTC、Maker、Compound、Uniswap V2 以及 Sushiswap，锁仓值分别为 7.69 亿美元、7.08 亿美元、6.75 亿美元、5.04 亿美元以及 4.57 亿美元。此后，行情可谓一路高涨，投资者们的热情被调动到一个新的高度，到 2021 年 5 月 11 日，DeFi 总锁仓额已经达到了 1109 亿美元，随后便开始缓慢下跌。表 2-2、图 2-3 分别展示了 DeFi 历年锁仓额以及 DeFi 锁仓额的发展趋势。

表 2-2　DeFi 历年锁仓额

时间	DeFi 锁仓额（百万美元）
2017 年 12 月 31 日	45.32
2018 年 12 月 31 日	292.78
2019 年 12 月 31 日	756.18

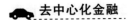
续表

时间	DeFi 锁仓额（百万美元）
2020 年 12 月 31 日	22457.40
2021 年 5 月 11 日	110857.65
2021 年 7 月 30 日	65712.88

资料来源：OKLink。

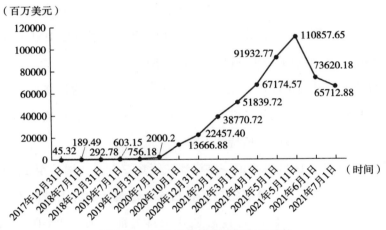

图 2-3 DeFi 历年总锁仓量发展趋势

资料来源：OKLink。

除此之外，过去一年，DeFi 在保险、借贷、非同质化代币（NTF）、隐私、衍生品各个领域都取得了可观的收入。DeFi 项目正在将被传统金融验证过的服务——搬至链上，并进一步组合运行。同时，行业针对 DeFi 原生问题提供了多样化解决方案，并发展出较为丰富的业态分支。

当然，尽管尝试了多种产品创新的可能性，DeFi 市场整体还存在用户规模比较小的问题，这使 DeFi 市场的普及还有较长的距离，且仍面对较大的市场挑战。

参考文献

［1］Chainlink. Chainlink 拥有哪些独一无二的优势［EB/OL］. （2020-02-17）［2020-02-21］. https：//zhuanlan. zhihu. com/p/107468462.

［2］Platinum. Aave 协议［EB/OL］.（2020-11-16）［2020-12-28］. https//www. jinse. com/news/blockchain/912032. html.

［3］巴比特. 区块链遇上货币史：中心化和去中心化的发展融合（上）［EB/OL］.（2018-10-19）［2020-08-28］. https：//www. sohu. com/a/27007 5270_10011 7963.

［4］白话区块链. DeFi 去中心化金融和 Fintech 金融科技的区别［EB/OL］.（2019-05-05）［2020-02-21］. https：//www. hellobtc. com/kp/du/05/1687. html.

［5］币伙计. 兴起、觉醒、突破、成型，浅谈 DeFi 发展的四个阶段［EB/OL］.（2020-02-19）［2020-02-21］. https：//www. sohu. com/a/37426 3599_100 164341.

［6］共享财经. 去中心化金融的本质是什么？［EB/OL］.（2021-01-27）［2021-03-01］. https：//new. qq. com/rain/a/20210127AoCo8V00.

［7］蒋向明. 浅析互联网金融与传统金融［J］. 财会学习，2020，256（11）：240-242.

［8］金融界. 币安智能链今日正式上线［EB/OL］.（2020-09-02）［2020-09-28］. https：//baijiahao. baidu. com/s？id = 16767023101551174 45&wfr=spider&for=pc.

［9］蓝狐笔记. DeFi 演化的四个阶段［EB/OL］.（2020-02-15）［2020-

02-21］. https：//www. jinse. com/blockchain/587956. html.

［10］李文红，蒋则沈. 金融科技（FinTech）发展与监管：一个监管者的视角［J］. 金融监管研究，2017（3）：1-13.

［11］萌眼财经. CeFi 与 DeFi［EB/OL］.（2020-11-18）［2020-12-20］. https：//www. chainnews. com/articles/572424885762. htm.

［12］区块链原理. WBTC 是什么？［EB/OL］.（2021-01-29）［2021-02-11］. https：//www. qklw. com/top/20210129/163502. html.

［13］杨涛，王斌. 去中心化金融与区块链［J］. 金融博览，2016（6）：19-20.

［14］袁佳，王清. 多维度看数字货币发展趋势［J］. 银行家，2020（1）：58-60.

第二章
去中心化金融的研究进展

第一节　去中心化金融的本质

去中心化金融（Decentralized Finance，DeFi），起源于虚拟货币原生社区，DeFi 的本质是为使用者在进行基于区块链技术提供的金融服务时不再借助传统的中间机构（银行、基金管理人等）就能够自行执行交易等操作，从而开创了一套完全相异且独立于传统金融的崭新体系。

DeFi 现在的发展就是尝试在区块链世界中以去中心化的方式复刻一个现实中的金融世界。换言之，将现实世界中的金融产品以区块链技术呈现出来。

要搞清楚去中心化金融，我们必须对传统金融有一个较为清晰的了解，维基百科上将金融（Finance）描述为"资金的融通"的缩略语。金，指的是黄金；融，最早指融化变成液体，也有融通的意思。所以，金融可以理解为将黄金融化分开交易流通，即价洽通达，现在指在经济生活中，银行、证券或保险业者从一部分金融市场主体处募集资金，并借贷给其他市场主体的经济活动。从事这一业务的行业称之为金融业，有关金融业的学术研究称之为金融学。

传统金融服务方大多数经由各个国家政府批准的大型中心化机构，提供诸如资金借贷，货币、权益类资产或交割类资产交易，以及金融衍生工具交易等。中心化机构如银行等提供服务的同时也承担了信用背书的职责。

通过与传统金融的对比，我们很容易发现，去中心化金融（DeFi）是一个极其庞大的概念，包括各类资产借贷与交易、区块链金融资产衍生品市场以及基于去中心化特点的金融衍生品创新业务等，而这些业务之间又会有更多的交互与融合。

我们认为，去中心化金融依然无法脱离金融的本质，只不过金融活动的服务方变成了各类去中心化应用，去中心化金融不再需要强大的中心化机构作为信任背书，以及为这些应用提供资源或技术支撑的松散组织。相比中心化金融，去中心化金融具备极强的市场灵活性，去中心化金融衍生品和相关的交易活动及交易方式也具备很强的创新性和创新能力。同时，去中心化的业务模型和业务流程与传统中心化金融存在很大的差异，使去中心化金融在具体的业务上与中心化金融存在很大的差别。

1. 参与方式的不同

从本质上讲，金融交易不在于有中介与否，而在于是否能在市场上寻找到与之相匹配的交易对手方，并且相互信任。传统金融的中心化机构更多地承担交易对手方角色或市场聚合功能的同时也提供信用背书；因此，传统金融借贷大多需要中心化的机构开展相应的服务，比如通过银行进行货币资金借贷，通过券商或投行进行债权和股权投融资等。去中心化金融则借助去中心化的市场机制和成熟的智能合约技术，可以让双方直接进行交易，借助去中心化的应用平台，去中心化金融具备极强的资源聚合能力，进而实现免除第三方中介即可实现交易所需的市场流动性。

2. 治理方式差异

治理方式差异可以说是中心化金融与去中心化金融最本质的差异，在传统金融领域，我们必须要借助权威机构的审批和监管才能保证少数人的不作恶，进而形成市场的公信力，维护金融市场的秩序；在去中心化金融领域，因代码的开源和开放式的多方治理模式，天然地实现了市场公信力。而且相关的治理制度和财务都可以通过公开资料查询，从而保障去中心化金融参与者的权益和利益。

3. 利益分配差异

大多数金融中介均是以营利为目的而设立，以股东价值最大化进行经营，出资人或经营者才可以获得超额回报。从某种层面上来讲，去中心化金融平台，多以满足某种市场需求而创建，在去中心化金融领域，利益分配和社区治理大多数以 Token 为主，平台参与者均可获得未来成长的超额回报。

可以说，去中心化金融的本质就是实现去中心化资产的融通，而融通方式与传统中心化金融存在巨大的差异，在去中心化领域，参与者的角色变得模糊，交易者也可能是去中心化金融平台的治理方和利益相关方。

第二节　去中心化金融的内在优势

区块链的技术特征使 DeFi 这种去中心化的金融形式成为了可能，通过对传统金融及其商业运作模式进行改造，将人类数千年来的经济贸易活动以数以亿计的分布式账本和相应的智能合约迁移至区块链中运行，人们习以为常的制度基础和商业流程都有可能随着区块链技术的广泛应用被颠覆。相对于传统的中心化金融行业，去中心化金融有着明显的理论优势。

一、加密资产行业的优势

1. 提高价格效率

加密资产具有很大的便利性，区块链技术使加密资产可以安全且快速地进行交易。并且，由于贷款和借款协议允许任何人对资产进行做空，没有了传统市场的交易限制，可以在市场中实现更高的效率。

2. 不可变性和抗审查性

在去中心化金融中，由于交易是由代码严格执行的，因此单一交易无法逆转，任何第三方都无法阻止借款流程。这样就形成了无须审查的有效市场，不会对用户造成歧视。

3. 速度快且成本低

加密资产能够创建快速且低成本的金融交易，同时还具备与现金相同的便利性。部分支付服务已经能在数小时内完成跨境转账，然而中心化金融有时需要花费好几天的时间。如果私人发行的加密资产风险始终很高且不稳定，央行就需要提供数字形式的货币，目前不少国家数字货币发行已经在运行中了。加密资产主要是基于区块链技术设计而成，加上记账式分布储存方式——加密资产的底层技术，让加密资产的信息能够在整个区块链的各节点上储存，从而确保了信息的透明度，自动执行条款的智能合约将减少对部分中介的依赖。

4. 合成型资产

加密货币资产拥有权的分散性也已被用来创建一种无须信任第三方即可接触到不同资产类别的方法，即加密合成资产。合成型资产使用不同资产的组合来模拟所需资产，因此投资者可以从持有资产类别中受益，而不必实际持有。稳定币是去中心化金融中最为人所熟知的合成资产的例子，它使交易者可以通过利用法定货币的相对稳定性来规避不稳定的加密资产所带来的风险。法定抵押的稳定币或合成资产存在的问题是，必须信任监督网络的中央实体，以便安全地抵押网络上的投资者资产，因此用户实际上失去了最初进行加密交易的优势。加密抵押合成资产或加密合成资产已允许用户使用其现有的加密资产来抵押合成资产，从而消除了对中央实体信任的需求。可信和安全的加密货币去中心化允许用户将抵押信任从中央实体转移到基于区块链的系统，以确保他们可以通过可靠的共识协议来控制资产。

二、去中心化系统对于中心化银行平台的优势

1. 更广泛的资本准入

居住在资本控制国家的参与者可以获得基于其他法币的稳定币。例如，美元或任何以法币计价的稳定币（如英镑、欧元）。

2. 透明度和效率

在纯粹的P2P借贷平台上，利率仅由市场参与者决定，贷款通过超额抵押来确保，而且可以容易、无成本地公开获取有关贷款的信息，保证了市场的透明度和效率。

3. 灵活性和贷款隔离

使用一个钱包可以同时借入多种加密货币。不同的风险也可以是完全独立的。例如，可以通过一个钱包用ETH借入USDC，而另一个钱包用ETH借用BAT。如果一笔贷款违约（即抵押品价值低于其清算门槛），则只会影响该抵押品，因为风险是隔离的。但是，对于允许多边抵押的平台，可以通过将不同资产汇总为一组抵押品来降低风险。

4. 降低流程成本与周转时间

与传统金融行业不同，去中心化金融移除了所有中间信用审核，任何用户都可以以市场价格非常快速地借入资金。

三、去中心化系统对于托管借贷平台的优势

托管借贷平台是指加密行业中的中心化平台，如托管借贷平台或中心化交易所，它们允许用户在其上进行保证金借贷。

1. 能够跨平台和交易场所转移借入资金

与中心化贷款交易场所不同，个人可以借入资金并将其自由转移到其他场所，只有抵押品被锁定在智能合约中。

2. 完全托管资金

想进行保证金交易的人可以在不舍弃代币的情况下，在去中心化交易所有效地做空资产。

3. 能够在受限制的司法管辖区内进行保证金交易

在完全去中心化的贷款协议上，整个过程在链上发生，不需要 KYC。因此，任何市场参与者都可以接触资产（无论是多头还是空头），然后进入保证金交易。

四、去中心化金融的长期价值

现在，DeFi 是有业务场景的。无论是提供稳定币，还是提供借贷场所，它总是在真实地满足这部分人或者另外一部分人的需求。DeFi 也是有现金收入的，比如项目的抽成，或者对用户收取服务费等。DeFi 的火爆其实是一个量变引起质变的过程——从稳定币、借贷到 DEX、AMM、DeFi 的热度被引爆，主要是 DeFi 的基础设施已经足够完善，各个之间通过可组合性建立起极强的协议网络互联。

DeFi 的归宿不是短期炒作后的一地鸡毛，而是回归长线价值。自诞生以来，DeFi 的玩家不是普通散户，而是大户甚至机构。即便是像

Compound 这样的巨头，在推出"借贷即挖矿"策略之前，他们的用户不超过 1500 人，但锁仓量却达到了 1 亿美元之多。其他 DeFi 项目的情况与之类似，都是用户不多，但平均每个用户锁定的资产较多。

有理由相信 DeFi 不会因为短时间的炒作而迷失了长期的价值与方向。未来，DeFi 如何挑战加密货币领域的中心化金融服务商，是一个长线追踪的看点。

此外，去中心化金融的概念天然就和去中心化治理的概念相贴合。此次 Compound 通过"借贷即挖矿"的方式分发治理代币，也为接下来 DeFi 项目探索去中心化治理走出了一大步。

五、去中心化自治组织治理

DeFi 另一个值得长线追踪的点，在于其对去中心化治理的探索。以太坊创始人 Vitalik 曾在推特上发表了一系列言论，对加密货币发展的历史、现状和未来做出了高度精练的总结。他指出，从 2008 年到 2020 年，加密世界的这 12 年几乎都是在围绕金融做探索；然而，在下一个十年中，加密领域的发展叙事将出现改变。在他看来，去中心化的治理，以及去中心化抗审查信息发布和通信，是接下来非常重要的工作。

去中心化自治组织（Decentralized Automatic Organization，DAO），顾名思义，是指一个不受层级化的中心权限控制、按前设的程序规则自动运转，并赋予网络中所有利益相关者话语权的开放的去中心化组织。DAO 是一种全新的机构形态，可能是未来互联网上组织形态的雏形，不受任何单个人的控制却有明确的目标，能够自己进化和发展。DAO 有几种方法可以改善当今组织的治理：任何有互联网访问权限的人都可以持有 DAO 代币或购买它们；DAO 创建者可以设置他们投票的任何规则，它们依赖于智能合约或预先编程的规则来描述系统中可能发生的事情。这些智能合约可以被编程为执行各种任务。例如，在特定日期之后或当一定比例的选民同意为项目提供资金时提取资金。

我们认为 DeFi 可能是 DAO 最好的试验场。目前 DAO 的通病是缺乏场景、缺乏可靠持续的收入。要真正推广 DAO，还必须找到与之相匹配的场景，在业务层跑通。

第三节　去中心化金融的现实瓶颈

虽然 DeFi 受到高度的关注，且内含的意义与性质良好，但由于使用者的习惯不易改变，DeFi 在发展上，目前看来还有不少瓶颈需要克服。

一、用户数量少

去中心化金融（DeFi）服务蓬勃发展，但有数据显示，它在不断循环使用相同的资金，缺少增量资金。用户数不多、活跃度不高、流动性不强、交易深度和广度不够。不要说跟传统金融比，就是跟数字货币里面相应的中心化模式比也处于劣势地位。比如在去中心化交易所 DEX 领域，像一些主流的中心化的交易所，交易的深度、广度、活跃度也超越了 DeFi 的 DEX 好几个数量级。

在很长的一段时间里，大多数民众都将比特币认定是金融骗局。即便到了 2021 年，对加密货币和区块链有清晰认知的人依然是少数。因此，社会上对 DeFi 存在普遍误解也并不奇怪。显然，目前大众对 DeFi 认知远远不够，DeFi 也距离传统意义上的"普惠"相去甚远，它仅仅把握住了"币圈"的一小部分用户。

"太难用了"是很多圈内用户对 DeFi 产品和服务的初印象。尽管 2020 年，在造富效应的吸引之下，不少"老用户"愿意尝试并投身于"挖矿"中。但有限的服务语种、拗口或自造的金融术语、不友好的 UI、低效的底层系统支撑、拥堵期高额的手续费、匮乏且不及时的客户服务等依然构成了"新用户"入场的种种阻碍。站在产品功能的角度，虽然不乏自称"一站式平台"的 DeFi 项目，但目前仍处于相对割裂的状态，用户不仅要频繁转出转入才能使用不同服务，甚至还需要兑换或持有更多的新币种，徒增风险。

以目前市场上的产品来看，DeFi 的应用是不好进入的，虽然比起传统金融服务，不需准备复杂的材料及经历漫长的等候，但试想，传统金融已经行之有年，使用者也是花了好长的一段时间才慢慢熟悉，习惯其运作模式，如今要再接受新的产品、改变交易习惯，并不是一件容易的事。"DeFi 究竟服务于谁"是服务提供方需要长期思考的问题。未来，DeFi 项目要想破局，更需认准投机之外的市场需求，找到更广大的用户群体，维护项目的形象和信誉，加强用户教育，提升社会认知。

二、金融风险

传统金融服务需要准备许多资料，这些资料会经由严格的审核及把关，建立个人信用体系，虽然花时间且麻烦，但也为使用者及服务提供者提供了足够的信心。然而，DeFi 其中的一个性质：无须准入，却隐约带来相对应的风险，以借贷产品来说，用户是否会从其他地方借用资金到借贷平台去抵押呢？由于没有用户的信用评价审核，若客户利用以贷还贷的方式，将造成巨大的金融风险。

DeFi 协议是基于公共区块链的。这些区块链通常拥有一个本地数字资产。支持区块链资产的价格表现可能会影响 DeFi 协议中锁定持有量的价值。这可能会带来利润，但也有可能带来亏损。

此外，去中心化金融还存在着无常损失风险，它是指用户向平台提供流动性时存在亏损风险，被称为无常损失。Balancer 协议将无常损失（Impermanent Loss，IL）定义为"在储备池中的资产，较这些资产在池外的情况下损失的百分比"。无常损失是指一种现象，由于自动化做市商（AMM）的设计机制，为了保持生态系统正常运行，持有在 AMM 中的代币价值不同于持有在钱包中的代币价值。人们可能会发现，与其在钱包中保存的资产相比，它在 AMM 中的资产价值不高。

三、过度依赖以太坊

到目前为止，DeFi 的应用场景有限，因为加密货币目前的实际应用仍受到很大的限制，几乎可以说只能用在套利的情况下。对以太坊目前的 DeFi 现状来说，最大的担忧就是它受制于一种或几种"隐形天花板"。根据 Eugene Wei 的定义，"隐形天花板"是一种看不见的上限——它无法直接测量，但又实实在在限制了增长。

市场不够大的原因有多种，其中之一是过多依赖以太坊，因为以太坊的智能合约非常好用，所以一开始大家研发 DeFi 的时候都用以太坊，慢慢有些公链起来之后，便开始使用其他公链。但是市场还不够，因为以太坊本身用户量就比比特币少很多，其他公链就更少了。以太坊无法承载 DeFi 越来越大的需求，一定会溢出。这一点应该已经属于共识，拓展性有限、费用高昂，当 DeFi 用户体量增长起来以后，不可能让所有人一直排队等待交易打包，也不可能一直让大家都同意支付高昂的手续费，用户的需求没被满足，很多情况下一定会溢出到其他的平台、其他的公链上去。

可能的解决办法是 DeFi 资产跨链，不仅跨链，跨到比特币、其他主流币，还要接触现实中的资产，把这些现实资产上到区块链上，才有可能解决最大用户数量不够的问题，如 UMA，UMA 是一个协议，是想把传统金融的任何资产都可以连到链上，比如说股票、沪深指数，UMA 提供预言机 Oracle，把下个月的股票能到多少点跟 DeFi 上的产品对接起来，成为交易的依据，然后就可以在 UMA 协议里面实现资产上链的方式。像 UMA 这种跨链协议目前还是非常少的，且 UMA 刚刚推出来不久，效果有待观察。

四、监管

现今各国政府对于加密货币仍然保持暧昧的态度，相关法规也是模糊不清。以稳定币为例，Valerie Szczepanik 表示，若将稳定币分为三类：第一类是与黄金或房地产等实物资产相关联；第二类是与储备中的法定货币相关联；第三类是使用市场金融机制来保持价格稳定，其中的"使用市场金融机制来保持价格稳定"，有受限于《证券法》的可能性，若在未来其确认被纳入《证券法》的监管范畴，会对稳定币的发展产生很大的冲击。

"DeFi 与传统金融的碰撞和融合"将成为 DeFi 未来发展不得不面对的问题。区块链本身具有抗审查性，这对金融监管机构也提出了较大挑战。2020 年，市场上假借 DeFi 概念进行非法集资诈骗的资金盘屡见不鲜。这类"假 DeFi 项目"往往先通过诱导宣传和发行加密货币揽来用户的 ETH、稳定币等加密资产，再通过混币等手段转移所得资产或在场外套现为法币，加大了执法机构追溯以及反洗钱的难度，同时也对 DeFi 行业产生负面影响。

"由于 DeFi 协议的设计是无许可的，任何国家的任何人都可以在不遵守任何法规的情况下访问这些协议。因此，DeFi 很容易成为洗钱者的避风港。"DeFi 协议认为，他们可以通过全面分权（包括治理）来逃避监管，这意味着监管机构即使想关闭平台也无法关闭。即便是"正经做事"的 DeFi 项目，由于处在属性特殊的金融服务领域，依然面临操作风险、信用风险等各类风险，同时受限于团队自身的能力局限，需要代码以外的法律来约束和规范。

随着 DeFi 规模的扩大，全球监管机构可能会将注意力转向 DeFi。这可能涉及使用分散的身份和地址检查服务，以便将某些用户列入黑名单。正如密特拉斯所说："从目前更大的 KYC 监管趋势和 FATF 旅行规则等其他合规要求来看，随着 DeFi 规模的扩大，最终可能会落入全球监管机构的监管范围。"

五、安全性

由于 DeFi 无须准入，其隐含的犯罪可能性非常大，人心是无法预测的，即使 DeFi 的意义良好，使用者的心态也可能会大大影响其发展的道路，就如同现今有许多人利用加密货币做非法的事情，致使加密货币的发展蒙上一层淡淡的阴影。

很多人抗拒 DeFi 的原因，是处于初期阶段的 DeFi 项目看上去很像是"博高收益、但赌本金"的投资游戏。据 Odaily 星球日报不完全统计，从 2020 年 2 月借贷及交易协议 BZX 被盗，到年末明星保险项目 Cover Protocol 崩盘，2020 年 DeFi 领域内已发生了 40 余起攻击事件，损失金额高达 1.774 亿美元。

第一类安全性问题是技术因素事件。外部市场的瞬息万变以及 DeFi 应用本身的创新性和复杂性决定了，即便是思维最缜密的开发者也很难在产品快速迭代的同时做到十全十美，因此在合约编写或产品设计中往往难免出现或大或小的漏洞及不完善之处。纵观 2020 年以来发生的针对 DeFi 应用的各种攻击，可归于技术因素的事件数量最多。具体而言，这一大类可以再分为三个细分类别：协议本身存在漏洞或是设计存在不完善之处；协议在交互过程中存在兼容问题；底层网络存在特殊性或发生故障。

第二类安全性问题是金融因素事件。金融因素事件的典型案例是所谓的"闪电贷攻击"，这其实是一个定义偏差，我们认为这一类攻击手段最准确的名字应该叫作"预言机操控攻击"，其基本逻辑是，黑客通过一系列手段出入各类抵押、借贷、交易协议，利用巨额资金扭曲某个单一市场的价格数据，进而扰乱预言机报价结果，最终实施套利。

第三类安全性问题是道德因素事件。除了技术及金融相关风险外，DeFi 领域内的人性之恶同样不容忽视。DeFi 最火热时，新项目为了攫取更多流动性，往往会在初期给出惊人的收益回报，浮动年化收益率（APY）上百、上千乃至上万的项目相继出现。高收益刺激着投机者们的神经，为了抢占头矿，获取最高收益，一些用户在未经充分调研的情况下匆匆存入资金，这也给恶意项目方提供了作恶机会，跑路事件屡见不鲜。

安全是 DeFi 乃至整个加密货币世界永恒的主题。对于项目方而言，需要在产品上线前预先进行充分测试，尤其是要测试极端情况下的协议承压状况；此外，项目方有必要寻求专业的第三方审计机构对协议进行全面审查。对于投资者而言，在决定参与某款 DeFi 协议前应首先确认该项目是否已完成审计；此外，投资者需要清晰地认识到收益与风险往往并存，合理调配自己的仓位，同时也需要保持良好的钱包操作习惯。

第四节　去中心化金融的生态构成

目前我们熟知的 DeFi 主要有：去中心化支付、去中心化借贷、稳定币、去中心化交易所、去中心化钱包、衍生品和资产等。由此我们可以看到一个全新行业的早期阶段，整个 DeFi 生态系统正处于蓬勃发展时期。DeFi 主要分为借贷、DEX、预言机及衍生品，其中又以 DEX 和借贷产品的锁仓量占比最高，目前大部分 DeFi 是在以太坊上，BTC 通过 WBTC 也已经慢慢进入 ETH 生态，加大整个生态规模，目前已有价值 14.3 亿美元的 WBTC 在链上。

从某种意义上讲，DeFi 现在的发展，其实就是在区块链世界中以去中心化的方式复刻一个现实的金融世界。换言之，在现实当中有什么样的金融产品，在区块链世界当中就可以复刻出什么产品。当然，在现实世界与区块链之间进行穿梭是需要渠道的，而合成资产与预言机就可以扮演这样的角色。所谓合成资产，就是现实资产在区块链世界的映射。例如，在现实世界你持有一定量的美元，但这些美元区块链世界是不能直接使用的，因此你需要把它们换成对应的区块链世界货币，如 USDT、USDC 等，这里的 USDT、USDC 就是我们所讲的合成资产。而预言机，通俗来说就是把现实世界的信息搬到区块链世界的翻译。比如，在现实世界中有股价的涨跌，但这些涨跌数据是不能被区块链世界看懂的，因此我们就需要预言机来完成这种信息的转换。当有了合成资产、预言机之后，就可以在区块链世界仿照现实世界，借助智能合约来构建整个金融生态了。毕竟，从本质上讲，所有的金融产品都可以理解为一整套合约，而用区块链上的智能合约来复刻它们，恐怕是再合适不过的了。

从现在看，仅在以太坊上，人们已经开发出了数以千计的 DeFi 应用。最近，区块链风险投资机构 OutlierVenture 发布了一个报告，试图对当前的 DeFi 应用进行归类。根据这份报告，目前的 DeFi 应用可以分为发行、交易、所有权管理三大类型。然而，去中心化金融的生态构成不仅应包括各类去中心化金融应用，还应包括各项技术服务来支撑系统的良性发展，因此本书在第四章与第五章介绍了去中心化金融的底层通用技术服务与核心技术，第六章介绍了比特币与以太坊。本书在后续章节介绍了去中心化金融常见的细分领域，包括去中心化借贷、去中心化资产交易、去中心化衍生品与保险等，并通过将常见的 DeFi 应用进行分类，来介绍去中心化金融的生态构成。

1. 去中心化借贷

去中心化借贷是指通过去中心借贷协议匹配借方与贷方，再抵质押确认后即时划转资产、完成借贷行为。在去中心化借贷协议中，本书介绍了目前最热门的项目，比如 MakerDAO、Compound 与 Aave 等。

2. 去中心化资产交易

具体来说，它分为去中心化交易与去中心化代币发行。由于具有即时托管和无提款限制等重要特征，去中心化的交易正越来越受到人们的欢迎。目前，已经出现了很多去中心化的交易所，帮助人们实现去中心化交易。例如，Uniswap、Curve、Balancer、dYdX 等都是著名的去中心化交易所。以 Uniswap 为例，它是一个自动做市（AMM）的应用。任何用户都可以在以太坊上采用 Uniswap 在任意两种数字资产之间建立交易并提供最初的流动性。其他任何用户都可以针对这个交易对资产池进行交易。每次交易所需支付的佣金又返回到这个流动性池中。交易量越多，这个流动性池所产生的收益会也就越多。在这个初始流动性池建立之后，其他的用户也可以继续向这个流动性池提供更多的资产流动性。如果一些提供者收回其提供的资产，那么他就能够依据其所提供的流动性在总流量中所占的比例获得这个流动性池所赚取的相应的佣金收入。去中心化代币发行可以解释为首次去中心化发行，这里的"发行"是广义上的，它指的是创造可供交易、转移并符合用户需求的金融资产。区块链技术使金融资产的创建和验证成本大幅降低，这使发行成为去中心化资产交易中的一个重要应用。

3. 去中心化衍生品与保险

在传统金融领域，衍生品的体量是现货的 40~60 倍，但在加密金融领域，据 BitWell 的 CEO Jeff Young 估算，目前加密衍生品成交量在整个数字资产的成交量中仅占 40.32%。对标之下，很多从业者相信，加密衍生品依然具有很大的发展空间，甚至完全有可能跑出几个币安这样体量的衍生品交易所。本书通过 Opyn 与 Nexus Mutual 两个热门的 DeFi 项目来介绍去中心化衍生品与保险如何运作，同时介绍了去中心化保险行业的相关情况。

随着 DeFi 大规模的应用落地，大家看到了数字金融的前景。DeFi 项目开发者极力构建一个完善的 DeFi 生态体系，然而仅有去中心化借贷、去中心化资产交易、去中心化衍生品与保险等是远远不够的。要想形成完整的 DeFi 生态，就得打破圈子的壁垒，让外部世界的资产流进来。在这个体系中，合规性也会受到极大的重视。因此，去中心化治理和监管也是 DeFi 生态中不可忽略的部分。

参考文献

［1］ IFTNews. DeFi 投资者面临的四大风险［EB/OL］.（2020-10-05）［2020-10-11］. http：//www. ifintechnews. com/readnews/8574. html.

［2］ Theron. DeFi 将回归长期价值，CeFi 开始入场与布局［EB/OL］.（2020-07-11）［2020-07-18］. https：//www. heqi. cn/6334. html.

［3］ TokenInsight. DeFi 治理与 DAO 浅析［EB/OL］.（2020-09-30）［2020-10-11］. https：//blog. csdn. net/TokenInsight/article/details/108891727.

［4］ 蔡凯龙. 区块链去中心化金融（DeFi）的解读［EB/OL］.（2019-11-04）［2020-02-04］. https：//www. sohu. com/a/351499326_115173.

［5］ 曹兰. 杨凌示范区金融生态环境评价研究［D/OL］. 陕西：西北农林科技大学，2015［2020-02-04］. http：//xueshu. baidu. com/usercenter/paper/show？paperid＝7078fafca8c55b2954cb63ac70497912&site＝XueShu_se&

hiarticle＝1.

［6］陈永伟. DeFi 的优势与风险［EB/OL］.（2020-09-21）［2020-10-11］. https：//www. sohu. com/a/419858325_118622.

［7］乔海曙. 区块链金融理论研究的最新进展［J］. 金融理论与实践，2017（3）：75-79.

［8］区块家. DeFi 时代 FG 打造数字金融新风口［EB/OL］.（2020-11-12）［2021-03-01］. https：//www. jinse. com/news/blockchain/907786. html.

［9］张洋. 加密资产的金融风险识别与监管问题研究［J］. 财会通讯，2020（22）：140-143.

第四章
去中心化金融底层通用技术

区块链技术起源于一位名为"中本聪"（Satoshi Nakamoto）的学者，他在 2008 年发表一篇名为《比特币：一种点对点的电子现金系统》的论文，该论文为区块链的发展奠定了基础。根据中华人民共和国工业和信息化部 2016 年发布的《中国区块链技术和应用发展白皮书（2016）》的定义，区块链技术是以块链式数据结构作为基础，进行验证与存储数据，生成和更新数据则是通过分布式节点共识算法来实现，这个过程中产生的数据传输和访问安全问题是运用密码学的原理来解决的，可以有效保证数据的安全性，并在自动化脚本代码组成的智能合约出现之后，利用其编程和操作数据构成一种全新的分布式基础与计算范式。

区块链采用密码学、共识算法、点对点通信等技术构建了分布式的信任基础，实现链上数据的防篡改和可追溯。本章从区块链基本概念入手，分别对区块链中的关键技术，包括密码学、共识算法、对等网络通信、智能合约等进行详细分析。

第一节　区块链密码学

区块链技术最早由密码学极客创建，分布式账本技术是区块链的核心部分，与其他分布式数据存储有着本质的不同，各节点形成的分布式账本记录构成了区块链的骨架。传统有中心的分布式数据库系统与区块链的分布式账本的区别在于前者设计了严格的用户权限管理和存取控制，而后者数据是公开透明的，所有数据可以被链上节点随意读取查询，这对数据的安全性造成了一定的威胁。因此，哈希算法（Hash）、数字签名、数字证书等密码学技术被密码学极客采用，主要用来保障区块链交易数据的安全性和匿名性。

用于加密块链的直接请求主要基于两个方面：确定所属权、保护数据隐私。由于电子数据复制简单，资产载体（包括资产）的数字形式不能简单地作为资产载体的物理形式证明其所有权，因此必须使用数字签名技术来证明数字资产的所有权。区块链系统的会计账本由网络中各节点共同维持，账户数据开放透明。由于这些公开数据记录可能导致隐私泄露，所以有必要借助加密技术匿名处理交易信息。除了上述两个主要方面之外，通常在一致意见方案中使用生成随机数的若干密码工具。

可以使用数字签名技术来确定所有权。在中心化的系统中，通过向唯一的中心提交身份认证，可以确认个人资产的所有权。在分布式环境中，网络的各个节点维持着账目。因此，用户需要使用大部分节点的共识来向网络中的每个节点证明其身份并确保其身份的有效性。由于交互通信成本高，不能应用原始的集中对话确认方法。数字签名提供了新的解决方案，用户持有私钥，并将公钥分配给网络节点。用户可以使用私钥生成签名，其他节点可以使用公钥验证签名的有效性。相反，如果没有私钥，用户将无法伪造签名。由于账户数据的开放性和透明度，信息被明确的文本链接的话，很难保护用户隐私。另外，如果账户簿的一些记录是由恶意节点使用的，则还将公开用户隐私，因为它包括账户之间的关系。可以使用诸如不对称加密、环签名、零知识证明等加密工具来匿名化交易。比特币中使用的简单方案是映射用户的公钥哈希计算，将用户的信息地址匿名化。

区块链中常用的密码学算法和概念有：哈希算法、默克尔树、数字签名、椭圆曲线签名算法、零知识证明等。

一、哈希算法

哈希算法又称为哈希函数、散列算法、散列函数，它能从任何数据长度生成一个固定长度的消息摘要（见图4-1）。哈希算法主要形式为：

h = H(M)

其中，M为变长的消息，h是定长的哈希值。哈希算法的目的是为文件和分组数据产生"数字指纹"。哈希算法是数字签名和验证的核心部分。

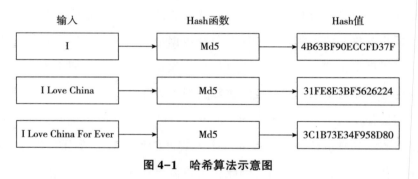

图4-1 哈希算法示意图

资料来源：笔者自绘。

区块链经常使用密码散列函数，主要使用散列函数的反冲突特性来保护现有数据，其具有以下特性：

（1）单向性。对于给定的y，寻求x，使H(x)=y成立在计算上不可行；哈希算法必须具有单向性，也就是说给定一个输入，通过哈希算法可以得到一个散列值，但是反过来，给定一个散列值，是无法获得输入的。换句话说，就是给定一个散列值（指纹），不可能找到对应的消息。

（2）抗碰撞性。对于给定的x，找到另一个x'，使H(x)=H(x')在计算上不可行，很难找到两个不同的消息，使产生的哈希值一致（发生冲突）。

（3）高敏感性。原始数据任何微小的变动都会导致哈希值完全不一样。

（4）可计算性。在有限时间和有效资源内，若给定消息和哈希算法，可以计算出其对应哈希值。

目前广泛使用的哈希算法包括消息摘要（Message-Digest，MD）系列和安全散列算法（Secure Hash Algorithm，SHA）家族。

MD 系列主要由 MIT 的 Ronald L. Rivest 设计，1989 年推出第一个版本 MD2 算法，后续推出改进版本 MD4 和 MD5，MD5 的输出是 128bit，在很长一段时间内被广泛使用，但现在 MD5 已被证明不具备强抗碰撞性。

SHA 家族包括 SHA-0、SHA-1、SHA-2 等，由美国国家安全局（NSA）设计，并由美国国家标准与技术研究院（NIST）发布。SHA-0 于 1993 年发布，由于很快被发现不够安全，1995 年推出了改进版本 SHA-1。SHA-1 算法的哈希值长度为 160bit，抗穷举性比 MD4 和 MD5 更好，但 SHA-1 也已经被证明不具备"强抗碰撞性"（谷歌已经攻破 SHA-1），SHA-224、SHA-256、SHA-384 和 SHA-512 算法统称为 SHA-2，算法原理跟 SHA-1 类似。总体来说，MD5 和 SHA-1 已经不够安全，推荐至少使用 SHA-256 算法。

在区块链中，哈希算法主要用于数据的匹配性、数据的加密、一致计算的工作负载证明、块之间的链接等。SHIEMB 160 用于生成比特币地址，SHA-256 主要用于加密形成区块的事务。

二、默克尔树

默克尔（Merkle）树是一种用哈希算法建立的二叉树结构，数据块是最底层的叶子节点，子节点串联起来后的哈希值就是每个非叶节点的内容，以此类推，最终得到一个默克尔树根。利用哈希算法的抗碰撞性，只要默克尔树根确定，则所有的数据块不可被篡改，每个数据块都是一笔交易，如图 4-2 所示。

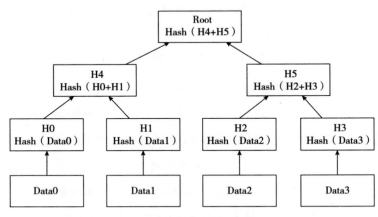

图 4-2　默克尔树示意图

资料来源：华为区块链技术开发团队．区块链技术及应用［M］．北京：清华大学出版社，2019：28.

Merkel 树的生成过程如下：大数据块被分割成更小的数据块，然后各数据块被哈希运算，取得所有数据块的哈希值，取得哈希列表。接下来，根据列表中元素的奇数和偶数特性再次计算哈希值。如果数字是偶数，则哈希值将通过两两合并以获得新列表来计算。如果数字是奇数，则第一个先两两合并计算哈希值，最后一个单独计算哈希值。重复上述过程，获得根哈希值。

默克尔树逐层记录哈希值的特点，使其具有对数据修改敏感的特征，在区块链中，默克尔树被广泛应用。通过构建二叉默克尔树，每个交易记录对应哈希值，对应于默克尔树叶节点。到最后的哈希值为止，两个叶节点再次进行哈希运算，作为默克尔树的根被存储在块状体上。如图 4-3 所示，叶节点 Hash0、Hash1 分别存储交易 0 和交易 1 的哈希值，而非叶节点 Hash01 存储子节点的哈希值，根节点通过计算该子节点的值来取得哈希值。在该块中，用户获得 Merkle 树根和其他节点通过块标题提供的中间散列值，以确认块内是否存在交易。

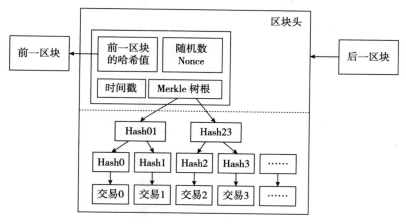

图 4-3 区块内部的默克尔树结构

资料来源：华为区块链技术开发团队．区块链技术及应用 ［M］．北京：清华大学出版社，2019：28.

默克尔树支持简单支付验证协议 SPV（Simplified Payment Verification）。此外，在零知识证明领域，默克尔树提供了可以证明某方拥有数据，而无须将原始数据发给对方的一种方法。再如图 4-2 所示，只需将 Data0、H1、H5、Root 对外公布，任何拥有 Data0 的用户，经过计算可以获得同样的 Root 值，则说明该公开用户拥有数据 Data1、Data2、Data3。

三、数字签名

数字签名是手写签名的数字模拟，而且，这是包括不对称的密钥加密和数字签名在内的用自己的私钥加密数字指纹后，由发送者获得的数据。这可以加密数据，也可以使用收件人来确认发送者身份的合法性。如果使用数字签名，接收机必须使用发送者的公钥来解除数字签名的锁定，并获得数字指纹。

数字指纹又称为信息摘要，参照通过哈希算法由发送者获得的数据。当使用数字指纹时，发送者通过在本地端（以及数字签名）将明文散列而生成的数字指纹发送给接收者，而密文则通过加密原文密钥而生成。接收机使用相同的散列算法来匹配通过明文计算产生的数据指纹和接收的数字指纹。

公钥和私钥是通过密钥生成算法获得的密钥对。公钥是密钥对的公开部分，私钥是非公开部分，仅用公钥计算私钥非常困难，因此能确保用户私钥的安全性。在区块中，公钥是账户地址、一个用户可以拥有多个公钥，每个公钥都是与用户真实身份无关的随机数，其他人无法通过公钥推断用户的真实身份。经确认的消息签名可以确保消息是由公钥所有者发送的，公钥所有者也不能否认他发送的消息。

数字签名的加解密过程如图4-4所示。甲乙双方均需事先获得对方的公钥，具体说明如下（对应图中的数字序号）：

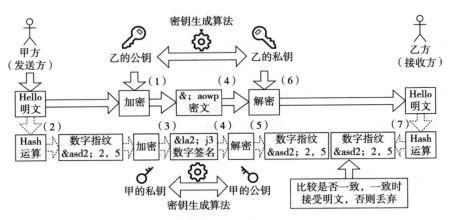

图4-4　数字签名的加解密过程示意图

资料来源：AET网站. 详解椭圆曲线加密（Elliptic Curves Cryptography，ECC）与 ECDS A [EB/OL].（2018-01-23）[2020-10-11]. http：//blog. chinaaet. com/justlxy/p/5100052864.

（1）甲使用乙的公钥对明文进行加密，生成密文信息。

（2）甲使用 Hash 算法对明文进行 Hash 运算，生成数字指纹。

（3）甲使用自己的私钥对数字指纹进行加密，生成数字签名。

（4）甲将密文信息和数字签名一起发送给乙。

（5）乙使用甲的公钥对数字签名进行解密，得到数字指纹。

（6）乙接收到甲的加密信息后，使用自己的私钥对密文信息进行解密，得到最初的明文。

（7）乙使用 Hash 算法对还原出的明文用于与甲所使用的相同 Hash 算法进行 Hash 运算，生成数字指纹。然后乙将生成的数字指纹与从甲得到的数字指纹进行比较，如果一致，乙接受明文；如果不一致，乙丢弃明文。

四、常用数字签名算法

数字签名中非对称加密算法主要依赖密码学领域的单向函数原理，即正向性非常简单，而逆向操作非常困难，目前常用的三个单项函数原理为：质数分解、离散对数和椭圆曲线。

质数分解（Prime Factorization）即数学中的整数分解，将一个整数分解成几个质数的乘积，给出两个较大的质数，可以很快求得乘积，但反之则计算十分困难。RSA 算法就是基于质数分解原理设计的加密算法，随着计算设备能力的提升，RSA 算法的加密可靠性已逐步面临挑战。

离散对数（Discrete Logarithm）是一种基于同余运算和原根的对数运算。在实数域中，对数的定义是：$x = \log_b a$，表示对于给定的 a 和 b 有一个数 x，使 $b^x = a$。类似地，可以将此概念推广在任何群 G 中为所有整数 k 定义一个幂数为 $a = b^k$，而离散对数 $k = \log_b a$，是指使 $b^k = a$ 成立的整数 k。Diffie-Hellman 密钥交换算法就是基于离散对数问题提出的。

椭圆曲线（Elliptic Curve）是一种代数曲线，其定义是在射影平面上满足 Weierstrass 方程所有点的集合，一般形式为：$y^2 = x^3 + ax^2 + bx + c$。椭圆曲线的形状不是椭圆的，主要是因为椭圆曲线的描述方程类似于计算一个椭圆周长的方程。椭圆曲线算法（Elliptic Curve Cryptograph，ECC）最早由 Neal Koblitz 和 Victor Miller 在 1985 年基于"椭圆曲线上的离散对数"问题提出，由于解决椭圆曲线离散对数问题要比因式分解困难得多，因此相比 RSA 算法，ECC 算法安全性能更高，密钥长度更短，存储空间更小，带宽要求低。基于 ECC 椭圆曲线算法的数字签名算法 ECDSA 是当前主流的数字签名算法，在区块链领域应用广泛，比特币、超级账本等区块链系统均采用 ECDSA 作为数字签名算法。

通过使用数字签名技术，能够确保消息传输的一致性，能够认证发送者的身份，能够防止交易的否认。在比特币方法中，主要使用 secp256k1 椭圆曲线密码和 base 58 密码。钱包的私钥是用来证明 Bitcoin 的所有者的，所有者必须使用私钥来证明消息的发送者是对应的 Bitcoin 地址所有者，如果没有私有密钥，用户将无法签名信件。Bitcoin 公钥用于生成用户的 Bitcoin 地址。通过使用数字签名，Blockchain 系统的交易确保了消息的完整性和不可否认性。

五、零知识证明技术

1989 年，Goldwasser 等提出了零知识证明。零知识证明可以看成是一种两方或多方的协议。据此，证明者能够在不向验证者泄露任何有用信息的情况下，使验证者相信某个论断是正确的。

零知识证明定义为：证明者 P 知道问题 Q 的答案 ω，希望通过出示某些信息（证明 π），可以向验证者 V 证明"他知道该问题答案"这一事实。但是，验证者不能通过所出示的信息增加关于该答案的任何知识，比如 P 向 V 证明自己知道某一方程的解，但不向 V 透露解的信息。为了方便描述零知识证明的一般过程，先给出一些符号定义，P：证明者，V：验证者，Q：问题，ω：问题 Q 的答案，π：证明，X：问题 Q 的一些公开参数，A：验证 ω 是问题 Q 答案的程序，比如把根代入方程验证等式两边相等的程序，该程序是公开的。在区块链中常用的是零知识证明的非交互形式，非交互的零知识证明的一般过程如下：

（1）初始化阶段。一个可信第三方根据程序 A 生成零知识证明的初始化参数 CRS（Common Referencec String）。

（2）证明生成阶段。证明者 P 利用（X，ω，CRS）生成证明 π。

（3）证明验证阶段。验证者 V 根据（X，π，CRS）判断证明是否通过，通过即说明证明者的确知道该问题答案。

举例来说，A 要向 B 证明自己拥有某个房间的钥匙，假设该房间只能用钥匙打开锁，而其他任何方法都打不开。B 确定该房间内有某一物体，A 用自己拥有的钥匙打开该房间的门，然后把物体拿出来出示给 B，从而证明自己确实拥有该房间的钥匙。B 始终不能看到钥匙的样子，从而避免了钥匙的泄露。

第二节　区块链共识机制

一、区块链共识基础

区块链网络是典型的分散系统。分布式系统是一组计算机通过网络相互传递消息，并在通信后协调它们的行为而形成的系统。系统中的每一个计算机节点使用网络通信交互来定位于不同的物理分配并达成共识以共同完成工作。因为在分布式系统中没有全局时钟，且每个节点可能并发执行，所以系统中的所有事件需要在节点之间进行排序以达成共识。

系统节点之间的共识构建的两个核心步骤将被抽象化为：每个节点处理自己的数据，并通过网络和其他节点的交流来更新数据。分布式系统的共识主要取决于三个因素：节点可靠性、节点立场和网络通信状况。节点的瘫痪、崩溃、失败所引起的错误被称为非拜占庭错误。拜占庭错误是由于敌对节点错误发送信息而导致的错误。

分布式系统中的网络通信模型（也称时间模型）主要分为同步网络模型、异步网络模型和弱同步网络模型三种。①同步网络模型：节点的时钟漂移有上界，网络传输延迟有上界，节点计算速度相同；②异步网络模型：节点的时钟漂移无上界，网络传输延迟无上界，节点计算速度不同；③弱同步网络模型：介于同步网络模型和异步网络模型之间，可根据不同应用场景做不同假设。尽管同步网络模型没有完全模拟真实环境，异步网络模型更接近于实际情况，但基于同步网络更利于建模分析和扩展。

1985 年 Fischer、Lynch 和 Patterson 三位科学家提出并证明 FLP 不可能原理，即在网络可靠，但允许节点失效（即便只有一个）的最小化异步模型系统中，不存在一个可以解决一致性问题的确定性共识算法。2000 年，加州大学伯克利分校的 Eric Brewer 教授提出分布式系统的 CAP 猜想：即分布式系统无法同时确保一致性（Consistency）、可用性（Availability）和分区容忍性（Partition），设计中往往需要弱化对某个特性的需求，如图 4-5 所示。CAP 原理认为，分布式系统最多只能保证三项特性中的两项特性：①一致性（Consistency）；②可用性（Availability）；③分区容忍性（Partition）。当前区块链系统的共识算法有很多，主要可分成按节点选择的概率性 PoX 证明类算法和按区块生成的确定性 BFT 类。其中按节点选择方式不同，又可分为 PoW、PoS、PO* 等证明类算法；按区块生成算法，可分为 CFT 类和 BFT 类算法等（见表 4-1）。

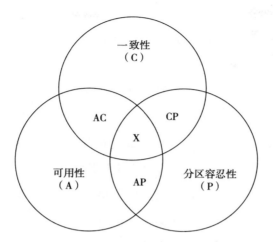

图 4-5　CAP 原理示意图

资料来源：蔡晓晴，邓尧，张亮，史久琛，陈全，郑文立，刘志强，龙宇，王堃，李超，过敏意．区块链原理及其核心技术 [J]．计算机学报，2021，44（1）：84-131．

表 4-1　主流共识机制比较

共识协议	核心算法	拜占庭容错	敌手模型	扩展性	分布式程度	典型应用
PoW	PoW	是	<（1/2）n	低	高	Bitcoin、Ethereum
PoS	PoS	是	<（1/2）n	中	高	Peercoin、Nxt
DPoS	PoS	是	<（1/2）n	中	高	EOS、Bitshares
Paxos	CFT	否	<（1/3）n	高	中	Chubby
RAFT	CFT	否	<（1/3）n	高	中	etcd、braft
PBFT	BFT	是	<（1/3）n	高	中	Fabric

注：PoW 为 Proof of Work 的简写，PoS 为 Proof of Stake 的简写，DPoS 为 Delegated Proof of Stake 的简写，敌手模型表示相应共识协议能够承受的最大恶意节点数量，其中 n 代表节点总数，Paxos 和 RAFT 不支持容错，其敌手模型表示能够承受的最大宕机数量。

资料来源：蔡晓晴，邓尧，张亮，史久琛，陈全，郑文立，刘志强，龙宇，王堃，李超，过敏意．区块链原理及其核心技术 [J]．计算机学报，2021，44（1）：84-131．

二、PoX 类共识算法

PoX（Proof of X）类共识需要节点提供某种证明，才能以一定概率获得记账权，常被应用在公链中，目前最典型的为 PoW、PoS、DPoS。

1. PoW（Proof of Work） 工作量证明机制

PoW 是比特币在 Block 的生成过程中使用的一种共识算法，也可以说是最原始的区块链共识算法。该机制于 1998 年在 B-Money 设计中提出，简单的理解就是，通过一份证明来确认做过一定量的工作。在比特币网络中，想得到比特币就需要先利用自己服务器的算力抢夺记账权，等获取到记账权后，矿工就需要把 10 分钟内发生的所有交易记录按照时间的顺序记录在账本上，然后同步给网络上的所有用户，矿工付出劳动抢记账权和记录交易，且这个劳动也在全网得到大家的认可，达成了共识的机制。

在比特币系统中，得到合理的 Block Hash 需要经过大量尝试计算。当某个节点提供一个合理的 Block Hash 值，说明该节点确实经过了大量的尝试计算。

工作量证明算法与比特币一同诞生，通过暴力求解 SHA-256 问题提供工作量证明，PoW 机制在比特币上运行十多年没有出现过致命的问题而足见其健壮性，但过高的资源浪费和过低的效率催生了新的共识机制。

2. PoS（Proof of Stake） 权益证明机制

由于 PoW 机制存在消耗算力巨大、交易确认时间较长、挖矿活动集中容易形成中心化等缺点，便演进出了 PoS 权益证明。PoS 要求权益证明人提供一定数量的加密货币的所有权，其实就是将 PoW 强大的算力改为系统的权益，谁的权益大，成为下一个记账人的概率也就随之增大。

简单地讲，用户将代币放入 PoS 机制中，PoS 算法在验证者中随机选取一个节点获得出块的权利，该节点获得新块奖励（被选中的概率依赖于代币的数量，代币越多获得的权重就越大，被选中的概率就越大）。换句话说，持有代币越多，获得权重越多，PoS 是一个根据持有数字货币数量和时间来分配相应利息的制度，类似平时我们在银行中的存款。

基于权益证明共识的区块链系统中，参与者的角色是验证者 Validator，只需要投资系统的数字货币并在特定时间内验证自己是否为下一区块创造者，即可完成下一区块的创建。下一区块创造者是以某种确定的方式来选择，验证者被选中为下一区块创造者的概率与其所拥有的系统中数字货币的数量成正比，即拥有 300 个币的验证者被选中的概率是拥有 100 个币的验证者的 3 倍。

权益证明机制认为在网络中投入通证数量越多、持有时间越长的节点越值得信赖，因此有更大的概率成为出块者，在 PoS 共识下，出块速度更快，也解决了 PoW 资源浪费的问题，但其持币的"马太效应"却引发了公平与效率的冲突。

3. DPoS(Delegated Proof of Stake) 授权权益证明机制

授权权益证明机制是由比特股（Bitshares）社区最先提出的，其实就是将 PoS 共识机制商业化，最主要的原因是因为矿机的产生，大量的算力在不了解也不关心数字货币的人身上，类似演唱会的黄牛，大量囤票而丝毫不关心演唱会的内容。它的原理是让每一个持有比特股的人进行投票，由此产生 101 位代表，可以将其理解为 101 个超级节点或者矿池，而这 101 个超级节点彼此的权利完全相等。从某种角度来看，DPoS 其实就是类似于一个公司的董事会投票系统，根据持有股票的多少来选出记账人，并将这一角色专业化，通过轮流记账的方式进行代理验证和记账。

DPoS 从成员节点中选出若干代理人来管理记账和验证等功能，其性能、监督管理、资源的耗费以及容错性都与 PoS 相似。DPoS 通过其选择区块生产者和验证节点质量的算法确保了安全性，同时消除了交易需要等待一定数量区块被非信任节点验证的时间消耗。通过减少确认的要求，DPoS

算法大大提高了交易的速度。通过信任少量的诚信节点，可以去除区块签名过程中不必要的步骤。

三、CFT 类共识算法

分布式技术的中心化系统是传统的分布式系统的本质，因此处理核心功能的节点接受统一的决策指令，共识问题也被弱化，变成了在节点诚实的基础假设上解决一致性的问题，只需要满足崩溃容错共识协议即可。解决 Paxos 问题的算法主要有 Paxos 系列算法和 RAFT 算法。

1. Paxos 算法

1990 年 Lamport 在论文 *The Part-time Parliament* 中提出的 Paxos 共识算法，在工程角度实现了一种最大化保障分布式系统一致性的机制。Paxos 问题是指分布式的系统中存在故障（Crash Fault），但不存在恶意（Corrupt）节点的场景（即可能消息丢失或重复，但无错误消息）下达成共识的问题，这也是分布式共识领域最为常见的问题。因为最早是 Lamport 用 Paxos 岛的故事模型来进行描述，而得以命名。Paxos 是首个得到证明并被广泛应用的共识算法，其原理类似两阶段提交算法，进行了泛化和拓展，通过消息传递来逐步消除系统中的不确定状态。

Paxos 算法在允许宕机故障的异步系统中操作。这可以允许信件丢失、延迟、输出顺序和重复，而不需要可靠的信件递送。它使用了许多机制来确保 2F+1 的容错性，即 2F+1 节点的系统允许 F 节点同时失败。

Paxos 算法中有三类角色：提案者、接受者、学习者。提案者：负责提案，用于投案表决；接受者：对每个提案进行投案，并存储接受的值；学习者：被告知投案的结果，接受达成共识的提案并保存，不参与投案的过程。

Paxos 算法通过一个决议分为两个阶段：第一阶段是准备阶段。决策者收到提议者的请求后进行承诺。第二阶段是接受阶段。提议者收到多数决策者的承诺后，向决策者发出 Propose 请求，Acceptors 针对收到的 Propose 请求进行 Accept 处理。提议者在收到多数决策者的 Accept 之后，标志着本次 Accept 成功，决议形成，将形成的决议发送给所有学习者。

自 Paxos 问世以来就持续垄断了分布式一致性算法，Paxos 这个名词几乎等同于分布式一致性。Google 的很多大型分布式系统都采用了 Paxos 算法来解决分布式一致性问题，如 Chubby、Megastore 以及 Spanner 等。

2. RAFT 算法

RAFT 算法由斯坦福大学的 Diego Ongaro 等在 2014 年的论文 *In Search of an Understandable Consensus Algorithm* 中提出，基于 Multi-Paxos 算法进行重新简化设计和实现，提高了工程实践性。RAFT 算法的主要设计思想与 ZAB 类似，通过先选出领导节点来简化流程和提高效率。

RAFT 算法包括三种角色：领导者（Leader）、候选者（Candidate）和跟随者（Follower），每个任期内选举一个全局的领导者，其角色转换如图 4-6 所示。领导者角色十分关键，决定日志（log）的提交。每个日志都会路由到领导者，并且只能由领导者向跟随者单向复制。

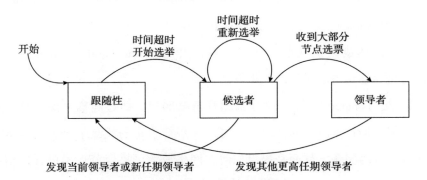

图 4-6　RAFT 算法角色转换图

资料来源：蔡晓晴，邓尧，张亮，史久琛，陈全，郑文立，刘志强，龙宇，王堃，李超，过敏意. 区块链原理及其核心技术 [J]. 计算机学报，2021，44（1）：84-131.

RAFT 角色转换典型的过程包括两个主要阶段：①第一阶段是领导者选举：在随机超时发生后未收到来自领导者或候选者消息，则转变角色为候选者（中间状态），提出选举请求。在最近选举阶段（Term）中得票超过一半者被选为领导者，如果未选出，随机超时后进入新的阶段重试。领导者负责从客户端接收请求，并分发到其他节点。②第二阶段是同步日志：系统中最新的日志记录由领导者决定，并强制所有的跟随者同步到这个数据记录，数据的同步是单向的，确保看到的视图在所有节点是一致的。此外，领导者会定期向所有跟随者发送心跳消息，跟随者如果发现心跳消息超时未收到，则可以认为领导者已经下线，尝试发起新的选举过程。

四、BFT 类共识算法

BFT（Byzantine Fault Tolerance）拜占庭容错。类共识是对拜占庭问题经典解决方案的延续。不同于 PoX 类共识，BFT 类共识通常是先达成共识，再记账，记账节点的认定也不再是基于概率的。

拜占庭问题（Byzantine Problem）又叫拜占庭将军问题（Byzantine Generals Problem），讨论的是允许存在少数节点作恶（消息可能被伪造）场景下如何达成共识问题。拜占庭容错（Byzantine Fault Tolerant，BFT）讨论的是容忍拜占庭错误的共识算法。

最早，Lamport 等在 1982 年提出拜占庭问题，通过虚构来描述拜占庭帝国的将军们打仗时如何让忠诚的将军在叛徒将军的扰乱下仍能就作战计划达成一致的问题，从而来提出如何在网络通信可靠但节点不可靠的情况下达成共识的问题。

Lamport 等提出当叛变者不超过 1/3 时，存在有效的拜占庭容错算法（最坏需要 F+1 轮交互）。反之，如果叛变者过多，超过 1/3，则无法保证一定能达到一致结果，并给出了两种协议作为解决方案，但都存在时间复杂度过高、扩展性不强的问题。直到 1999 年，Castro 和 Liskov 提出了实用拜占庭容错 PBFT 算法，将 BFT 的时间复杂度降至多项式级别才真正能在工业界被广泛使用。

PBFT 算法采用密码学相关技术（RSA 签名算法、消息验证编码和摘要）确保消息传递过程无法被篡改和破坏。算法整体的基本过程如下，如图 4-7 所示。

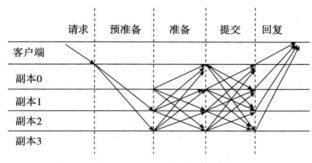

图 4-7 PBFT 算法流程图

资料来源：蔡晓晴，邓尧，张亮，史久琛，陈全，郑文立，刘志强，龙宇，王堃，李超，过敏意. 区块链原理及其核心技术 ［J］. 计算机学报，2021，44（1）：84-131.

第一，通过轮换或随机算法选出某个节点为主节点，此后只要主节点不切换，则称为一个视图（View）。

第二，在某视图中，客户端将请求〈REQUEST，operation，timestamp，client〉发送给主节点，主节点负责广播请求到所有其他副本节点。

第三，所有节点处理完成请求，将处理结果〈REPLY，view，timestamp，client，id_node，response〉返回给客户端。客户端检查是否收到了至少 F+1 个来自不同节点的相同结果，作为最终结果。

主节点广播过程包括三个阶段的处理：预准备（Pre-Prepare）、准备（Prepare）和提交（Commit）。预准备和准备阶段确保在同一个视图内请求发送的顺序正确；准备和提交阶段则确保在不同视图之间的确认请求是保序的。

（1）预准备阶段。主节点为从客户端收到的请求分配提案编号，然后发出预准备消息 ⟨⟨PRE-PREPARE, view, n, digest⟩, message⟩ 给各副本节点，其中 message 是客户端的请求消息，digest 是消息的摘要。

（2）准备阶段。副本节点收到预准备消息后，检查消息。如消息合法，则向其他节点发送准备消息 ⟨PREPARE, view, n, digest, id⟩，带上自己的 id 信息，同时接收来自其他节点的准备消息。收到准备消息的节点对消息同样进行合法性检查。验证通过则把这个准备消息写入消息日志。集齐至少 2F+1 个验证过的消息才能进入准备状态。

（3）提交阶段。广播 Commit 消息，告诉其他节点某个提案 n 在视图 v 里已经处于准备状态。如果集齐至少 2F+1 个验证过的 Commit 消息，则说明提案通过。

自拜占庭问题被提出以来，学术界和业界提出了各种解决方案，近年也出现了很多针对区块链的 BFT 优化算法及 BFT 与 PoX 类共识的混合算法。如 Pass 和 Shi 提出的 PoW+BFT 共识、应用在 Cosmos 的 PoS+BFT 共识 Tendermint 等。

第三节　区块链网络

一、区块链网络结构

传统的网络服务架构大部分是客户端/服务器（Client/Server，C/S）架构，如图 4-8（a）所示，C/S 架构也称为主从式架构，其中服务端是整个网络服务的核心，客户端之间通信需要依赖服务端的协助，可见 C/S 架构的优势显著：单个服务端能够保持一致的服务形式，便于管理。然而 C/S 架构也存在许多缺陷。首先，由于存在中心化的服务端节点，如果服务端发生故障，整个网络将无法运行；其次，单个服务端节点的处理能力有限，因此网络的瓶颈是中心服务节点的性能，这是至关重要的。

区块链中使用了如图 4-8（b）所示的基于互联网对等计算机网络（Peer-to-Peer Networking，以下简称 P2P 网络）的架构。

由于节点间的数据传输不再依赖中心服务节点，P2P 网络具有极强的可靠性，任何单一或者少量节点故障均不会影响整个网络。同时，P2P 网络的容量没有上限，因为随着节点数量的增加，整个网络资源也随之同步增长，而且 P2P 网络中隐含的激励机制会激励节点尽力提供服务。

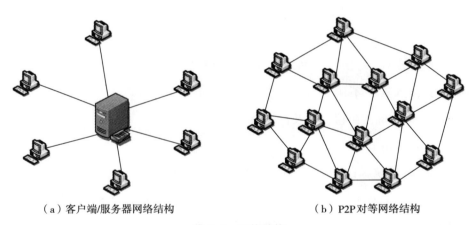

（a）客户端/服务器网络结构　　　　　（b）P2P对等网络结构

图 4-8　网络结构

资料来源：中国区块链技术和产业发展论坛 . 中国区块链技术和应用发展白皮书（2016）［EB/OL］.（2016-10-18）［2021-01-15］. http：//chainb. com/download/工信部-中国区块链技术和应用发展白皮书 1014. pdf.

二、区块链网络节点

区块链网络的节点由 P2P 协议组成，但主节点和副节点之间没有区别不同情况下不同的区块链系统的不同要求和不同功能，节点的设计也不同。通常，节点可以根据其功能被划分为完整的节点和 SPV 节点，并且可以根据它们的身份被划分为客户、调试和验证者。

区块链节点一般可以包括四个功能：路由沟通、账户存储、参与共识和钱包。在另一种情况下，你可以选择形成相应节点所需的函数。如果需要上述四个功能，且如果仅为形成整个节点的交易，则该账户与用户相关联以完成简单的交易确认，由于只需要钱包和路由沟通，这种节点可以被称为"SPV 节点"；如果节点只是用来实现共识算法，那么只需要包含参与共识的逻辑。

三、区块链网络协议

区块链本身对使用的网络协议并没有特定的限制，经过多年的发展，催生了大量具有不同特性的网络协议，如比特币与以太坊分别采用的 Gossip、Kademlia 协议，以及挖矿协议。

1. Gossip 协议

Gossip 协议源自 1987 年 ACM 上的论文 *Epidemic Algorithms for Replicated Database Maintenance*，主要应用于分布式数据库系统中各个 Slave 节点的数据同步，从而保证各个节点数据的最终一致性。

Gossip 算法又被称为"流言算法""病毒传播算法"，因此 Gossip 源于流行病学的研究，类似于病毒传播或办公室流言的传播过程，一个节点发生状态变化后，开始向邻近节点发送消息，节点收到消息后又会发送给相邻节点，最终所有节点都会收到消息。

Gossip 协议共有 Anti-Entropy（反熵）、Rumor-Mongering（谣言传播）两种交互模式，两种模式的特点如下：

（1）Anti-Entropy。每个节点周期性地随机选取一定数量的相邻节点，互相同步自己的数据。该方式可以保证数据的最终一致性。但由于在该模式下，节点会不断地交换数据，导致网络中消息数量巨大、网络开销巨大。

（2）Rumor-Mongering。当一个节点收到消息后，该节点周期性地向相邻节点发送新收到的消息，由于在该模式中，节点仅在收到新消息后的一段时间内转播新消息，所以相对于 Anti-Entropy 模式来说，网络开销较小，但有一定概率无法达到强一致性。

在 Gossip 协议中，节点之间的同步率和节点间的通信开销是一组互相矛盾的指标。在实际应用中，需要对这一对指标进行细致的考量，即根据应用对节点同步率的需求和网络情况进行权衡。

在 Gossip 协议中，每个节点都会维护数据的键（key）、值（value）、版本（version）信息。信息交换共支持 pull、push、pull/push 三种通信方式。

1）pull：A 仅将数据 key、version 信息发送给 B，B 将本地比 A 新的数据（key、value、version）推送给 A，A 更新本地。

2）push：A 将数据（key、value、version）及对应的版本号推送给 B，B 更新 A 中比自己新的数据。

3）push/pull：与 pull 类似，只是多了一步，A 再将本地比 B 新的数据推送给 B，B 则更新本地。

2. Kademlia 协议

Kademlia 协议于 2002 年发布，是由 Petar 和 David 为非集中式 P2P 计算机网络设计的一种通过分布式散列表实现的 P2P 协议。在 Kademlia 网络中，所有信息均以哈希表条目形式加以存储，这些条目被分散地存储在各个节点上，从而在全网中构成一张巨大的分布式哈希表，在不需要服务器的情况下，每个客户端负责一个小范围内的路由，并存储一小部分数据，从而实现整个分布式散列表网络的寻址和存储。Kademlia 协议中使用的分布式散列表，与其他的分布式散列表技术相比，具有以异或算法（XOR）

为距离度量基础的特性，大大提高了路由查询速度。

Kademlia 协议对节点间的信息交换方式进行了规定。具体来说，Kademlia 网络间使用 UDP 进行通信。参与通信的所有节点形成一张虚拟网络（Overlap），这些节点通过一组数字（节点 ID）来进行身份标识。节点 ID 不仅可以用来标识身份，还可以进行值定位。例如，节点 ID 与文件 Hash 值直接对应，进而表示某个节点存储能够获取对应文件和资源的相关信息。当节点作为客户端在网络中搜索某些值对应的节点时，Kademlia 算法需要获取与这些值相关的键，然后分步在网络中开始搜索。其中每一步都会找到一些节点，这些节点的 ID 与键逐步接近，在找到对应键值（ID）的节点或者无法继续寻找更为接近的键值时，搜索便会停止。这种搜索方式的效率很高，在一个包含 n 个节点的系统中，仅需要访问 $O(\log(n))$ 个节点。

3. 挖矿协议

如挖矿过程中用到的网络协议，基于内容进行文件传输的网络协议，矿工使用的高速区块中继网络协议等。表 4-2 介绍了几种用于控制挖矿过程的网络协议，如 Setgenerate 协议、Getwork 协议、Getblocktemplate 协议、Stratum 协议等。

表 4-2　挖矿网络协议

协议	用途	目的	特点
Setgenerate 协议	CPU 挖矿	控制挖矿	搜索空间大小为 4G
Getwork 协议	GPU 挖矿	使挖矿程序与节点交互	搜索空间大小为 4G
Getblocktemplate 协议	矿池协议	使矿池与节点交互	区块变动数据通知不及时，算力浪费；每次调用节点均返回数据，频繁高度加重开销
Stratum 协议	矿池协议	使矿池与矿工交互	矿池指派任务与矿工申请任务相结合，有足够的搜索空间，又有很小的交互量

资料来源：蔡晓晴，邓尧，张亮，史久琛，陈全，郑文立，刘志强，龙宇，王堃，李超，过敏意. 区块链原理及其核心技术 [J]. 计算机学报，2021，44（1）：84-131.

四、区块链网络运行过程

区块链网络的构建过程因不同类型的区块链而不同。在像比特币和以太坊系统这样没有许可的区块链中，当新网络节点启动时，必须找到网络的可靠节点并将它们连接起来。搜索节点可以是 Bitcoin 系统的种子节点。当新节点建立与网络运行中的节点连接时，它可以向网络拓展其自身的地址信息，并可以参与系统操作。在需要许可证（包括必要的链和私有链）的区块链系统中，诸如超级领队、R3 区块链联盟，已知参与操作和维护的节点的身份信息节点在加入网络之前必须验证自己的身份。验证后，节点参与系统操作。

第四节　智能合约技术

区块链的数据存储、网络共识和传输构建了区块链的底层技术，形成了分布式账本。智能合约建立在分布式账本之上，该层包含了各类脚本和算法形成智能合约，为区块链提供了高度可编程性和可操作性。

一、区块链中的智能合约

传统意义上的合约（或合同）是指双方当事人基于意思表示合致而成立的法律行为。合约在生活中随处可见，比如租赁合同、供销合同等。传统的合约依靠法律进行背书，当产生违约纠纷时，往往需要借助司法力量进行裁决和执行。

1994 年，美国计算机科学家 Nick Szabo 提出了智能合约（Saiart Contract）的概念：一套以程序代码指定的承诺以及执行这些承诺的协议。智能合约的设计初衷是在没有任何第三方可信权威参与和控制的情况下，借助计算机程序，编写能够自动执行合约条款的程序代码，并将代码嵌入到具有价值的信息化物理实体，将其作为合约各方共同信任的执行者代为履行合约规定的条款，并按合约约定创建相应的智能资产。伴随着区块链应用从比特币发展到以太坊和超级账本，智能合约也发生了一次华丽蜕变，尤其是借助区块链的去中心化基础架构，使智能合约得以在去信任的可执行环境中实现。区块链触发了智能合约的生机和活力，智能合约激发了区块链技术更加广泛的应用场景。

广义的智能合约是指运行在区块链上的计算机程序。狭义的智能合约可以认为是运行在区块链基础架构上，基于约定规则，由事件驱动，具有状态，能够保存账本上资产，利用程序代码来封装和验证复杂交易行为，实现信息交换、价值转移和资产管理，可自动执行的计算机程序。目前，根据所使用的编程语言和运行环境的不同，将比特币中的智能合约称为脚本型智能合约，将主要运行在以太坊和超级账本中的智能合约称为图灵完备型智能合约，而将正在研发中的 Kadena 项目中的智能合约称为可验证合约型智能合约。

（1）脚本型智能合约。由于比特币中的脚本仅包含指令和数据两部分，其中涉及的脚本指令（也称为"操作码"，Opcode）只需要完成有限的交易逻辑，如编写比特币中 UTXO 的锁定脚本和解锁脚本，不需要复杂的循环、条件判断和跳转操作，因此，比特币中的脚本型智能合约是一种基于堆栈的功能有限且编写相对容易的简单执行程序，支持的指令不到 200 条。

（2）图灵完备型智能合约。脚本语言被设计成为仅在有限范围内执行有限功能的简单执行语言，是非图灵完备的语言。使用脚本语言编写的交易指令虽然能够满足比特币应用，但无法适应以太坊平台的开发需求。目前，以太坊主要使用 Solidity 和 Serpent 两种智能合约开发语言。其中，Solidity 是一种语法上类似于 JavaScript 的专门针对运行在以太坊虚拟机（Environment Virtual Machine，EVM）上的智能合约开发而设计的高级编程语言，也是以太坊平台主推的智能合约开发语言；Serpent 语言的设计类似于 Python，具有高效易用的编程风格，是专门针对智能合约的特征而开发的高级语言。在 Hyperledger Fabric 中采用 GO、Java 等通用语言编写运行在 Docker 容器中的智能合约，GO 和 Java 都是通用性较强的图灵完备语言，能够实现基于联盟链智能合约开发中所需要的应用逻辑。

（3）可验证合约型智能合约。可验证语言 Pact 的语法类似于 LISP 语言，用于编写运行在区块链 Kadena 上的智能合约，可实现合约的数据存储和授权验证等功能。Pact 语言采用非图灵完备设计，不支持循环和递归，以防止在复杂合约的编程过程中可能存在的安全漏洞以及因此而带来的风险。用 Pact 语言编写的智能合约代码直接嵌入在区块链上运行，不需要事先编译成为运行在特定环境（如以太坊 EVM）的机器代码。

二、区块链智能合约运行机制

由于区块链应用的多样性，在不同平台上使用的智能合约的运行机制也不尽相同。本节主要选择目前最具代表性的以太坊开发平台，介绍智能合约的运行机制，如图 4-9 所示，主要包括以下四个阶段：

（1）智能合约代码的生成。在合约各方就传统意义上的合同内容达成一致的基础上，通过评估确定该合同是可以通过智能合约实现的（是可编程的），然后由程序员利用合适的开发语言将以自然语言描述的合同内容编码成为可执行的机器语言。

（2）编译。利用开发语言编写的智能合约代码一般不能直接在区块链

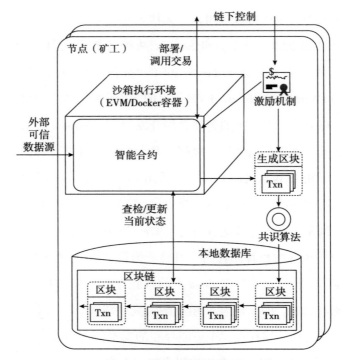

图 4-9 智能合约运行机制

资料来源：王群，李馥娟，王振力，梁广俊，徐杰. 区块链原理及关键技术［J］. 计算机科学与探索，2020，14（10）：1621-1643.

上运行，而需要在特定的沙箱环境（以太坊为 EVM，超级账本为 Docker 容器）中执行，因此在将合约文件上传到区块链之前需要利用编译器对原代码进行编译，生成符合沙箱环境运行要求的字节码。

（3）提交。智能合约的提交和调用是通过"交易"（Transaction，Txn）来完成。当用户以交易形式发起提交合约文件后，通过 P2P 网络进行全网广播，各节点在进行验证后存储在区块中。

（4）确认。被验证后的有效交易被打包进新区块，经过共识机制，新区块添加到区块链的主链。根据交易生成智能合约的账户地址，之后可以利用该账户地址通过发起交易来调用合约，节点对经验证有效的交易进行处理，被调用的合约在沙箱中执行。另外，主要出于对安全、效率和可扩展性的考虑，一些智能合约在运行时需要区块链以外信息的支撑，这些链外信息的提供，从源头上必须保证是可靠的、可信的。

三、区块链智能合约的实现技术

根据实现方式不同可以分为虚拟机方式和容器方式两种。容器方式在实现上比虚拟机方式更轻量级也更加灵活，但是这种轻量级和灵活是以容器中的智能合约和应用的实现更重为代价的。目前最主流的实现方式还是虚拟机方式。相比较而言，虚拟机方式提供了较为健全的基础设施，封装了底层环境的虚拟机和基于该虚拟机的高级编程语言，为在区块链上进行智能合约的开发提供了很大的便利性。如以太坊实现了一个图灵完备的虚拟机，并提供了用于编写智能合约的高级编程语言 Solidity。该语言编写的智能合约编译成字节码之后可以部署在以太坊的区块链网络上，应用可以调用部署好的合约实现各种功能。

根据运行环境的不同，目前智能合约主要集中在比特币、以太坊和超级账本三类应用场景中：

（1）比特币中智能合约的实现技术。智能合约与区块链结合的雏形诞生在比特币上。比特币采用基于逆波兰表示法的堆栈执行语言来实现 UTXO 的锁定脚本与实现脚本，包括 P2PKH（Pay-to-Public-Key-Hash）、P2PK（Pay-to-Public-Key）、P2SH（Pay-to-Script-Hash）、MS（Multi-Signature）和 OP_RETURN 等脚本分别实现不同的功能。

比特币通过执行 UTXO（未花费交易）上的锁定脚本（Locking Script）和解锁脚本（Unlocking Script）的结果来判断交易是否可被执行，这些脚本算是智能合约的雏形。但比特币脚本只能执行简单的逻辑和有限的循环，因此，比特币脚本是非图灵完备的。

（2）以太坊中智能合约的实现技术。由于脚本方式的智能合约通常图灵不完备，表达性有限，于是催生了多个方向上的探索。其中最有代表性的是以容器方式实现的 Hyperledger Fabric 和以虚拟机方式实现的以太坊。

以太坊中的智能合约使用了图灵完备语言，因此合约编写过程中容易产生可能被非法利用的安全漏洞和恶意代码，将直接威胁到区块链运行的安全性，并可能导致无法挽回的后果，如 2016 年 6 月发生的著名的 The DOA 事件。如果以太坊中的智能合约使用比特币中的非图灵完备语言，其功能将会受到极大限制；如果让智能合约不加控制地直接在区块链上运行，则面临巨大的安全隐患。为此，以太坊中的智能合约运行在 EVM 沙箱中，通过沙箱环境限制合约代码的运行。沙箱（Sandboxie）是一种通过预置的安全策略来限制程序运行行为的执行环境，运行在 EVM 中的合约与区块链宿主之间以及不同合约之间被沙箱隔离，互不干扰，限制了合约的执行和影响范围。

不同于标准的存储器结构，EVM 中的程序代码并没有存放在常规的 RAM（Random Access Memory）和外部存储介质中，而是保存在虚拟的 ROM（Read-Only Memory）中。为了满足 SHA-256 算法和椭圆曲线加密算法的运行要求，EVM 提供了大小为 256 位的简单栈式结构。EVM 部署在以太坊节点上，负责合约的执行。当合约在 EVM 中初始化时，将创建新的合约账户信息，包括账户地址、存储空间和主体代码等内容。为了防止因人为或设计缺陷导致的区块链资源消耗，以太坊智能合约引入了 Gas 计费机制。合约创建与调用、账户中存储数据的访问、在 EVM 上运行操作码等涉及合约创建和运行的过程，都需要按相应标准支付相应数量的 Gas。当 EVM 代码创建过程中所需的 Gas 数量大于账户的 Gas 余量时，不但新合约无法创建，而且账户中剩余的 Gas 将被清零，Gas 计费机制为智能合约的运行提供了有效保障。

（3）超级账本中智能合约的实现技术。Docker 容器是一个使用广泛、开源的沙箱环境，Hyperledger Fabric 中的智能合约 Chaincode（链码）就运行在轻量级的 Docker 容器中，并通过 gRPC 协议与相应的 Peer 节点（即存储账本、Chaincode 等关键数据，并执行背书及 Chaincode 代码等特定程序的物理节点）进行交互。基于 Docker 容器具有的安全隔离功能，避免了区块链宿主程序遭受容器中恶意合约的攻击，同时防止运行在不同容器中的合约之间的相互干扰。Chaincode 的运行过程主要包括：

1）打包（Package）。将 Chaincode 安装在 Peer 节点，包括创建包和对包签名。具体是指将用开发语言（多使用 GO 语言）编写的源代码按照 Chaincode 部署规范（Chaincode Deployment Spec，CDS）重新定义，并通过签名来检查和确认 Chaincode 的所有者。如果要让 Chaincode 拥有多个所有者，首先需要创建一个被签名的 Chaincode 包（SignedCDS 包），然后让这个包依次被每个所有者进行签名。

2）安装（Install）。将 CDS 规定格式的 Chaincode 安装在一个将要运行该合约的 Peer 节点上。Chaincode 只被安装在合约所有者的背书节点上，安装的实质是代码的编译过程。

3）实例化（Instantiate）。调用生命周期系统链码（Lifecycle System Chaincode，LSCC），在 Channel（即基于交易规则将区块链网络划分后形成的逻辑单元）上启动一个 Docker 容器，实现合约与 Channel 的绑定。实例化过程会生成对应 Channel 的 Docker 镜像和 Docker 容器，可以指定背书策略。在成功进行了实例化后，处于激活状态的 Chaincode 将监听并接收交易请求。

4）更新（Upgrade）。更新是一个类似于实例化的交易，即将新版本的 Chaincode 与 Channel 绑定。更新后其他与旧版本绑定的 Channel 仍旧运行旧版本的 Chaincode。

5）删除（Delete）。删除 Chaincode 对应的 Docker 容器以及每个安装合约的背书节点上的 SignedCDS 包。在正在开发的版本中，将用 Stop 和 Start 交易的指令来停止或重启 Chaincode，而不需要直接将其删除。

参考文献

［1］ Bitshares Documentation. Delegated Proof of Stake （DPOS）［EB/OL］.（2018 - 10 - 20）［2021 - 12 - 02］. https：//how. bitshares. works/en/latest/technology/dpos. html.

［2］ Buterin V. A Next-generation Smart Contract and Decentralized Application Platform （White Paper）［EB/OL］.（2019-06-17）［2020-03-10］. https：//github. com/ethereum/wiki/wiki/White-Paper.

［3］ Castro M，Liskov B. Practical Byzantine Fault Tolerance ［J］. ACM Transactions on Computer Systems （TOCS），2002，20 （4）：398-461.

［4］ Felix. 详解椭圆曲线加密 （Elliptic Curves Cryptography，ECC） 与 ECDSA ［EB/OL］.（2018-01-23）［2021-12-02］. http：//blog. chinaaet. com/justlxy/p/5100052864.

［5］ Fischer M J，Lynch N A，Paterson M S. Impossibility of Distributed Consensus with one Faulty Process ［J］. Journal of the ACM，1985，32 （2）：374-382.

［6］ Hyperledger. Hyperledger Fabric ［EB/OL］.（2020-04-02）［2020-04-07］. https：//www. hyperledger. org/.

［7］ King S，Nadal S. PPCoin：Peer-to-peer Crypto-currency with Proof-of-stake ［EB/OL］.（2015 - 09 - 13）［2020 - 03 - 19］. https：//www. peercoin. net/assets/paper/peercoin-paper-nl. pdf.

［8］ Lamport L，Shostak R，Pease M. The Byzantine Generals Problem ［J］.

ACM Transactions on Programming Languages and Systems，1982，4（3）．

［9］Satoshi Nakamoto. Bitcoin：A Peer-to-Peer Electronic Cash System ［EB/OL］.（2008-11-01）［2022-06-13］. https：//bitcoin. org/bitcoin. pdf.

［10］Szabo N. Smart contracts ［EB/OL］.（1994-06-10）［2020-03-19］. http：//www. fon. hum. uva. nl/rob/Courses/InformationInSpeech/CDROM/Literature/LOTwinterschool2006/szabo. best. vwh. net/smart. contracts. html.

［11］蔡晓晴，邓尧，张亮，史久琛，陈全，郑文立，刘志强，龙宇，王堃，李超，过敏意. 区块链原理及其核心技术 ［J］. 计算机学报，2021，44（1）：84-131.

［12］郭上铜，王瑞锦，张凤荔. 区块链技术原理与应用综述 ［J］. 计算机科学，2021，48（2）：271-281.

［13］华为区块链技术开发团队. 区块链技术及应用 ［M］. 北京：清华大学出版社，2019：28.

［14］李慧，袁煜明，赵文琦. 区块链技术发展与展望 ［J］. 农业大数据学报，2020，2（2）：5-13.

［15］王化群，吴涛. 区块链中的密码学技术 ［J］. 南京邮电大学学报（自然科学版），2017，37（6）：61-67.

［16］王群，李馥娟，王振力，梁广俊，徐杰. 区块链原理及关键技术 ［J］. 计算机科学与探索，2020，14（10）：1621-1643.

［17］袁勇，王飞跃. 区块链技术发展现状与展望 ［J］. 自动化学报，2016（4）．

［18］中国区块链技术和产业发展论坛. 中国区块链技术和应用发展白皮书（2016）［EB/OL］.（2016-10-18）［2021-12-02］. http：//chainb. com/download/工信部-中国区块链技术和应用发展白皮书1014. pdf.

［19］朱建明，张沁楠，高胜. 区块链关键技术及其应用研究进展

[J]．太原理工大学学报，2020，51（3）：321-330.

　　[20] 邹均等．区块链技术指南 [M].北京：机械工业出版社，2016：97.

第五章
去中心化金融的核心技术

DeFi 作为一个全新的金融服务领域，是由若干金融服务所组成的全新的金融服务网络。所有的 DeFi 技术和相关协议，从本质上来说是提供了一种面向金融的技术服务。区别于传统的金融服务由人提供，DeFi 是由金融服务程序代码组件提供金融服务。类比到传统世界，就是银行提供借贷服务，理财公司提供理财服务，基金公司帮客户做投资。这些金融服务组件程序跟传统世界的金融服务公司一样，不同的是，这些组件程序是自动执行、自动操作，并且是完全去中心化运转，由代码组成整个体系。

DeFi 与传统金融最大的差异在于所支撑业务的金融基础设施截然不同。在现实中，我们拥有一整套的信用风险评估方法衡量业务，但在 DeFi 中，区块链上是一个去信任环境，用户从本质上是匿名的，与区块链外的身份和信誉机制之间没有必然联系，主流金融的信用风险评估方法都无效，后续需要通过分布式身份的导入来实现真正的风控。

所以，DeFi 的发展高度依赖于区块链技术，基于通证化资产，能够实现平等、高效、高透明、高可信的金融服务。DeFi 的合约得益于智能合约的应用，合约实现了自动执行，因此系统的执行是高度平等的、可信的。但同时系统的执行效率不高、延时等问题会扩展风险敞口，甚至会导致连锁自动爆仓等踩踏事件，因而系统性能提高，共识型风险控制机制的导入刻不容缓。所以，DeFi 产品首要考虑的因素应该是基础技术能力，这与在传统金融中率先考虑流动性与风控相似。那么 DeFi 产品都需要具备哪些技术能力呢？

首先是资产发行能力，目前以太坊因为具备 ERC20 资产发行技术能力，在当前的 DeFi 中占据了统治地位。其次是资产跨链技术能力。例如，公证人机制、侧链/中继机制、哈希时间锁定、分布式私钥控制等。最后是 Oracle 预言机建设能力，外部 Oracle 预言机接入。预言机是区块链智能合约与外部世界交互的接口，可以查找和验证真实世界的数据，并以加密的方式将信息提交给智能合约使用，所以预言机对于 DeFi 来说至关重要。

第一节　资产发行

金融有着今天的发展依赖于货币在市场上的不断流通和交易。各国央行针对货币发行及流通都有一套行之有效的货币政策，是维持金融稳定的重要因素。在区块链世界里，遵循"代码即法律"（Code Is Law）的原则，所以必须从底层架构上保证数字资产的正常发行和流通，使之成为 DeFi 的重要基石；区块链技术的发展日新月异，市场上新发行的数字资产也层出不穷，这些数字资产发行所遵循的技术标准各不相同。编者在此，只对 Omni 协议（基于比特币网络）、ERC 标准（基于以太坊网络）、ASA 标准（基于新兴公链 Algorand 网络）这三种标准进行介绍。

一、Omni 协议

Omni 协议推出于 2013 年，Omni 协议是一种通信协议，也可以说是一种基于比特币区块链的数字资产方案，以比特币网络为基础，在比特币网络上搭建 OmniLayer 共识网络，依靠这个在比特币网络外部的 Omni 层实现智能合约、用户货币和分散式点对点交换等功能。通过 Omni 协议可以实现基于比特币网络的代币发行，这些代币不需要依赖于比特币网络无关的外部关系，可以直接通过比特币网络进行交易，在这一点上与基于以太坊网络发行的代币类似。基于 Omni 协议发行的代币超过了 400 种，但是其中的绝大多数代币都没有任何价值，不过唯一一个依然被广泛应用的基于 Omni 的代币却在数字货币市场有着极大的影响力，它就是——稳定币USDT。

Omni 协议创建 Token 的功能是基于比特币网络的 OP_RETURN 功能来实现的。在 BTC 锁定脚本中，只要是以 OP_RETURN 开头的都属于"备注信息"，可以将它类比成通过银行转账时的备注。OP_RETURN 最初的应用场景也只是为了方便用户在区块链上记录信息。基于 Omni 协议发行数字资产的核心原理是，将资产类的相关操作信息（如资产发行、转账等操作），附加到比特币协议中的 OP_RETURN 信息中。原生比特币协议中，OP_RETURN 信息可以是任意内容，并受比特币区块链保护，不可篡改。Omni 协议层附加在比特币区块链上运行，并维护一个本地数据库。Omni 协议分析所有比特币交易中的 OP_RETURN 信息，若符合其协议定义，便会执行其中的操作，更改本地数据库中记录的资产信息。

用一个简单的例子可以说明基于 Omni 协议实现代币发行和代币交易的流程，流程如图 5-1 所示。

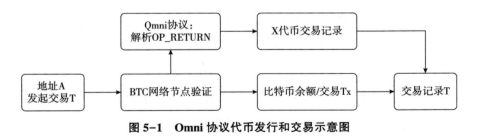

图 5-1 Omni 协议代币发行和交易示意图

资料来源：https：//bitkan.com/zh/ksite/articles/23664。

（1）交易发起。地址 A 发起一笔 OP_RETURN 数据为［获取 100 个 X 代币］的交易 T，交易 T 通过比特币网络完成，同时生成一个交易的 Tx。比特币网络中的节点对交易进行验证（比特币网络节点不会识别这笔交易中的 OP_RETURN 数据）。

（2）Omni 解析。比特币网络外部的 Omni 协议对交易 T 中的 OP_RE-TURN 数据进行解析。交易 T 通过 Omni 协议解析出的 OP_RETURN 数据为［获取 100 个 X 代币］，网络中可能存在两种情况：

1）网络中存在 X 代币：那么地址 A 基于 Omni 协议就会被记录添加 100 个 X，相当于执行一次代币交易；

2）网络中不存在 X 代币：通过 Omni 协议给地址 A 添加的第一笔记录所对应的交易就是创世交易，而这个地址也成了创世账户。此后通过创世账户进行的交易，只要附带可以被 Omni 协议解析的 OP_RETURN 数据，通过 Omni 协议的解析，就相当于记录了每一次转账的代币数额。这种交易相当于代币发行。

二、ERC 标准

ERC（Ethereum Requests for Comments）以太坊意见征集，是 EIP（Ethereum Improvement Proposals）以太坊改进建议的一部分，包括一些关于以太坊网络建设的技术指导，它是 Ethereum 开发者为以太坊社区编写的。RFC（Requests for Comments）意见征集是由互联网工程任务组制定的一个概念，RFC 中的备忘录包含技术和组织注意事项。EIPs 旨在为以太坊平台制定统一的标准，包括核心协议的规范、用户的 API 调用标准以及智能合约的标准。最终确定 EIP 为以太坊开发者可实施的标准。这使智能合约可以遵循这些通用的接口标准来构建。

（1）ERC20 标准。ERC20 是整个 ERC 标准族中最为人熟知的标准，在 Ethereum 平台之上发布的大多数通证（Token）都使用 ERC20 标准，ERC20 代币是一类遵循 ERC20 标准的以太坊智能合约。由于代币使用相同的标准，这样代币之间的兑换和 DAPP 支持就会变得容易。更详细地说，ERC20 标准是建立在以太坊网络之上的智能合约，该标准发布于 2015 年 11 月 19 日，基于 ERC20 标准发行的 Token 实际上都是运行在以太坊网络上面的，转账、交易都要通过以太坊网络进行，如果以太坊网络拥堵，那么 ERC20 的 Token 转账、交易也会延迟。ERC20 标准中定义了一系列数字资产操作常用的接口，并便于以太坊智能合约编程语言 Solidity 的实现。ERC20 只是一系列接口定义，并不包含具体实现。数字资产开发者可以自己编写智能合约程序实现 ERC20 标准中规定的方法。与其他一般智能合约一样，ERC20 Token 的最终执行，本质上是以太坊虚拟机（EVM）中运行一段智能合约程序。ERC20 Token 基于以太坊智能合约实现，可以实现更多的功能，拥有更好的灵活性。任何 ERC20 代币都能立即兼容以太坊钱包（几乎所有支持以太币的钱包，包括 Jaxx、MEW、imToken 等，也支持 ERC20 的代币），由于交易所已经知道这些代币是如何操作的，它们可以很容易地整合这些代币。这就意味着，在很多情况下，这些代币都是可以立即进行交易的。因为代币都采用 ERC20 标准，对标准化非常有利，也就意味着这些资产可以用于不同的平台和项目，目前 DeFi 上的代币 95% 采用 ERC20 标准。

（2）ERC721 标准。ERC721 标准代币的核心是"Non-Fungible Tokens"，非同质代币（NFT）。所谓非同质代币，是指基于 ERC721 标准创建的代币中，每个代币都有一个独立唯一的 Tokenid，每个代币是唯一的。通过 ERC20 标准发行的 Token，每个 Token 都是一样的，就像每个硬币都是一样的，没有人会通过序列号去区分它们，因此没办法追踪每个硬币的流通记录。ERC721 的每个 Token 是独一无二的，每一个代币的价值也可以不一样，在以太坊的网络可以独立追踪。

ERC721 代币标准适用于：现实物品的代币化（如房屋、独特的艺术品）以及虚拟的收藏品（如独特的小猫照片、可收藏的卡片等）。ERC721 开启了一个巨大的潜在收藏品的交易市场，尤其是虚拟物品，目前已经在用 ERC721 的应用有：CryptoKitties、CryptoPunks、Auctionhouse Asset Interface 等。对于现实物品（资产）的代币化，也很适合用 ERC721 来实现，如地产、房产等，都可以从线下搬到链上来，实现交易历史的可跟踪，不过在现实物品代币化的路上，还会遇到很多未知的挑战。

除 ERC20 和 ERC721 外，还有 ERC223、ERC825 等 Token 标准，它们也是以太坊上的智能合约，与 ERC20 的情况非常相似，只是不同标准具体的特性与针对的应用场景有所区别。目前 ERC20 标准 Token 依然占绝对的主流，但在未来，根据具体需要，会有更多的基于 ERC721 和 ERC223 标准的 Token 出现。

三、ASA 标准

在现实世界，不论证券、债券、地产、信用积分、航空里程乃至各种贵重收藏品，其交易和确权，都涉及各种法律、政策等限定条件。区块链面对复杂而臃肿的现实金融世界有力不从心之感。新兴公链 Algorand 提出了一个新概念——标准资产（Algorand Standard Assets，ASA）。ASA 是 Algorand 2.0 中三大元素之一，可以在 Algorand 上开发实现各种资产类型。ASA 对 Algorand 未来在各种国际合规业务中的应用有着很关键的推动作用。另外两大元素分别为智能合约（Algorand Smart Contract，ASC），以及可以用于多方同时转账确认的 Atomic Transfer，即多方原子交换，这两个元素在本书中不展开论述，有兴趣的读者可以通过其他方式深入了解。

本书前文已经描述了以太坊上的通证，一般分为可替代通证和不可替代通证，ERC20 通证是可替换的，而 ERC721 通证是不可替换的，而且

ERC721 的每个通证是唯一不可分割的。与以太坊通证相比，Algorand 的资产思路则更加抽象，或者说对开发者和应用场景更体贴，它直接在 Layer 1 就实现了可替代和不可替代通证等分类。任何人都可以使用标准解决方案在 Algorand 区块链上简单地创建一个通证，而不是通过第二层智能合约来实现。这会使这些资产的交易更安全、更快速，由于 Algorand 的交易费和执行成本很低，这就为开发商和企业提供了更简便的资产发行途径，以及更顺畅的交易体验。除了可否替代，ASA 还用另一种视角来划分资产，即是否受限制。解决这一分类的工具叫 RBAC。通证管理者（Token Manager）可以通过基于角色的资产控制（Role Based Asset Control，RBAC）来对通证保留一些管理权限。具体权限包括，强制交易或冻结一个或多个账户中的通证。在某个经济模型和场景需要这种权限时，人们可以把它加到通证智能合约里。

比如 Token Manager 不仅可以冻结涉嫌非法行为的用户通证，还可以选择在生成通证之前锁定冻结所有账户。我们可以想象各种合规的场景，或者更具操作性的融资和解禁细节，比如在账户中的通证被解锁之前需要满足 KYC/AML 要求，或者在某种特定的释放锁定期或任务过后才开始解锁通证，或者只能在特定的白名单地址内进行交易等。由于具备基于角色的资产控制，Algorand 使各种合规性的应用场景成为可能。在 Algorand 上，人们完全可以发布符合任何国家或国际法规的通证。需要提醒的是，RBAC 是可选项，它不是强制的。基于角色的资产控制，适用于发行者和管理者的日常业务、遵循法规以及其他监管方面的需求。对于简单的可替代通证，大多数 Token Manager 人员可能会选择创建不需要任何中心化管理权的无信任通证（Trustless Token）。通过各种 RBAC 选项，人们可以创建针对特定用例的定制的标准化通证。

综上所述，ASA 用两个维度来划分所有资产因此形成了四大类别：可替代资产、不可替代资产、受限制可替代资产和受限制不可替代资产。如

表5-1所示，这种分类也正是 ASA 主要的应用场景。

表 5-1 现实资产分类

可替代资产	不可替代资产	受限制可替代资产	受限制不可替代资产
游戏积分	游戏装备	证券	房地产
稳定币	供应链	政府发行的法币	所有权登记
忠诚度积分	房地产	认证信息	监管认证
系统性信誉分	身份		
数字货币	证书信息		
	收藏品		

资料来源：https：//www.sohu.com/a/361466903_100105055。

在可替代资产领域，USDT 已声明将在 Algorand 上发行稳定币；在不可替代资产领域，基于 Algorand 开发的 Proofplum 区块链证书应用，通过创建防篡改数字证书解决证书防伪问题；在受限制可替代资产领域，Securitize 与 Algorand 的合作，使发行商可以通过 Securitize 的 DS 协议在 Algorand 区块链上发行数字化证券；在受限制不可替代资产领域，在 Algorand 公链平台上推出了商业房地产投资平台 AssetBlock，AssetBlock 与顶级奢华酒店资产管理公司 Lodging Capital Partners（LCP）的合资企业宣布，将在 Algorand 平台上，提供价值 6000 万美元的独家酒店房产，这些房产将全部进行通证化。当然 ASA 在各个领域还有其他的应用，这里不再一一列举，有兴趣的读者可以继续了解。

这么多传统机构与 Algorand 达成合作，其关键就是 ASA 和 Algorand 2.0 的升级为合规场景的区块链应用提供了可能。这一特点给 Algorand 带来了其他项目不具备的潜力应用，使在其开发的标准资产拥有更大的潜力获得国际组织与国家机关的认可，从而开启更广阔的全球应用场景。

第二节　资产跨链

自比特币诞生以来，数以千计的区块链公链被开发出来，基于各种公链的加密货币数量呈现井喷式增长，就要面临各公链之间的资产及交易如何互联互通的问题，为此，各种跨链技术应运而生。

跨链技术可以被理解为一种协议，解决两个或多个不同链上的资产以及功能状态不能互相传递、转移、交换的问题。也就是说，跨链技术能够增加区块链的可拓展性，能够从根本上解决不同公链/侧链之间交易困难产生的"数据孤岛"问题。目前并没有被普遍认可的跨链机制，原因在于各个公链之间的底层技术实现差异巨大给跨链技术带来了不小的障碍。跨链需要解决的几个难点问题：

（1）保证跨链信息真实可信。原链上的交易信息对于另一条链来说是一个外部信息，如何保证这个外部信息进入另一条链时是正确的，是整个跨链机制的重要环节。

（2）要确保原链上的 Token 总量不变。跨链技术很重要的一个应用方向就是数字资产的跨链转移，如何保证不同链上的数字资产能够安全地从一条链转移到其他区块链，又可以从其他区块链安全地返回主链是亟待解决的问题之一。

（3）保证整个跨链交易的原子性。交易的原子性，简单来说是指交易处理的某个环节如果失败，整个交易能够撤销，而不会存在部分成功，部分失败的情况。在跨链技术中保证原子性的难点在于，跨链双方是两条独立的链，可能具有不同的共识机制、数据结构、交易处理逻辑等，造成交易最终没有被执行的原因也千差万别。

当前业界比较公认的跨链技术有公证人机制、侧链/中继、哈希锁定和分布式私钥控制，以及更为完全的跨链解决方案——诸如 Polkadot（波卡）等。

一、公证人机制：区块链界的"支付宝"

2012 年，瑞波实验室提出 Interledger 协议，目的是要在不同的区块链账本之间实现相互之间的协同和沟通，借此协议来打通全球各地不同的信息孤岛，实现信息在整个互联网的自由流通和传递。

Interledger 协议适用于所有记账系统、能够包容所有记账系统的差异性，该协议的目标是打造全球统一支付标准，创建统一的网络金融传输的协议。Interledger 协议使两个不同的记账系统可以通过第三方"连接器"或"验证器"互相自由地传输数字货币。记账系统无须信任"连接器"，Interledger 协议采用密码算法用连接器为这两个记账系统创建资金托管，当所有参与方对交易达成共识时，便可相互交易。该协议不需要交易参与方之间互相信任，连接器不会丢失或窃取资金，这意味着交易无须得到法律合同的保护和过多的审核，大大降低了门槛。同时，只有参与其中的记账系统才可以跟踪交易，交易的详情可隐藏起来，"验证器"是通过加密算法来运行，因此不会直接看到交易的详情。理论上，该协议可以兼容任何在线记账系统，而银行现有的记账系统只需小小的改变就能使用该协议。从而使银行之间可以无须中央对手方或代理银行就可直接交易。

Interledger 协议的亮点是不需要交易参与方之间互相信任，因为这个连接器是基于协议本身来运行的，而且交易双方的资产是有一个资金托管方来管理。只要 Interledger 协议的代码开源，自然会有开发者去验证，用户对 Interledger 协议的信任也基于此产生。

公证人机制便是基于 Interledger 协议创造的一种技术框架，与我们经常使用的支付宝相似，在网上进行商品的购买时，由于进行交易的买卖双方无法通过面对面的沟通和交流建立起相互信任的关系，想促成这笔交易，需要一个双方都相信的中间人，由中间人进行担保，交易便可进行下去。买方将购物款项存入 Interledger 协议，卖方将货物录入 Interledger 协议，当买方收到货物并确认无误后，授权 Interledger 将货款支付给卖方，最终完成交易。

值得注意的是，Interledger 并不是一个公开的账本，也不需要寻求任何形式的共识，它更像是一个提供顶层加密托管系统的信任连接者，在 Interledger 的信任担保下，资金可以在各个区块链账本之间流动，不同的账本体系通过 Interledger 进行自由的货币交易。Interledger 最大的作用是降低交易双方的信任成本，使交易双方在不需要进行信任确认的情况下完成交易、传递价值。

公证人机制分为以下几个种类：

1. 单签名公证人机制

也叫中心化公证人机制，通常由单一指定的独立节点或者机构充当，它同时承担了数据收集、交易确认、验证的任务。这是最简单的模式。公证人在该交易过程中充当交易确认者和冲突仲裁者的角色，是用中心化机构替代了技术上的信用保障，这种模式虽然交易处理速度快、兼容性强、技术架构简单，但中心节点的安全性也成为了系统稳定的瓶颈。

最传统的公证人机制是基于中心化交易所的跨链资产交换，这种跨链的方式比较单一，只支持数字资产的交换。

2. 多重签名公证人机制

通常由多位公证人在各自账本上共同签名达成共识后才能完成交易，多重签名公证人的每一个节点都拥有自己的一个密钥，只有当达到一定的公证人签名数量或比例时，跨链交易才能被确认。公证人是一群机构组成的联盟，跨链资金的转移是这个联盟所控制的。这种方式相较于单签名模式的安全性更高，少数几个公证人被攻击或者是作恶都不会影响系统的正常运行。图 5-2 是多重签名公证人机制示意图。

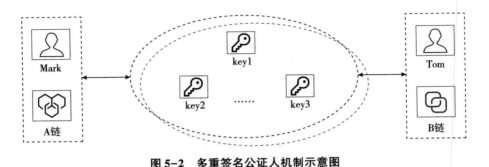

图 5-2　多重签名公证人机制示意图

资料来源：https：//xw. qq. com/cmsid/20200816a0c75w00。

3. 分布式签名公证人机制

分布式签名公证人机制和多重签名公证人机制最大的区别在于签名方式不同，它采用了多方计算（Multi-Party Computation）的思想，安全性更高，技术实现的过程也更为复杂。基于密码学生成密钥（系统有且仅产生一个密钥），并拆分（公证人组中谁都不会拥有完整的密钥）成多个碎片（经过处理后的密文）分发给随机抽取的公证人（即使所有公证人将碎片拼凑在一起也无法得知完整的密钥），允许一定比例的公证人共同签名后即可拼凑出完整的密钥，从而完成更加去中心化的"数据收集验证"过程。分布式签名公证人机制全面地保障了密钥的安全性，这种方法更灵活，也更安全，当少数节点遭受攻击时或发生各种错误时，并不会影响整个系统。图 5-3 是分布式多重签名公证人机制示意图。

公证人机制是跨链技术中比较简单的一种，主要是充当中介方的角色，类似支付宝，解决的是"先付款还是先发货的"安全问题，解决的思路就是由支付宝担任第三方担保和仲裁的角色，由其先保管货款，待当买家收到货并确认无误后再转账给卖家。公证人机制是双向跨链，可以实现跨链资产交换及转移，利用智能合约在链与链间操作，比较容易操作，缺点是容易产生中心化。

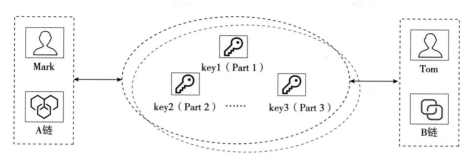

图 5-3　分布式多重签名公证人机制示意图

资料来源：https：//xw.qq.com/cmsid/20200816a0c75w00。

二、侧链/中继技术

侧链是首个产生较大影响力的跨链技术。侧链/中继器模式是目前跨链技术中应用比较多，相对复杂的机制。侧链本身是一种技术，也可以用来形容两条链之间的关系。侧链技术也是可以通过中继方式实现，中继是链与链之间的通道，如果通道本身是区块链，那就是中继链。

侧链旨在实现双向锚定，让某种加密货币在主链以及侧链之间互相转移。最初主链通常指的是比特币区块链，而现在主链可以是任何区块链。双向锚定技术是实现侧链的技术基础，可以暂时将数字资产在主链中锁定，同时将等价的数字资产在侧链中释放，反之亦然。但协议改造需兼容现有主链，也就是不能对现有主链的工作造成影响，这是实现双向锚定技术的难点。

从本质上讲，跨链是指原本存储在特定区块链上的资产可以转换成为另一条链上的资产，从而实现价值的流通。侧链则是相对主链而言的概念，主要服务于主链，为主链提供资产和功能的转移。二者的区别可归结为服务主体和范围的不同，但在技术上大致相同。

1. 侧链实现模式

侧链协议本质上是一种跨区块链解决方案。通过这种解决方案，可以实现数字资产从第一个区块链到第二个区块链的转移，又可以在稍后的时间点从第二个区块链安全返回到第一个区块链。其中第一个区块链通常被称为主区块链或者主链，第二个区块链则被称为侧链。最初，主链通常指的是比特币区块链，而现在主链可以是任何区块链。侧链协议被设想为一种允许数字资产在主链与侧链之间进行转移的方式。

通过侧链，可以在主链的基础上，进行交易隐私保护技术、智能合约等新功能的添加，这样可以让用户访问大量的新型服务，并且对现有主链的工作不会造成影响。另外，侧链也提供了一种更安全的协议升级方式，当侧链发生灾难性的问题时，主链依然安然无恙。简单地说，侧链机制就是一种使货币在两条区块链间移动的机制。

侧链实现的技术基础是双向锚定（Two-way Peg），通过双向锚定技术，可以实现暂时的将数字资产在主链中锁定，同时将等价的数字资产在侧链中释放，同样当等价的数字资产在侧链中被锁定的时候，主链的数字资产也可以被释放。双向锚定实现的最大难点是协议改造需兼容现有主链，也就是不能对现有主链的工作造成影响，其具体实现方式可以分为以下几类：

（1）单一托管模式。最简单的实现主链与侧链双向锚定的方法就是通过将数字资产发送到一个主链单一托管方（类似于交易所），当单一托管方收到相关信息后，就在侧链上激活相应数字资产。这个解决方案的最大问题是过于中心化。图 5-4 给出了以比特币为主链的单一托管模式工作原理示意图。

（2）联盟模式。联盟模式是使用公证人联盟来取代单一的保管方，利用公证人联盟的多重签名对侧链的数字资产流动进行确认。在这种模式中，如果要想盗窃主链上冻结的数字资产就需要突破更多的机构，但是侧

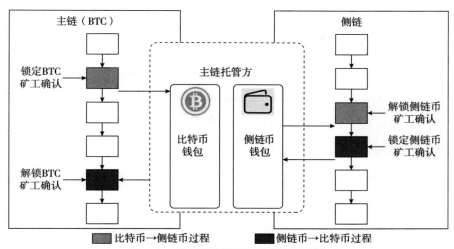

图 5-4　单一托管模式工作原理示意图

资料来源：https：//www.sohu.com/a/226272803_100074417。

链安全仍然取决于公证人联盟的诚实度。图 5-5 给出了以比特币为主链的联盟模式工作原理示意图：

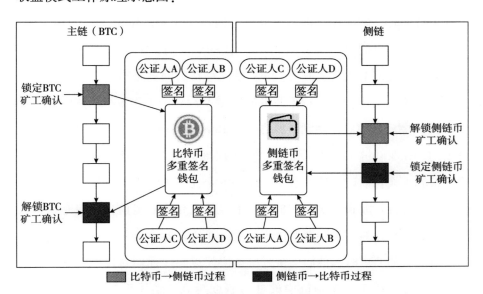

图 5-5　联盟模式工作原理示意图

资料来源：https：//www.sohu.com/a/226272803_100074417。

单一托管模式与联盟模式的最大优点是它们不需要对现有的比特币协议进行任何的改变。

（3）SPV 模式。SPV（Simplified Payment Verification）模式是最初的侧链白皮书 *Enabling Blockchain Innovations with Pegged Sidechains* 中的去中心化双向锚定技术最初设想。SPV 是一种用于证明交易存在的方法，通过少量数据就可以验证某个特定区块中交易是否存在。

在 SPV 模式中，用户在主链上将数字资产发送到主链的一个特殊的地址，这样会锁定主链的数字资产，该输出仍然会被锁定在可能的竞争期内，以确认相应的交易已经完成，随后会创建一个 SPV 证明并发送到侧链上。此刻，一个对应的带有 SPV 证明的交易会出现在侧链上，同时验证主链上的数字资产已经被锁住，然后就可以在侧链上打开具有相同价值的另一种数字资产。

这种数字资产的使用和改变在稍后会被送回主链。当这种数字资产返回到主链上时，该过程会进行重复。它们被发送到侧链上锁定的输出中，在等待一定的时间后，就可以创建一个 SPV 证明，来将其发回主区块链上，以解锁主链上的数字资产。SPV 模式存在的问题是需要对主链进行软分叉。图 5-6 给出了以比特币为主链的 SPV 模式的工作流程示意图。

（4）驱动链模式。驱动链概念是由 Bitcoin Hivemind 创始人 Paul Sztorc 提出的。在驱动链中，矿工作为"算法代理监护人"，对侧链当前的状态进行检测。换句话说，矿工本质上就是资金托管方，驱动链将被锁定数字资产的监管权发放到数字资产矿工手上，并且允许矿工们投票何时解锁数字资产和将解锁的数字资产发送到何处。矿工观察侧链的状态，当他们收到来自侧链的要求时，他们会执行协调协议以确保他们对要求的真实性达成一致。诚实矿工在驱动链中的参与程度越高，整体系统安全性也就越大。如同 SPV 侧链一样，驱动链也需要对主链进行软分叉。图 5-7 给出了以比特币为主链的驱动链模式的工作流程示意图。

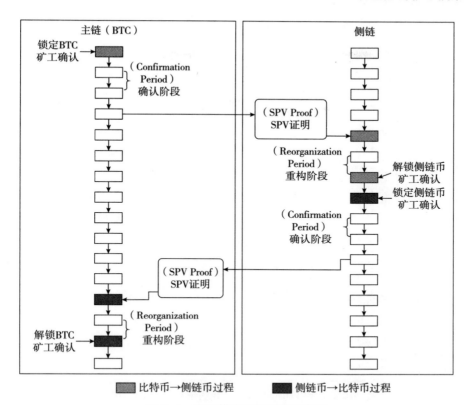

图5-6　SPV模式工作流程示意图

资料来源：https://www.sohu.com/a/226272803_100074417。

（5）混合模式。上述所有的模式都是对称的，而混合模式则是将上述获得双向锚定的方法进行有效的结合模式。由于主链与侧链在实现机制方面存在本质的不同，所以对称的双向锚定模型可能是不够完善的。混合模式是主链和侧链使用不同的解锁方法。例如，在侧链上使用SPV模式，而在主链网络上则使用驱动链模式。同样，混合模式也需要对主链进行软分叉。

侧链是以融合的方式实现加密货币金融生态的目标，而不是像其他数字资产一样排斥现有的系统。侧链技术进一步扩展了区块链技术的应用范围和创新空间，使传统区块链可以支持多种资产类型，以及小微支付、智能合约、安全处理机制、财产注册等，并可以加强区块链的隐私保护。

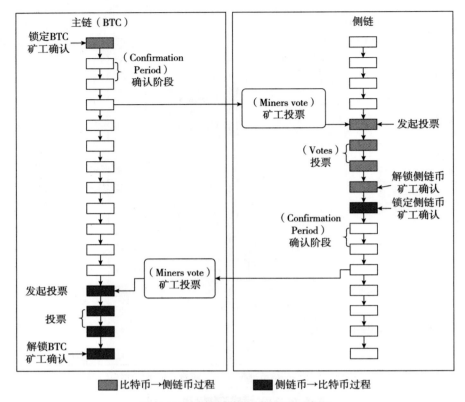

图 5-7　驱动链模式工作流程示意图

资料来源：https://www.sohu.com/a/226272803_100074417。

2. 链中继技术

中继在现实中被用于基站与基站之间搭建的节点服务与信号的多次转发。在跨链中，中继技术不依赖可信的第三方帮助其进行交易验证，可以在拿到发送验证的数据后自行验证，相比于其他的跨链技术，中继方案更加灵活并且易于扩展。中继器/侧链的模式均能支持跨链资产交换和转移，跨链合约和资产抵押。

用于区块链 X 的链中继技术，简称 X-Relay，是在以太坊智能合约中实施和维护区块链 X 轻客户端的一种方式。合约主要存储所有的区块头数据，这些区块头数据的大小比起区块链状态信息乃至整条区块链的完整数据信息都要小得多，故名轻客户端。只要拥有区块头数据，节点便能够验证交易是否已被打包，甚至在区块头存储数据支持的前提下验证区块链的状态。因此，X-Relay 允许以太坊上的任意合约来验证交易，有时甚至可以通过使用轻客户端来验证区块链上的账户状态。链中继技术简单地打破了不同加密数字货币/区块链间的界限，并且，更重要的是，不需要任何信任假设。

以在区块链 A 上发行新的 ERC20 代币为例。通过简单的发币过程，可以创造由 A 链支撑的新的 ERC20 代币 B-Token。例如，在 A 链创建一个把 A 代币存储到某个预定义地址的交易，那么 ERC20 合约就会铸造新的 B-token。由于 ERC20 合约可以通过 X-relay 来验证交易的有效性，只要 A 链不遭受 51%攻击，那么就可以保证已经存入了相应的 A 代币来发行特定数量的新代币 B-Token。通过这种方式，任何人都可以在以太坊上进行 A 代币与以太坊上的任意 ERC20 代币间的兑换。

目前已经能够通过诸如 KyberNetwork 这样的链上交易所存储 A 代币，发行相应的符合 ERC20 标准的 B-token，并在无须信任的前提下与其他 ERC20 代币进行交易。但是，这个过程还存在一些问题。比如，如何把B-token 转换回 A 代币？一个妥善的解决办法是在 A 区块链链上部署ETH-Relay，从而在以太坊和 A 链间形成一个双向的中继通道。这样可以在以太坊上销毁 B-token，并将证据提交给 A 链，以索取存入的 A 代币。这种方案的一个应用实例是 ETH 和 ETC 之间的双向中继。如图 5-8 所示，双向中继使 ETH 和 ETC 之间的交易能够以无须信任的方式来撮合交易。通过双向中继，实现 ETC 在以太坊区块链上无须信任的相互交易。发币过程为步骤 1、步骤 2、步骤 3；通过三个类似的步骤 4、步骤 5、步骤 6，用户可以把 ETC 从相应的 ETC-token 中赎回。

双向中继还允许基于以太坊的私有链和公有链间进行跨链通信。EEA（企业以太坊联盟）最近成为最大的区块链联盟，未来将会有更多的基于

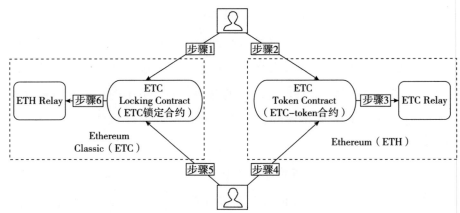

步骤1：在ETC链上，将ETC币锁定在合约中
步骤2：通过向运行在ETH链上的代币合约发送锁定的交易，证明发行ETC-token
步骤3：代币合约在发行相应数量的ETC-token之前先通过ETC Relay来验证锁定ETC币的交易

步骤4：在ETH链上，销毁ETC-token
步骤5：通过向运行在ETC上的代币锁定合约发送交易，证明已销毁ETC-token
步骤6：ETC锁定合约在解锁ETC币之前先通过ETH-Relay来验证是否销毁相应数量的ETC-token，成功后释放ETC币

图 5-8　ETH 和 ETC 双向中继示意图

资料来源：https：//www. shangmayuan. com/a/05c22b5e69c04d23a1e00adb. html。

以太坊的私有区块链诞生。

　　然而，这种方式存在一个很大的缺陷：当 A 链代币不支持像以太坊这类智能合约时，这一套关于 A 代币的理想解决方案就不起作用了。到目前为止，还没能够在比特币和以太坊之间，或者在 ZCash 和以太坊之间部署双向中继。另外，维护 X-Relay 的 Gas 成本十分昂贵。这些问题有待业界进一步的探索。

三、哈希时间锁定

　　哈希时间锁定协议（Hashed-Timelock Agreements，HTLAs）是一项在不同区块链之间进行代币交易和转换的技术。我们在中心化交易所进行代币交易时，首先需要把代币转入到交易所指定地址，会存在中心化机构天然存在的风险，如交易所遭黑客攻击、交易所跑路等；其次当从交易所提币时需要较高的手续费用。在哈希时间锁定协议中，只需发送者、连接方、接收者三方，就可以完成代币的交易，在这中间无须任何中心化机构；如果交易未成功，实际上代币并未发生转移，也无须支付交易费用。与中心化的交易所相比，哈希时间锁定协议相当于提供一个自由市场，无须第三方托管，中心化交易所的作用被分散至区块链上的用户，所有人之间都可以自由进行代币交易。

哈希时间锁定协议技术想法的提出与技术落地，源于比特币闪电网络。在闪电网络中，为实现一对用户间的小额支付，两个用户预先锁定自己相应的数字资产，再在链外进行涉及该部分款项的交易。待确认好款项的最终分配方案，分配结果再上传至主链，如图5-9所示。这样即可使大量的小额交易在链外进行，提高了比特币网络的交易吞吐量。

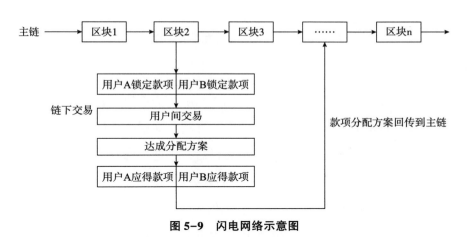

图5-9　闪电网络示意图

资料来源：https：//www.jinse.com/bitcoin/209427.html。

在闪电网络中，使用了哈希锁合同（Hashed Timelock Contracts，HTLC）技术来锁定用户款项。代币之间的交易经由中间人的转换，关键之处在于交易各相关方的信任。对代币进行锁定的过程，正是一个可以产生信任的质押过程。

以一笔虚构的交易为例。假如1个BTC与20个ETH的价值等同，发送方（Sender）有 1.001 个比特币，希望购买接收方（Receiver）提供的价值 20 个 ETH 的服务。则发送者可以联系一个同时具有比特币地址与以太坊地址的连接方（Connector），并协商好代币转换的手续费为 0.001 个比特币。那么交易的流程如图 5-10 所示中的方案一：

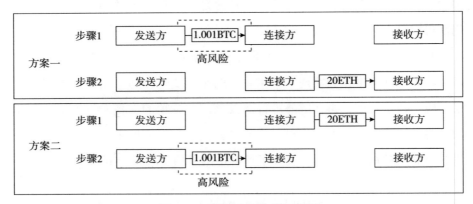

图 5-10　代币交易方案示意图

资料来源：https：//www.jinse.com/bitcoin/209427.html。

在这一过程里，风险较高的是传输 1.001 比特币的步骤：连接方有可能在收取比特币后马上退出交易，使发送方利益受损。合理的方案是把比特币的交付延后处理。当以太币实现交付后，再进行比特币交付，交易风险即转移至连接方，如图 5-10 所示中的方案二。

为了同时保障连接方的利益，需解决的问题是确保接收方在获得 20 个以太币的同时，发送方的 1.001 个比特币也送往连接方，两个事件需要同时发生。这实际上是交易"原子性"的体现：要么款项完全实现转移，要么款项完全未转移，不存在中间的状态。这一问题由预共享密钥（Pre-Shared Key，PSK）技术解决。

如果把 1.001 比特币看作一个交易包，把 20 以太币看作另一个交易包，在 PSK 技术中，这两个交易包都由同一个密钥启动，从而实现"两者同时发生"。发送方预先由加密算法得到一个密钥，把密钥发送给接收者，把相关信息发给连接方。同时，发送方将自己的 1.001 个比特币锁定在交易包 1 里，需要密钥才能转移款项。连接方通过发送方给出的信息，制作一个包含 20 个以太币的交易包 2 并发给接收者。当接收者用密钥打开交易包 2 时，接收者获得 20 个以太币，同时密钥也被发送给连接方，连接方即可使用该密钥获得交易包 1 里的 1.001 个比特币。这样一来即实现了代币之间的互换。图 5-11 给出了使用哈希时间锁定协议的交易过程。

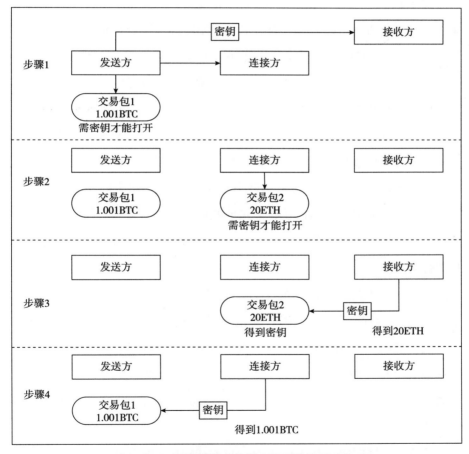

图 5-11　使用哈希时间锁定协议的交易过程

资料来源：https://www.jinse.com/bitcoin/209427.html。

为避免款项锁定时间过长，交易包1、2均需约定限制时间，超出时间后款项即解锁、返回原地址，这就是时间锁（Timelock）功能。而预共享密钥则使用了哈希加密（Hashed），因此该技术方案被称为哈希时间锁定协议（Hashed-Timelock Agreements）。

哈希时间锁定技术依然存在一定的缺陷：

（1）连接方需承担一定风险。在 PSK 技术中，连接方需向交易包1注入密钥才能获得比特币，也就是比特币和以太币的交付并非完全在同一时间发生。由于两个币种的交付均约定了限制时间，若交易包2的限制时间大于交易包1，有可能使接收者获取20个以太币后，连接方无法收回应得的1.001个比特币，从而遭受损失。这一风险可通过设定交易包1的限制时间总大于交易包2来避免。

（2）对于不支持哈希时间锁定技术的区块链项目，只能通过另外的账本平台进行上述过程。额外的记账平台可保存代币之间转移的交易记录。由于记账平台本身不发生代币的转移，本质上记录的是赊账、借账的信息，因此需交易双方之间相互具备充足的信任，交易才可进行。通过账本平台，只要保证双方具备信任基础，非区块链的资产亦可通过这一记账方式进行交换。

本质上，不同资产之间的交易、流转，只需提供信任基础（产生联系），保证交易的原子性（资产交割）即可进行。在哈希时间锁定协议中，代币的锁定实现了资产质押，为交易提供了信任基础。密钥的传递，则保证了交易的原子性。同时时间锁的引入，避免了交易时间过长而造成的纠纷或意外。除区块链项目外，这一模式可应用到不同资产类别的流转中。

哈希时间锁定协议技术已由 Ripple Interledger 项目基本实现，在可运行智能合约的区块链项目中，币币交易的落地或将逐渐变得普遍。这一技术提供了一种区块链项目生态的可能性：如 BTC 等主流区块链项目作为主结算系统，而其他应用项目针对性地解决用户的不同需求。当用户享受服务、进行结算时，使用代币互换技术进行支付。这样一来，主流项目传递价值；应用项目面向细分需求，同时为主流项目分摊服务压力；用户各取所需。最终将构建起一张全球共用的可信任的结算网络，在此基础上运行一切去中心化的应用，真正实现丰富的区块链应用生态。

四、分布式私钥控制

分布式私钥控制的英文全称为"Distributed Private Key Control"，是基于密码学里面一个多方计算和门限密钥的一个共享技术，通过分布式节点控制各种资产的私钥，并将原链资产映射至跨链中，确保各种资产在区块链系统中实现互联互通。分布式私钥控制的核心在于分布式控制权管理，即将资产的所有权和使用权分离，将原链上数字资产的控制权安全地转移至非中心化系统中。

分布式私钥就是把一个区块链里面的私钥分成 N 份，同时再把它分给 N 个参与者，每个参与者就掌握了一部分私钥，只有集齐了其中的 K 个私钥的分片之后，才能恢复这个完整的私钥，恢复了完整的私钥，才能够对这个私钥上面的资产进行一个解锁。

以融数链 FUSION 为例，数字资产通过分布式私钥技术映射到 FUSION 公有链上。为确保原有链上资产在跨链上仍然可以相互交易流通，实现和解除分布式控制权管理的操作称为：锁入（Lock-in）和解锁（Lock-out）。锁入是对所有通过密钥控制的数字资产实现分布式控制权管理和资产映射的过程。这时需要委托去中心化的网络掌管用户的私钥，用户自己掌握跨链上那部分代理资产的私钥。当解锁时再将数字资产的控制权交还给所有者。

假如用户要锁定他的资产的话，首先是向 FUSION 发出请求，让他生成一个可以锁定资产的私钥、地址。把这个地址发送给用户，用户就可以在比特币网络里面，把资产转移到锁定的地址上面去。锁定这个地址和对应的私钥，其实是由 FUSION 网络里面的多个用户，或者说是多个节点持有的，少数某几个节点是无法动用这里面的资产的。只有在上面通过智能合约，达成了共识之后，如果他们都认为这个资产是可以解锁的，他们就会把各自的私钥片段贡献出来，集齐了 K 个数量（K≤N），就能够把这个私钥完整恢复，对应的资产也就可以解锁出来了。

五、跨链方案

当前市场上，各种跨链的解决方案层出不穷。诸如 Polkadot 等公链在技术上都属于侧链/中继的范畴，Polkadot 通过中继和平行链的机制来实现跨链，并将容纳的不同区块链定义为平行链；但也有如 aelf 等部分项目创新引入了更加去中心化的方式完成跨链。下面对这两种解决方案进行简要的探讨。

1. Polkadot

Polkadot 主要由中继链、平行链和转接桥三种角色链构成。中继链主要为整个系统提供统一的共识和安全性保障；平行链负责具体的业务场景，平行链之间可以通过 ICMP 进行彼此通信，同时它们还会由分配给它的验证人进行区块验证；转接桥则负责连接不同体系的区块链。Polkadot 本身基于 Substrate 构建，Substrate 是 Polkadot 运行环境的实现。新的区块链如果基于 Substrate 框架构建，可直接连接到 Polkadot 网络，成为 Parachain。连接 Polkadot 的链需要符合两个标准：①能够证明其交易有效性，比如通过轻客户端证明出块状态的最终确认，包含比特币的 UTXO 或以太坊的日志信息；②必须有授权交易的方式，如门限签名方案或能针对多签名条件构造逻辑的智能合约。Parachain 接入 Relay Chain 后，Parachain

可与 Relay Chain 共享安全，由转接桥连接的链需要确保安全。

Polkadot 的平行链之间的跨链交换的安全性保障主要来自共享安全性这个特点，共享安全性使跨链交易和普通交易同步发生，也就不存在其他跨链场景中的双花等跨链数据不一致问题。其次 Polkadot 中引入的特殊状态验证方法方便中继链进行跨链等消息的有效性验证。

2. aelf

老牌公链 aelf 采取的是偏向于去中心化的跨链模式。在跨链过程中，aelf 使用"索引"的方式来实现链间通信，索引是指按照定义好的结构从某条链将数据传递给其他链，跨链索引是实现任何跨链功能的前提。aelf 通过两步索引来实现跨链：①主链索引侧链，即主链先向需要索引的侧链请求数据，侧链向主链传输数据信息；②侧链索引主链，主链将信息验证处理完成，侧链再从主链请求数据索引主链，主链将数据传输给侧链。并不是只有主链和侧链互相索引，侧链的多级子链之间也可以互相索引。

在数据验证上，aelf 采用了默克尔树的数据结构，利用默克尔树结构可以高效完成数据存在性证明，从而实现跨链验证。aelf 中父链与子链之间可以相互验证、同级子链（兄弟链）之间也可以相互验证、其他关系的链之间不可以相互验证。

此外，aelf 还将其侧链分为内部侧链和外部侧链。内部侧链即基于 aelf 通过联合挖矿形式创建的侧链，外部侧链则是其他区块链系统能够以此形式加入 aelf，如比特币、以太坊等公链。

综上来看，Polkadot 可做跨链资产转移，专注于跨链基础设施，aelf 着力于性能和跨链验证。在未来的世界中，跨链技术将承担起互联互通打破"信息孤岛"的责任。跨链技术面临的场景复杂，最终能否实现全球区块链的广泛互联，有待业界持续探索和实践。

六、结语

跨链技术在过去几年间得到了迅速发展。现有的跨链相关项目中，基于侧链/中继模式的项目占比最高；基于哈希锁定的闪电网络自主网上线以来节点数量、通道数量和网络容量不断增加，技术可行性也得到了较好的验证。但跨链技术目前还面临着诸如信息真实性、交易原子性、事务一致性等难点，鉴于大多数区块链系统在诞生之初就缺乏互操作特性，链与链之间高度异构化，形成孤立的价值体系，伴随着落地应用的逐步实现，链与链之间互联互通操作的重要性日益凸显，最终能否实现全球区块链的广泛互联，有待业界各方持续探索和实践。但可以预见的是，随着跨链技术研究的深入和应用的普及，跨链公链的发展非常值得我们期待。

第三节　Oracle 预言机

区块链的去中心化账本和智能合约为金融科技解决了 P2P 交互的信任问题，无须任何中心化机构进行信任背书，这是人类社会信任体系的重大革新。但是当前的智能合约存在一个比较严重的缺陷，合约无法主动从外部获取链外信息，使合约只能在一个封闭、孤立的环境中执行任务，无法做到和外部世界的互联互通，即链下数据无法有效地映射到链上数据。

预言机（Oracle）的出现旨在为区块链解决这个问题，作为智能合约与外部世界通信的网关，为区块链打开了一扇通往外部世界的窗户。

一、什么是预言机

区块链上的智能合约和去中心化应用（DAPP）对外界数据拥有交互需求。区块链是一个封闭的环境，链上无法主动获取链外真实世界的数据。主要是因为区块链无法主动发起 Network call（网络调用），而链上智能合约是被动接收数据的。其次，智能合约其实并不"智能"，它只是在满足相应条件下，才达到触发状态的程序。同时，智能合约最终的执行需要合约参与方的私钥签署，智能合约本身没有办法自动执行。当智能合约的触发条件取决于区块链外信息时，这些信息需先写入区块链内记录。此时需要通过预言机来提供这些区块链外的信息。举个例子，有一个天气预报预警的 DAPP，用户可以通过链上智能合约进行天气预报的查询。天气预报的数据不是在链上自行生成的，而是需要智能合约向气象服务网站的接口发起请求获取数据。这时预言机就起作用了，智能合约可以向预言机发起请求，由预言机执行气象服务网站接口的调用，返回一致性的响应数据给智能合约，供智能合约处理。

看似很简单的执行流程，实际上其中隐含着许多问题，比如：如何保证数据源的数据不会作恶？如果一个数据源给预言机节点 A 的答案是"是"，而给预言机节点 B 的答案是"否"，该怎么办？这里就需要引入多数据源请求来保证数据源的数据真实性。事实上，我们无法保证用户请求的数据一定存在多个真实可信的数据源，那么我们的预言机系统就必须要容忍数据源作恶这种问题的存在，比如不能对返回错误答案的预言机节点进行惩罚。

诸如此类的问题还有很多，为了预防这些问题的出现，去中心化预言机需要进行缜密、全面的设计。

1. 多预言机节点

为了防止单节点预言机的信任问题，需要多个节点共同执行预言机数据的请求处理。多节点会带来数据的不一致问题，这时数据的聚合一定是需要的。常用的聚合算法有 BFT 共识算法或者门限签名算法等。

2. "提交—揭露"机制

预言机节点之间的数据广播会带来 Free-loading（吃空饷）问题，即一个预言机不是通过访问数据源来获取数据，而是复制其他预言机的答案。当吃空饷的节点占据大多数时，如果这些节点复制了一个错误的答案，这将变成一次大多数攻击，危害系统安全。我们可以通过"提交—揭露"机制解决此问题，预言机节点分两阶段提交数据答案，第一阶段提交的答案是加密的，在收到足够多的预言机答案之后，才解密全部答案。

3. 多数据源或可信单数据源

数据源的诚信问题是很难解决的，因为这不是预言机的问题，而是一个外部问题。用户在使用预言机时应确认所访问的数据源是安全可靠的，而当用户访问到一个不安全的数据源时，不安全的数据很可能导致预言机返回一个错误的结果。当然，通过使用多数据源访问数据可以在一定程度上防止少数数据源的作恶，但是这种做法不具通用性，因为并不是每一条数据都具备多个外部数据源供应。

4. 利益分配

去中心化预言机需要设计一套激励机制，以给予预言机节点行为对应的奖励和惩罚。预言机节点在加入去中心化网络时需要支付一定的保证金，以防止节点的作恶。理论上获取到与共识结果相同答案的预言机都应该获得相同的奖励，因为它们都是达成共识结论的贡献者。在惩罚规则方面，我们不能因为某个预言机节点的答案与共识结果的不同，或者不能即时返回请求结果就惩罚它，因为我们不能辨别是预言机节点在作恶还是数据源在作恶。对于 Free-loading 的问题，一旦在"揭露—提交"阶段发现节点在吃空饷，则需要按一定比例扣除其质押的保证金。

二、预言机应用场景

目前预言机在区块链里涉及的应用领域有博彩、稳定币、借贷、金融衍生品、保险以及预测市场。目前，比较热门的应用场景是博彩、稳定币和借贷。

1. 博彩

区块链内博彩 DAPP 或者博彩类游戏都涉及随机数。博彩类应用的核心是不可预测、可验证的随机数，随机数决定赌注的最终结果，但是在封闭状态的链上无法产生安全的随机数。现在的大多数博彩游戏都是在链上生产随机数，所以很容易被预测和破解导致资产被盗。之前一些博彩类应用因为随机数问题而遭受黑客攻击，比如 EOS 上面的掷色子游戏或者以太坊上的 FOMO3D。因为他们没有满足智能合约/DAPP 场景下对安全伪随机数的要求：随机、不可预测。他们用到链上公开，被其他合约所调用，可以生成被预测的信息种子（Seed），从而导致他们的随机数可以被预测。博彩类游戏，要想得到安全的随机数，只有通过预言机从链外获取。

2. 稳定币

目前预言机主要服务于加密资产类稳定币。加密资产类稳定币是由加密货币抵押为基础。加密资产类稳定币不是保持一对一的比率，而是试图通过维持更高的抵押品与稳定币比来将其价格与法定货币挂钩。如 DAI 和 bitUSD。DAI 通过超额抵押资产发行，其抵押物为以太坊等链上资产。加密资产类稳定币有链外信息交互需求，需要预言机实时地去获取外部世界稳定货币本身和锚定资产的兑换率等数据。

3. 借贷

SALT Lending、Aave 等去中心化 P2P 借贷平台允许匿名的用户用区块链上的加密资产抵押，来借贷出法币或者加密资产。这类应用需要使用预言机在贷款生成时提供价格数据，并且能监控加密抵押物的保证金比率，在保证金不足的时候发出警告并触发清算程序。同时，借贷平台也能用 Oracle 导入借款人的社交和信用身份信息来确定不同的贷款利率。

4. 智能合约保险

在免信任且可靠的信任源加持下，保险产品可以通过智能合约的形式实现。当前的商业案例比如 Etherisc 的去中心化的保险应用（如航班延误保险和作物保险）平台，Flying Carpet 的人工智能和地理数据的新型可编程保险等。

5. 去中心化预测市场

像 Augur 和 Gnosis 这样的去中心化预测市场利用人群的智慧来预测现实世界的结果，如总统选举和体育博彩结果。如果投票结果受到用户的质疑，预言机可用于快速和安全的解决方案。

6. 去中心化衍生品

衍生品是两方或多方之间的金融合约，其价值基于相关资产。衍生品允许人们对标的资产提出不同的视角（长期或短期），从实质上促进金融稳定。公共智能合约平台可以创建和交易金融衍生品，包括基于区块链的资产。预言机可以通过提供价格馈送、结算价值和合约到期来确定参与方的收益或损失，从而在去中心化衍生品中发挥重要作用。

三、当前市场的预言机项目

如同区块链"不可能三角"一样，预言机在实际应用进行设计时也需要着重考虑三大要素：完整性（Integrity）、保密性（Confidentiality）、可获得性（Availability）。完整性是指信息完整准确可靠，没有被有意无意地破坏、篡改。保密性是指智能合约向预言机请求查询的内容不会被泄露出去。可获得性是指通过预言机调取数据时，可以及时得到所需要的信息，包括可以实现抗审查（Censorship-Resistance）。当前市场上预言机项目非常多，限于编者水平及篇幅，无法一一列举。本书只简单介绍 Chainlink、Provable、DOS Network、Augur 这几个项目。

1. Chainlink

Chainlink 是第一个去中心化预言机。比起 Oraclize 的中心化，Chainlink 更符合区块链去中心化的准则。Chainlink 主要用于帮助智能合约访问关键链提供外资源、网站 API 和传统银行账户支付的预言机服务。由链下节点来提供数据，Chainlink 的链上部分会收集数据请求的需求，然后收集合适的节点的回答，在加权得到结论后反馈给信息请求方。Chainlink 也拥有一个对节点的信誉评价体系，信息需求方可以选择特定信誉级别的节点，每次信息反馈之后也会更新每个节点的信誉评分。

2. Provable

Provable，其前身为 Oraclize，是一个为以太坊提供中心化数据传输预言机服务的项目，其依托亚马逊 AWS 服务和 TLSNotary 证明技术，为 Ethereum、Rootstock、R3 Corda、Hyperledger Fabric、EOS 等区块链提供预言机的服务。在区块链环境下，Provable 把获取的信息返回链上且保证数据与数据源相同，用户可以自行抓取数据。Provable 不干涉信息源的选取和信息源本身的准确度。

3. DOS Network

DOS Network 是一个提供去中心化的预言机服务的网络。它可以连接智能合约和链外互联网世界，同时也为区块链提供无限的且可验证的计算力。DOS Network 在链上监测用户数据请求，链下监控和接收数据请求，再通过链下随机选一组节点来提供数据，一旦收集来的数据通过组内 51% 节点共识被视为"正确答案"，最后链下再将获取的答案反馈给链上信息请求方。DOS 设立一个对于诚实节点的奖励机制：除了给节点的数据处理费外，30% 总供应量的虚拟采矿奖励，持续十年。DOS Network 在性能上可支持多条链，且数据结果接近实时，同时 DOS Network 分片的网络结构设计，可以并行处理请求，达到高性能和可扩展性。帮助扩展智能合约的处理能力和应用场景的二层（Layer 2）网络解决方案。DOS 与 Chainlink 类似，也有许多不同和优化。Chainlink 对每个节点返回的结果在区块链上进行聚合和共识，而 DOS 在链下对结果进行共识，性能和可扩展性更好。Chainlink 在选取工作节点时基于信誉系统，而 DOS 则是完全随机地在去中心化网络中选取工作节点，有更好的抵御攻击的能力，安全性更好，也更公平。

4. Augur

不同于 Oracle 的中心化，Augur 是一个去中心化的预测市场平台。Augur 的核心是预测市场，主要是通过利益驱动的投票机制来确定结果。用户可以用数字货币进行预测和下注，依靠群体智慧来预判事件的发展结果。用户可以选择围绕任何未来事件创建预测市场，参与者可以押注该事件的结果。参与者根据创建的未来事件的实际结果获得收益或受到损失。平台本身无法验证事件的真实结果，因此 Augur 依靠用户和复杂的结果报告系统来鼓励诚实的结果报告行为。本身也可以作为其他应用的输入源，但是它们的输出结果需要很长时间的延迟和大量用户的参与。

四、预言机的发展趋势

区块链越发展，对链下数据的需求就会越强烈，预言机的重要性也会越发凸显。预言机领域可能会出现多种形态并存的市场。可以认为从中心式到联盟式再到分布式，是数据提供方的颗粒度的由大到小，而不同的颗粒度决定了它们不同的属性，也就决定了它们各自适合的服务场景。

虽然预言机也可以是由分布式的节点网络组成，但看待区块链和预言机的视角及评价它们的标准是不一样的：区块链做的是探索性的工作，而预言机做的是功能性的工作。所以预言机的设计追求的是可用性与实用性：它只为需求服务，不为愿景服务。简单地说，预言机要追求性价比。

除了要通过技术和机制解决信任问题外，预言机的设计还包括许多其他方面，比如数据的隐私问题、防黑客攻击的能力问题等，因为这些都会关系到预言机的可用性。正因如此，预言机的设计是一个涉及诸多领域的综合性工程。预言机是区块链重要的基础设施，但这并不代表着预言机的发展会制约区块链的发展，反而，也许区块链的发展状况对预言机的发展影响更大。只有当链上合约对链下数据有广泛的、迫切的需求，并能为数据付费的时候，预言机才有可能真正、全面地发展起来。

参考文献

［1］Back A，Corallo M，Dashjr L，et al. Enabling Blockchain Innovations with Pegged Sidechains ［EB/OL］．（2014-10-22）［2020-12-08］．https：//blockstream. com/sidechains. pdf.

［2］Bitcoin. com. 在比特币上发代币的基本原理——Omni 协议发代币的通俗解释 ［EB/OL］．（2018-07-18）［2020-12-28］．https：//forum. bitcoin. com/chinese/omni-t92464. html.

［3］ETHFANS. 以太坊（Ethereum）：下一代智能合约和去中心化应用平台 ［EB/OL］．（2015-11-03）［2021-03-03］．https：//ethfans. org/posts/ethereum-whitepaper.

［4］Fusion Foundation. Fusion Whitepaper ［EB/OL］．（2017-12-01）［2020-12-28］．https：//whitepaper. io/document/55/fusion-whitepaper.

［5］Interledger Payments Community Group. Interledger Architecture ［EB/

OL］.（2017－07－01）［2021－02－03］.https：//interledger. org/rfcs/0001－
interledger－architecture/.

［6］Interledger Payments Community Group. Interledger Protocol V4［EB/
OL］.（2017－07－01）［2021－03－02］.https：//interledger. org/rfcs/0027－
interledger－protocol－4/.

［7］Interledger Payments Community Group. Pre－Shared Key V2（PSKv2）
Transport Protocol［EB/OL］.（2017－07－01）［2021－03－02］.https：//in-
terledger. org/rfcs/0025－pre－shared－key－2.

［8］Joseph Poon，Thaddeus Dryja. The Bitcoin Lightning Network［EB/
OL］.（2016－01－13）［2020－12－28］.http：//www. doc88. com/p－99525698
26866. html.

［9］金色财经. 公链元年后的 365 天，aelf 跨链技术将开启万链互联
的区块链 3. 0 时代［EB/OL］.（2020－08－07）［2020－10－26］.https：//
www. jinse. com/news/blockchain/778136. html.

［10］李大伟，霍瑛. 基于侧链技术的电力物联网跨域认证研究［J］.
电力工程技术，2020（6）：15－19.

［11］链闻 ChainNews. 资产上链实践：新兴公链 Algorand 2. 0 如何以
ASA 促进真实世界交易［EB/OL］.（2019－12－19）［2021－03－21］.https：//
www. sohu. com/a/361466093_100105055.

［12］路爱同，赵阔，杨晶莹，王峰. 区块链跨链技术研究［J］.信
息网络安全，2019（8）：83－90.

［13］徐卓嫣，周轩. 跨链技术发展综述［J］.计算机应用研究，2021
（2）：341－346.

［14］张铮文. 各区块链架构的横向比较［EB/OL］.（2017－07－24）
［2021－03－16］.https：//www. sohu. com/a/159487224_684500.

第六章
比特币与以太坊

第一节　比特币

一、比特币产生的背景

进入 21 世纪后，华尔街的金融衍生品如雨后春笋般冒了出来，甚至泛滥，同时房地产催生的泡沫也越来越厉害。这一系列因素引发了美国次贷危机，最终导致了 2008 年金融危机的爆发。与此同时，华尔街很多金融从业人员依旧呈现出一片贪污腐败的迹象，引发了民众的不满，并引发华尔街抗议。

也就是在这段时间里，中本聪创立了比特币，比特币的"去中心化"思想，尤其符合当地的民众声音。其次，比特币是一种虚拟货币，对应的也是当时最为受冲击的金融业。比特币的诞生完全符合了通货膨胀时代背景下人们的诉求。

那么，通货膨胀是什么呢？通货膨胀是造成一国货币贬值的物价上涨。通货膨胀和一般物价上涨的本质区别：一般物价上涨是指某个、某些商品因为供求失衡造成物价暂时、局部、可逆的上涨，不会造成货币贬值；通货膨胀则是能够造成一国货币贬值的该国国内主要商品的物价持续、普遍、不可逆的上涨。造成通货膨胀的直接原因是一国流通的货币量大于本国有效经济总量。一国流通的货币量大于本国有效经济总量的直接原因是一国基础货币发行的增长率高于本国有效经济总量的增长率。一国基础货币发行增长率高于本国有效经济总量增长率的原因包括货币政策与非货币政策两方面。货币政策包括宽松的货币政策、用利率汇率手段调节经济；非货币政策包括间接投融资为主导的金融体制造成贷款膨胀，国际贸易中出口顺差长期过大、外汇储备过高，投机垄断、腐败浪费提高社会交易成本降低经济发展质量、经济结构失衡、消费预期误导等。所以通货膨胀不仅是货币现象，实体经济泡沫也是通货膨胀的重要原因。

所以有人说中本聪之所以发明比特币实际上也是抗议美国政府滥发钞票所造成的通胀，即通货膨胀。

二、比特币的起源

1990 年，密码朋克的"主教级"人物大卫·乔姆发明了密码学匿名现金系统 Ecash。

1997 年，亚当·贝可发明了哈希现金（Hashcash），其中用到了工作量证明系统（PoW）。

1997 年，哈伯和斯托尼塔提出了一个用时间戳的方法保证数学文件安全的协议。这个协议也成为比特币区块链协议的原型之一。

1998 年，戴伟发明了 B-money，强调点对点交易和交易记录不可更改，可追踪交易。

2004 年，芬尼发明了"加密现金"，采用了可重复使用的工作量证明机制（RPOW）。

中本聪总结了这些失败案例的原因，并且将这些技术融合在一起，发明了最早的区块链技术——比特币。

比特币（Bitcoin）的概念最初由中本聪在 2008 年 11 月 1 日提出，并于 2009 年 1 月 3 日正式诞生。根据中本聪的思路设计发布的开源软件以及建构其上的 P2P 网络。比特币是一种 P2P 形式的虚拟加密数字货币。点对点的传输意味着一个去中心化的支付系统。

比特币是一种"电子货币"，由计算机生成的一串串复杂代码组成，比特币通过预设的程序制造，随着比特币总量的增加，新币制造的速度减慢，直到 2140 年达到 2100 万个的总量上限，被挖出的比特币总量已经超过 1700 万个。和法定货币相比，比特币没有一个集中的发行方，而是由网络节点的计算生成，谁都有可能参与制造比特币，而且可以全世界流通，可以在任意一台接入互联网的电脑上买卖，不管身处何方，任何人都可以挖掘、购买、出售或收取比特币，并且在交易过程中外人无法辨认用户身份信息。

三、比特币的特点及安全性

1. 比特币的特点

与所有的货币不同，比特币不依靠特定货币机构发行，它依据特定算法，通过大量的计算产生，比特币使用整个 P2P 网络中众多节点构成的分布式数据库来确认并记录所有的交易行为，并使用密码学的设计来确保货币流通各个环节安全性。P2P 的去中心化特性与算法本身可以确保无法通过大量制造比特币来人为操控币价。基于密码学的设计可以使比特币只能被真实的拥有者转移或支付。这同样确保了货币所有权与流通交易的匿名性。比特币与其他之前发行的虚拟货币最大的不同，是其总数量非常有限，具有极强的稀缺性。

（1）分散性。比特币网络不是由一个中央机构控制的。每一台机器挖矿和比特币交易流程构成了网络的一部分，并且一起运行。这意味着，从理论上讲，任何一个中央机构不能通过货币政策使其崩溃。

（2）去中心化。比特币是第一种分布式的虚拟货币，整个网络由用户构成，没有中央银行。去中心化是比特币安全与自由的保证。

（3）匿名性。用户可以保存多个比特币地址，不需要任何姓名，地址和其他用户的个人信息。

（4）透明性。比特币的区块明细，可以查看每一个比特币地址交易的细节，链上有实时交易记录。也就是说，如果用户公开一个比特币地址，任何人都可以查看该地址的交易明细。但是并不知道该地址的用户是谁。

（5）低交易费用。任何传统银行转账，国际汇款都会收取不等的高昂费用。但是比特币交易几乎没有，可以免费汇出比特币，但最终对每笔交易将收取约1比特分的交易费以确保交易更快执行。

（6）数量有限性。比特币与其他虚拟货币最大的不同，是其总数量是非常有限的，具有极强的稀缺性。该货币系统在前4年内只有不超过1050万个，之后的总数量将被永久限制在2100万个之内。

根据其设计原理，比特币的总量会持续增长，直至100多年后达到2100万的那一天。但比特币货币总量后期增长的速度会非常缓慢。事实上，87.5%的比特币都将在头12年内被"挖"出来。所以从货币总量上看，在我们的有生之年，比特币并不会达到固定量，其货币总量实质上是会不断膨胀的，尽管速度越来越慢。因此看起来比特币似乎是通胀货币才对。

然而判断是通货紧缩还是通货膨胀，并不依据货币总量是减少还是增多，而是看整体物价水平是下跌还是上涨。整体物价上升即为通货膨胀，反之则为通货紧缩。长期来看，比特币的发行机制决定了它的货币总量增长速度将远低于社会财富的增长速度。因此，总体来说：比特币是一种具备通缩倾向的货币。比特币经济体中，以比特币定价的商品价格将会持续下跌。

凯恩斯学派的经济学家们认为，物价持续下跌会让人们倾向于推迟消费，因为同样一块钱明天就能买到更多的东西。消费意愿的降低又进一步导致了需求萎缩、商品滞销，使物价变得更低，步入"通缩螺旋"的恶性循环。同样，通缩货币哪怕不存入银行本身也能升值（购买力越来越强），人们的投资意愿也会升高，社会生产也会陷入低迷。

比特币是一种网络虚拟货币，数量有限，跟腾讯公司的 Q 币类似，但是可以用来套现：可以兑换成大多数国家的货币。你可以使用比特币购买一些虚拟的物品，比如网络游戏当中的衣服、帽子、装备等，只要有人接受，你也可以使用比特币购买现实生活当中的物品。

2. 比特币的安全性

（1）私钥、公钥、地址。就像银行取款、网银转账需要输入密码一样，动用钱包里的比特币也需要密码，这个密码被称之为"私钥"。

比特币的私钥（Private Key），作用相当于金融卡提款或消费的密码，用于证明比特币的所有权。拥有者必须使用私钥才可以给交易信息（最常见的是花费比特币的信息）签名，以证明信息的发布者是相应地址的所有者；没有私钥，就不能给信息签名，作为不记名货币，网络上无法确认所有权的证据，也就不能使用比特币，交易时网络会以公钥确认。因此，掌握私钥就等于掌握其对应地址中存放的比特币。

私钥必须保密，否则任何人只要拥有某一地址的私钥，即可使用其中的比特币。也不能遗失，而且不像金融卡密码遗忘时，用户可以根据当地的金融规范，携带自己的身份证件，亲自前往金融机构网点，办理密码重设后继续使用原来的账户，若比特币的私钥遗失，将如同忘记保险箱的密码而无法正常打开取用保险箱内的物品，而且没有方法可以重设（除非事先有备份）。2013 年，有一位英国使用者因为不小心丢弃了存有其私钥的硬碟，导致里面的 7500 个比特币，当时价值 750 万美元无法使用。除非私钥被找到，否则这些比特币将永远"躺"在区块链里不再流通，而使流通中的比特币变少，而要破解私钥的难度很高，这是其中一个作为不记名的比特币的主要安全机制。根据区块链业界 Chainalysis 的估算，在 2017 年底，有 17%~23%，278 万~379 万个比特币因为私钥遗失、密码遗忘等原因，而永远无法使用与进入流通。

比特币私钥通常由 51 位元或 52 位元字元表示，其编码方式与比特币地址相似。51 位元标记法由数字"5"开头，52 位标记法由"K"或"L"开头。比特币地址是由比特币公钥进行杂凑运算得出的，公开金钥是可以通过私钥推算出的。所以掌握私钥就可以推算出私钥对应的地址（不可逆），这相当于只需要输入一组正确的密码，就可以推算出账户名称并登录，而无法从账户名称反向推算出密码。

与"私钥"对应的是"公钥"，"公钥"就像你的银行账户。每个银行账户都有唯一的账户编号，也就是银行卡号。在比特币网络中，这个银行卡号就是"地址"。别人只要知道你的"银行卡号"（即地址），就可以给你转比特币了。

在银行，开户流程基本是"开设银行账户—给银行卡号—设置银行卡密码—开户成功"。但在区块链世界里，是先设置"密码"（私钥），再开设"银行账户"（公钥），最后给"银行卡号"（地址）。

（2）安全性。比特币结合 P2P 对等网络技术和密码学原理，来维持发行系统的安全可靠性。

与有中心服务器的中央网络系统不同，在 P2P 网络中无中心服务器，每个用户端既是一个节点，也有服务器的功能，任何一个节点都无法直接找到其他节点，必须依靠其户群进行信息交流。比特币使用以下三种机制来解决初次运行时，查找其他节点的问题：第一，在默认情况下，运行比特币的用户端加入一个 IRC 聊天通道，并可以获知加入该通道的其他用户端的 IP 地址和端口。该通道的名称和 IRC 聊天服务器的名称被写在了比特币软件中。第二，一些"知名的"比特币节点也被编写在软件中，以防 IRC 聊天服务功能由于某种原因无法访问。第三，可以手动添加运行比特币的其他用户端的 IP 地址。

现在不需要运行上述三种机制，一旦连接到比特币的某个节点，在发送的信息中，就会包含对等网络 P2P 其他节点的地址，直接通过其匿名用户群来找到其他节点。节点遍布整个互联网的 P2P 技术和密码学原理相结合，确保了比特币发行系统无法被政府、组织或黑客监控、隔离或破坏，从而保障系统的可靠性和匿名性。拒绝服务式攻击（DDoS）以及其他攻击，其目标都是针对比特币交易中心，这和攻击或关闭传统货币交易所的网络，理论上不影响其货币发行和使用一样。

四、比特币的工作原理

1. 区块链

区块链（Blockchain）是用分布式数据库识别、传播和记载信息的智能化对等网络，也称为价值互联网。中本聪在 2008 年于《比特币：一种点对点的电子现金系统》的论文中提出"区块链"概念，并在 2009 年创立了比特币社会网络，开发出第一个区块，即"创世区块"。

这里把区块链分为两个部分来解释：区块在比特币中是指公开的账本和交易记录分别同步地储存在某个区域中所有用户的空间里，一个区块的容量为 1024KB，可容纳将近 4000 条的交易记录。关于区块链，这些由数不清楚的交易信息及账本所构成的区块按时间顺序排列并连接在一起，就构成了一个完整的区块链。

2. 奖励机制

比特币还有着一系列的奖励机制。每一个区块的交易记录和账本都需要及时打包，而打包者则会受到一定数额的比特币的奖励。但是比特币的奖励数额会随着时间推移而减少，每四年会变动一次，每次变动会使奖励数额调整为上一次的 50%。我们可以计算一下。一个人的比特币奖励数额基数为 50 个比特币，就如以下这个式子：

50×24×365×（1+1/2 的 N 次方）

注：N 为大于等于 1 的整数。

3. 挖矿

挖矿是基于比特币奖励机制上的一种获取奖励的方式，其原理就是矿工之间互相争夺打包权，争得打包权的人可以收到系统的奖励。正如本书所说：比特币是一本大账簿，它需要有人来记账，而记账的奖励就是比特币。这个记账的权利是矿工们需要争取的，而抢夺记账权的形式就是挖矿。谁的算力大，谁就更有可能抢到这个记账权。

五、DeFi 与比特币的关系

比特币本身，从基本面来看，被认为是最早的去中心化金融项目。比特币持有者已经在扮演私有银行的角色（只要控制住自己的私钥），并且可以在任何地方自由交换价值。虽然这是最简单的去中心化的金融形式，但它也是最强大的。比特币用户可以在几秒钟内打开自己的钱包账户。他们可以安全地将自己的财富储存在一个由数学保护的地址中，而且不受通货通胀的影响。同时，用户可以自由地把币花掉。

更复杂、更去中心化的金融服务是否会转向比特币不是一个"如果"的问题，而是一个"何时"的问题。随着时间的推移，比特币侧链或许能够提供类似于我们现在能在以太坊上看到的服务。然而，由于以太坊有更完善的智能合约，因此以太坊现在可以更好地处理 DeFi 服务。

六、基于比特币的 DeFi

在公链上实现 DeFi 产品，除了场景本身，有几个关键点：公链原生资产的价值、公链的吞吐量、智能合约。从这三个角度看，比特币在原生资产价值上有压倒性优势，但在交易吞吐量和智能合约方面短板非常明显。这导致在比特币上实现 DeFi 有天然劣势。那么，这样的情况下，基于比特币有没有可能实现丰富的 DeFi？

1. 比特币的中心化金融产品概览

在深入讨论比特币的 DeFi 发展之路前，让我们从当前使用比特币的一些"中心化"金融服务开始。一旦 DeFi 可以有效地在比特币上执行，这将会是去中心化的主要目标。

（1）比特币借贷。基于比特币最受欢迎的金融服务之一是借贷。我们可以把这方面的公司分成两类。第一类是允许投资者借入比特币和其他一些加密货币，用以交易或做市。这方面最知名的公司是 Genesis Capital。据报道，Genesis Capital 在 2018 年处理了 11 亿美元的加密贷款，其中 75% 是比特币。第二类是提供 BTC 抵押贷款的公司，如 BlockFi 和 Unchained Capital。为了防止抵押品价值波动，这些公司只发行超额抵押借贷，贷款和抵押品的价值比率是 20%～50%。也就是说，如果抵押 100BTC，那么只能出借 20～50BTC。

（2）保证金借贷。保证金借贷是基于抵押物借贷的特例，用于杠杆交易。在这样的场景中，借贷资金不允许离开借贷平台。相反，如果交易损失等于或低于抵押品价值，则保证金头寸会被清算，并将资金退还给贷方。BitMex、Kraken、Bitfinex、Poloniex 等交易所是保证金交易领域的主要玩家。不过，由于监管方面的不确定性，大多数这些产品都不适用于美国客户。

（3）稳定币。稳定币易于转账且费率低廉，交易者对此尤其感兴趣，他们希望从波动性中受益，并在他们不进行活跃交易时保持价值稳定。USDT 是最早用来解决这一问题的稳定币之一。它使用 OmniLayer 协议完全构建于比特币上。OmniLayer 允许使用比特币交易操作码空间创建和转移资产。USDT 是一种锚定美元的稳定币，它承诺只有当相应的 USD 存入 Tether 公司时才会铸造出 USDT 代币，且当 USDT 代币赎回 USD 时，相应的 USDT 会被销毁。尽管 Tether 可以用去中心化的方式来交易，但它最重要的部分依然是中心化的：储备和控制。Tether 公司在其银行账户中持有和控制所有已发行 USDT 的 USD 储备，这经常让它们陷入法律麻烦。

2. 比特币中的去中心化金融

（1）使用比特币进行 DeFi 的技术方法。现在我们来看看，DeFi 产品如何使用比特币，我们会列出一些用例和项目来说明。用例包括去中心化交易所、去中心化借贷、去中心化稳定币和去中心化衍生品。

实施比特币 DeFi 的技术方法包括：

1）利用比特币现有的能力，例如哈希时间锁定合约（HTLC）来促进直接跨链原子交易，以构建与其他加密货币的去中心化交易所。

2）比特币的联盟侧链，如 Blockstream 的 Liquid 网络。这些侧链使用双向锚定到比特币区块链，并允许在各种金融活动中使用锚定到比特币。

3）在其他协议中使用比特币，如在以太坊或 Cosmos 中，以实现与 DeFi 产品的交互。

4）利用基于比特币区块链之上的层，如 OmniLayer 或闪电网络。这些技术在功能和他们所支持的 DeFi 应用范围方面各有不同。此外，其中的多数技术还正在开发中。接下来，我们来探讨一下这些技术及其目标用例。

（2）去中心化交易所的跨链交易。去中心化交易所的简单前提是执行比特币和法币或比特币和其他加密货币之间交易，与此同时，保管代币直到交易完成。换句话说，你无须将自己的比特币存入中心化交易所的钱包即可进行交易，也无须承受交易所安全风险。

尽管 LocalBitcoins、OpenBazaar 这样的平台可以完成此类交易，但这些平台仅适用于那些偶尔交易的人群，并不适用于快速和频繁的交易，这些交易允许有效的价格发现。对于这部分人，一个能快速结算交易的中心化订单簿是非常有用的。

现实地说，建立真正的去中心化交易所是 DeFi 最难的挑战之一。只要还有中心化服务器提供和显示订单簿，你就依然有中心化的组件。然而，我们在此处关注的是如何在交易完成前持有自己的币。在这一领域，我们相信一些公司正在努力开发技术，以达到这个目的。Arwen 和 Summa 是我们所了解到的领军者。Arwen 使用无须信任的链上托管和跨链原子交易的概念，允许无须托管代币即可访问中心化交易所的订单簿。在这种情况下，可以在中心化订单簿上高效地交易，同时持有自己代币，直至交易执行。目前，这个产品仅支持比特币系列的加密货币（使用跟比特币相同代码库的代币），如 LTC、BCH。Arwen 正在努力实现比特币和以太坊、ERC20 代币之间的跨链原子交易。Summa 发明了 Stateless SPV 技术，可以为比特币和其他区块链提供无须信任的金融服务。Stateless SPV 允许使用以太坊智能合约来验证比特币交易，从而让使用比特币执行各种金融交易成为可能。利用这种技术，Summa 团队进行了一次拍卖，用比特币竞价以太坊上发行的代币。该团队正在研究比特币和以太坊、ERC20 代币之间的通用跨链交易。

（3）使用联盟侧链的比特币 DeFi。比特币侧链是 Blockstream 于 2014 年提出来的概念，其旨在不改变协议基础底层的情况下向比特币引入一些新特性。从那时起，这一概念有了重大发展。

侧链的简单想法是创造一条单独的链，由小部分的验证者（称为联盟）运行，并在该链上使用一种代币，它通过双向锚定来锚定比特币。它的好处包括：更快的交易确认；为比特币交易增加新的功能；更便于数字资产流通。

侧链主要的缺陷是它需要信任一个小的联盟执行侧链并保持其运行。此外，使用侧链还有丢失财产的风险，不管基于什么原因，如果侧链验证者决定放弃这条侧链，在这种情况下，锚定的财产将会被遗弃在这条侧链里，无法赎回比特币。

RSK 是知名侧链，它致力于将智能合约功能带到比特币网络上。它支持 Solidity 语言的智能合约，这使将以太坊上的 DeFi 协议迁移到 RSK 变得容易。除了 RSK，Blockstream 也在 2018 年发布了其商用的 Liquid 侧链产品。不过，Blockstream 的最初想法集中在资产代币化和更快的交易速度上，但这个概念也能用来支持 DeFi 应用。

（4）使用比特币层的去中心化衍生品。实施比特币 DeFi 产品的第三种方法是利用构建在比特币之上的中间层，如闪电网络和 OmniLayer。一个选择是闪电网络，由于闪电网络是相对较新的比特币发展，在闪电网络之上建立复杂的 DeFi 产品仍然在研究当中。最值得注意的努力来自 Discreet Log Contract。另一个选择是使用 OmniLayer，其中一个有意思的项目是 Tradelayer。这个项目尝试在比特币上实施去中心化衍生品市场。它旨在通过多签通道来扩展 OmniLayer 协议，以允许使用比特币或其他发行在比特上的代币，作为点对点衍生品交易的抵押品。

一个可能的场景是将交易者保障资金放到多重签名的地址，并共同签名交易和交易更新，以实现衍生品交易的结算。在这个场景下，用户可以通过共同签名交易事务来实现本地的利用并获得快速执行。使用相同的方法，另外一个可能的用例是使用比特币抵押品来发行稳定币，方式跟 MakerDAO 使用 Ether 作为抵押品生成稳定币 DAI 一样。

（5）借力外部帮助实现比特币 DeFi。实现在 DeFi 中使用比特币的截然不同的方法是利用其他网络，诸如以太坊或 Cosmos。由于大多数 DeFi 项目现在都在以太坊上运行，因此找到在以太坊上使用 BTC 的方法似乎合乎逻辑。

最简单的办法是发行基于比特币的 ERC20 代币（WBTC），这样就能在以太坊的 DeFi 项目上使用或者在以太坊的去中心化交易所上交易。用来发行 WBTC 的 BTC 需要放在由项目托管提供者的多签钱包中。截止到 2019 年 7 月，发行了 540 个 WBTC，在 BTC 的流通供应中，只占非常小的部分。

尽管 WBTC 可能方便在 DeFi 中使用 BTC，但它自身依然有些缺陷。首先最重要的是交易对手风险，用来质押的 BTC 需要由中心化的机构来保存，而它会面临黑客攻击。其次引入中介方来保管 BTC 在某种程度上并不符合 DeFi 的理念。最后在 DeFi 上使用 BTC/WBTC，用户需要用 ETH 支付费用，这是很多比特币的粉丝不愿意做的。

第二节　以太坊

一、产生背景

比特币开创了去中心化密码货币的先河，五年多的时间充分检验了区块链技术的可行性和安全性。比特币的区块链事实上是一套分布式的数据库，如果再在其中加进一个符号——比特币，并规定一套协议使这个符号可以在数据库上安全地转移，并且无须信任第三方，这些特征的组合完美地构造了一个货币传输体系——比特币网络。

然而比特币并不完美，其中，协议的扩展性是一项不足，如比特币网络里只有一种符号——比特币，用户无法自定义另外的符号，这些符号可以是代表公司的股票或者是债务凭证等，这就损失了一些功能。另外，比特币协议里使用了一套基于堆栈的脚本语言，这语言虽然具有一定的灵活性，使像多重签名这样的功能得以实现，然而却不足以构建更高级的应用，如去中心化交易所等。以太坊从设计上就是为了解决比特币扩展性不足的问题。

随着万能的网络连接在世界上多数城市的发展，全球信息共享的成本越来越便宜。像比特币这样的技术层次的运动已经出现，与此同时它已经与世界分享并完全被免费使用，通过一个可能利用网络设计成的去中心化的价值转移系统的默认的算力、公式机制和自愿遵守的社会合约。这个系统对于加密安全学来说，能被说成是一个非常特别的特例，因为它是基于交易的状态机。

以太坊是一个尝试达到通用性的技术项目，可以构建任何基于交易的状态机。而且以太坊致力于为开发者提供一个紧凑的、整合的端到端系统，这个系统提供了一种可信的消息传递计算框架让开发者以一种前所未有的范式来构建软件。

二、驱动因素

1. 研发目标

以太坊有很多的目标，其中最重要的目标是为了促成个体之间存在互相不信任对方的交易。这些不信任可能是因为地理位置分离、接口对接难度，或者是不兼容、不称职、不情愿、不便宜、不确定、不方便，或者是现有合法系统的腐败。于是，我们想用一个丰富且清晰的语言去说明一个状态变化的系统，期望协议可以自动被执行，我们可以为此提供一种实现方式。

这个提议系统中的交易，有一些在现实世界中并不常见的属性。审判廉洁，在现实世界往往很难找到，但对公正的算法解释器是天然的、透明的，或者说通过交易日志和规则或代码指令能够清晰地看到状态变化或者判决，但是因为人类语言的模糊性、信息的缺乏以及老的偏见难以撼动，导致从来没有完美实现透明。

总的来说，我们希望能提供一个系统，能够保证用户无论是和其他个体、系统还是组织交互，都能对可能的结果及产生结果的过程完全信任。

2. 前人工作

2013 年 9 月下旬，Buterin 第一次提出以太坊系统的核心机制。虽然现在发展了很多方法，但是这主要的区块链功能是有一个图灵完备的语言且有效地不受限制以及不可改变的互相交易模式下的储存剩余容量。

早在 1992 年，Dwork 和 Naor 就提出了用一种通过网络去传输价值信号和密码学的方法去证明电脑工作量（Proof of Work）。在这里，这些价值信号是当成一个阻挡垃圾邮件的机制，而不是任何一种货币。但是在多番证明后，这个潜在的基础数据通道可以携带一个强大的金融信号，同时允许一个接收器去做一个不依赖于信任的物理断言。2002 年下半年，一种类似血管（Vein）的系统被发明。

第一个为强大的金融信号做电脑工作量证明，从而去保护一种货币的范例在 2003 年被 Vish-numurthy 等使用。在这个案例中，它的令牌被用作去保持 P2P（Peer-to-Peer）的交易文件在支票中，同时保证"消费者们"能操作微付（Pay）到为他们提供服务的"供应商"的账户上。这种通过工作量证明的安全模式，在电子签名技术、可以确保历史记录不能破坏的账本技术和怀有恶意的行为不能欺骗付费或者不满意的服务交货抱怨的技术下被扩大。五年后（2008 年），Nakamoto 介绍了另一种广义下安全的工作量证明的价值令牌。比特币成为这个项目下的产物，而且它是第一个广泛被全球接受的去中心化交易账本。

由于比特币的成功，电子货币项目开始兴起；通过改变它的协议去创建数以千计其他的货币。2013 年，Sprankel 讨论比较知名的币有莱特币

（Litocoin）和素数币（Primecoin），而其他的项目在探索这个协议的价值性的核心内容机制从而去完善它。例如 2012 年，Aron 讨论了这个域名币（Namecoin）的项目，而且准备去规定一个去中心化的域名争议解决方案系统。

剩下的项目基本都是以共识机制的原则建立于比特币之上，同时借助这个系统的庞大价值和巨大的算力。2013 年，第一个被 Willett 提议的万事达币（Mastercoin）项目，它的目标是通过从属插件的数字使用去创建一个比比特币上层协议还有更多更高级的、特性的、丰富的核心协议。2012 年，彩色币（Coloured Coins）项目被 Rosenfeld 提出，为了去简化这些协议但是保持功能一样，同时润色了这个交易的规则，打破比特币的基础货币的替代性和允许通过特别的色度钱包（Chroma-wallet）来创造和跟踪这些令牌，感知协议的软件碎片。

在这个区域剩下的工作已经被完成。2014 年，Boutellier 和 Heinzen 讨论了瑞波币（Ripple）。它已经探索出并创建了一个货币兑换的联邦系统（Federated System），同时有效地创建了一个新的金融结算系统。如果去中心化基础能被放弃，这个金融系统展示了高效的收益能被创造。

1997 年，Szabo 和 Miller 已经完成了早期的智能合约（Smart Contract）。20 世纪 90 年代，算法执行的协议在人类合作中起着重大的作用，这个理念已经变得很清晰。虽然当时没有设计出任何特别的方法去实现这样的系统，但是有人提出这样的系统会严重影响未来的法律。在这个预言下，以太坊可能被看成是完成了"密码学——法律系统"的通用实现工具。

三、以太坊模型说明

以太坊的本质就是一个基于交易的状态机（Transaction-based State

Machine）。在计算机科学中，一个状态机是指可以读取一系列的输入，然后根据这些输入，会转换成一个新的状态出来的东西。

根据以太坊的状态机，我们从创世纪状态（Genesis State）开始。这差不多类似于一片空白的石板，在网络中还没有任何交易的产生状态。当交易被执行后，这个创世纪状态就会转变成最终状态。在任何时刻，这个最终状态都代表着以太坊当前的状态。

以太坊的状态有百万个交易，这些交易都被"组团"到一个区块中。一个区块包含了一系列的交易，每个区块都与它的前一个区块链接起来。

为了让一个状态转换成下一个状态，交易必须是有效的。为了让一个交易被认为是有效的，它必须要经过一个验证过程，此过程也就是挖矿。挖矿就是一组节点（即电脑）用它们的计算资源来创建一个包含有效交易的区块出来。

任何在网络上宣称自己是矿工的节点都可以尝试创建和验证区块。世界各地的很多矿工都在同一时间创建和验证区块。每个矿工在提交一个区块到区块链上的时候都会提供一个数学机制的"证明"，这个证明就像一个保证：如果这个证明存在，那么这个区块一定是有效的。

为了让一个区块添加到主链上，一个矿工必须要比其他矿工更快地提供出这个"证明"。通过矿工提供的一个数学机制的"证明"来证实每个区块的过程，称之为工作量证明（Proof of Work）。证实了一个新区块的矿工都会被给予一定价值的奖赏。以太坊使用一种内在数字代币——以太币（Ether）作为奖赏。每次矿工证明了一个新区块，那么就会产生一定数量新的以太币并被奖励给矿工。

此前，我们定义了区块链就是一个具有共享状态的交易单机。使用这个定义，我们可以知道正确的当前状态是唯一真实的，所有人都必须要接受它。拥有多个状态（或多个链）会摧毁这个系统，因为它在哪个是正确状态的问题上是不可能得到统一结果的。如果链分叉了，有可能在一条链上拥有 10 个币，一条链上拥有 20 个币，另一条链上拥有 40 个币。在这种场景下，是没有办法确定哪个链才是最有效的。

不论什么时候只要多个路径产生了，一个"分叉"就会出现。我们通常都想避免分叉，因为它们会破坏系统，强制人们去选择哪条链是他们相信的链。

为了确定哪个路径才是最有效的，以及防止多条链的产生，以太坊使用了一个叫作"GHOST 协议"（GHOST protocol）的数学机制。

GHOST = Greedy Heaviest Observed Subtree

简单来说，GHOST 协议就是让我们必须选择一个在其上完成计算最多的路径。一个方法确定路径就是使用最近一个区块（叶子区块）的区块号，区块号代表着当前路径上总的区块数（不包含创世纪区块）。区块号越大，路径就会越长，就说明越多的挖矿算力被消耗在此路径上以达到叶子区块。使用这种推理就可以允许我们赞同当前状态的权威版本。

四、以太坊系统的主要组成部分

1. 账户（Accounts）

以太坊的全局"共享状态"是由很多小对象（账户）来组成的，这些账户可以通过消息传递架构与对方进行交互。每个账户都有一个与之关联的状态（state）和一个 20 字节的地址（address）。在以太坊中一个地址是 160 位的标识符，用来识别账户的。以下是两种类型的账户：

（1）外部拥有的账户，被私钥控制且没有任何代码与之关联。

（2）合约账户，被它们的合约代码控制且有代码与之关联。

理解外部拥有账户和合约账户的基本区别是很重要的。一个外部拥有账户可以通过创建和用自己的私钥来对交易进行签名，来发送消息给另一个外部拥有账户或合约账户。在两个外部拥有账户之间传送的消息只是一个简单的价值转移。但是从外部拥有账户到合约账户的消息会激活合约账户的代码，允许它执行各种动作。比如转移代币，写入内部存储，挖出一个新代币，执行一些运算，创建一个新的合约等。

不像外部拥有账户，合约账户不可以自己发起一个交易。相反，合约账户只有在接收到一个交易之后（从一个外部拥有账户或另一个合约账户接），为了响应此交易而触发一个交易。

因此，在以太坊上任何的动作，总是被外部控制账户触发的交易所发动。

2. 损耗和费用（Gas and Fees）

在以太坊中一个比较重要的概念就是费用（Fees），由以太坊网络上的交易而产生的每一次计算，都会产生费用——没有免费的午餐。这个费用是以称之为 "Gas" 的来支付。Gas 就是用来衡量在一个具体计算中要求的费用单位。Gas price 就是愿意在每个 Gas 上花费 Ether 的数量，以 "gwei" 进行衡量。"Wei" 是 Ether 的最小单位，1Ether 表示 10^{18}Wei，1gwei 表示 1000000000 Wei。对每个交易，发送者设置 Gas Limit 和 Gas Price。Gas Limit 和 Gas Price 就代表着发送者愿意为执行交易支付的 Wei 的最大值。例如，假设发送者设置 Gas Limit 为 50000，Gas Price 为 20gwei。这就表示发送者愿意最多支付 50000×20gwei = 1000000000000Wei = 0.001 Ether 来执行此交易。

Gas Limit 代表用户愿意花费在 Gas 上的费用的最大值。如果在他们的账户余额中有足够的 Ether 来支付这个最大值费用，那么就没问题。在交易结束时任何未使用的 Gas 都会被返回给发送者，以原始费率兑换。在发送者没有提供足够的 Gas 来执行交易，那么交易执行就会出现 "Gas 不足"，然后被认为是无效的。在这种情况下，交易处理就会被终止以及所有已改变的状态将会被恢复，最后我们就又回到了交易之前的状态就像这笔交易从来没有发生。因为机器在耗尽 Gas 之前还是为计算做出了努力，所以理论上，将不会有任何的 Gas 被返回给发送者。发送者在 Gas 上花费的所有费用都被发送到"受益人"的地址，通常情况下就是矿工的地址。因为矿工为了计算和验证交易做出了努力，所以矿工接收 Gas 的费用作为奖励。

通常情况下，发送者愿意支付更高的 Gas Price，矿工从这笔交易中就能获得更多的价值。因此，矿工也就更加愿意选择这笔交易。这样的话，矿工可以自由地选择自己愿意验证或忽略。为了引导发送者应该设置 Gas Price 为多少，矿工可以选择建议一个最小的 Gas 值来代表自己愿意执行一个交易的最低价格。

Gas 不仅用来支付计算这一步的费用，而且也用来支付存储的费用。

以太坊运作的一个重要方面就是每个网络执行的操作同时也被全节点所影响。然而，计算的操作在以太坊虚拟机上是非常昂贵的。因此，以太坊智能合约最好是用来执行最简单的任务，比如运行一个简单的业务逻辑或者验证签名和其他密码对象，而不是用于复杂的操作，比如文件存储、电子邮件或机器学习，这些会给网络造成压力。施加费用的机制能防止用户使网络超负荷。

以太坊是一个图灵完备语言，而图灵机器就是一个可以模拟任何电脑算法的机器。这就允许有循环，并使以太坊受到停机的影响，这个问题让你无法确定程序是否无限制地被运行。如果没有费用的话，恶意的执行者通过执行一个包含无限循环的交易就可以很容易地让网络瘫痪；而不会产生任何反响。因此，收取费用可以保护网络不受蓄意攻击。

3. 交易（Transaction）

以太坊是一个基于交易的状态机。换句话说，只有当两个不同账户之间发生交易时，才让以太坊全球状态从一个状态转换成另一个状态。一个交易就是被外部拥有账户生成的加密签名的一段指令，序列化之后提交给区块链。目前，主要有两种类型的交易：消息通信和合约创建（也就是交易产生一个新的以太坊合约）。不管什么类型的交易，都包含：

（1）Nonce：发送者发送交易数的计数。

（2）Gas Price：发送者愿意支付执行交易所需的每个 Gas 的 Wei 数量。

（3）Gas Limit：发送者愿意为执行交易支付 Gas 数量的最大值。这个数量被设置之后在任何计算完成之前就会被提前扣掉。

（4）to：接收者的地址。在合约创建交易中，合约账户的地址还没有存在，所以值先空着。

（5）value：从发送者转移到接收者的 Wei 数量。在合约创建交易中，value 作为新建合约账户的开始余额。

（6）v，r，s：用于产生标识交易发生着的签名。

（7）init（只有在合约创建交易中存在）：用来初始化新合约账户的 EVM 代码片段。Init 值会执行一次，然后就会被丢弃。当 init 第一次执行的时候，它返回一个账户代码体，也就是永久与合约账户关联的一段代码。

（8）data（可选域，只有在消息通信中存在）：消息通话中的输入数据（也就是参数）。例如，如果智能合约就是一个域名注册服务，那么调用合约可能就会期待输入域，如域名和 IP 地址。

交易就是消息通信和合约创建交易两者都总是被外部拥有账户触发并提交到区块链的。换言之，交易是外部世界和以太坊内部状态的桥梁。但是这也并不代表一个合约与另一个合约无法通信。在以太坊状态全局范围内的合约可以与在相同范围内的合约进行通信。他们是通过"消息"或者"内部交易"进行通信的。我们可以认为消息或内部交易类似于交易，不过两者与交易有着最大的不同点即它们不是由外部拥有账户产生的。相反，他们是被合约产生的。它们是虚拟对象，与交易不同，没有被序列化而且只存在于以太坊执行环境。

当一个合约发送一个内部交易给另一个合约，存在于接收者合约账户相关联的代码就会被执行。

一个需要注意的重要事情是内部交易或者消息不包含 Gas Limit。因为 Gas Limit 是由原始交易的外部创建者决定的（也就是外部拥有账户）。外部拥有账户设置的 Gas Limit 必须要高到足够将交易完成，包括由于此交易而产生的任何"子执行"，如合约到合约的消息。如果在一个交易或者信息链中，其中一个消息的执行使 Gas 不足，那么这个消息的执行会被还原，包括任何被此执行触发的子消息。不过，父执行没必要被还原。

4. 区块（Blocks）

所有的交易都被组成一个"块"。一个区块链包含了一系列这样的链在一起的区块。由于以太坊的构造，它的区块生产时间（大概 15 秒左右）比其他的区块链要快很多，如 Bitcoin（大概 10 分钟左右）。这使交易的处理更快。但是，更短的区块生产时间的一个缺点就是：更多的竞争区块会被矿工发现。这些竞争区块同样也被称为"孤区块"（也就是被挖出来但是不会被添加到主链上的区块）。

在以太坊中，一个区块包含：区块头、关于包含在此区块中交易集的信息以及与当前块的 Ommers 相关的一系列其他区块头（Ommer 就是一个区块的父区块与当前区块父区块的父区块是相同的）。

区块难度是被用来在验证区块时加强一致性。创世纪区块的难度是 131072，有一个特殊的公式用来计算之后的每个块的难度。如果某个区块比前一个区块验证得更快，以太坊协议就会增加区块的难度。

区块的难度影响 Nonce，它是在挖矿时必须要使用 Proof of Work 算法来计算出的一个 Hash 值。区块难度和 Nonce 之间的关系用数学公式表达就是：

$$n \leqslant \frac{2^{256}}{Hd}$$

其中，Hd 代表的是难度。

找到符合难度阈值的 Nonce 的唯一方法就是使用 Proof-of-Work 算法来列举所有的可能性。一方面，找到解决方案预期时间与难度成正比，难度越高，找到 Nonce 就越困难，因此验证一个区块也就越难，这又相应地增加了验证新块所需的时间。所以，通过调整区块难度，协议可以调整验证区块所需的时间。另一方面，如果验证时间变得越来越慢，协议就会降低难度。这样的话，验证时间自我调节以保持恒定的速率是平均每 15s 一个块。

5. 交易执行（Transaction Execution）

交易的执行时以太坊协议中最复杂的部分。为了可以执行所有的交易必须都要符合最基础的要求，包括：

（1）交易必须是正确格式化的 RLP。"RLP"代表 Recursive Length Prefix，它是一种数据格式，用来编码二进制数据嵌套数组。以太坊就是使用 RLP 格式序列化对象。

（2）有效的交易签名。

（3）有效的交易序号。回忆一下账户中的 nonce 就是从此账户发送出去交易的计数。如果有效，那么交易序号一定等于发送账户中的 Nonce。

（4）交易的 Gas Limit 一定要等于或者大于交易使用的 Intrinsic Gas，Intrinsic Gas 包括：执行交易预订费用为 21000 Gas、随交易发送数据的 Gas 费用（每字节数据或代码为 0 的费用为 4 Gas，每个非零字节的数据或代码费用为 68 Gas）。如果交易是合约创建交易，还需要额外的 32000 Gas。

发送账户余额必须有足够的 Ether 来支付"前期"Gas 费用。前期 Gas 费用的计算比较简单：首先，交易的 Gas Limit 乘以交易的 Gas 价格得到最大的 Gas 费用。然后，这个最大 Gas 费用被加到从发送方传送给接收方的总值。

6. 挖矿

（1）挖矿作为安全机制。总的来说，PoW 的目的就是以加密安全的方式证明生成的一些输出（也就是 Nonce）是经过了一定量的计算的。因为除了列举所有的可能性，没有更好的其他方法来找到一个低于要求阈值的Nonce。重复应用 Hash 算法的输出均匀分布，所以我们可以确保，在平均值上，找到满足要求的 Nonce 所需时间取决于难度阈值。难度系数越大，所需时间越长。这样的话，PoW 算法就给予难度这个概念的意义，即用来加强区块链的安全。

我们想要创造一个每个人都信任的区块链。像我们之前在这篇文章中讨论的那样，如果存在超过 1 条以上的链，用户的信任就会消失，因为他们没有能力合理地确认哪条链才是"有效的"。为了让一群用户接受存储在区块链中的潜在状态，我们需要有一群人信任的一个权威区块链。

这完全就是 PoW 算法所做的事情：它确保特定的区块链直到未来都一直保持着权威性，让攻击者创造一个新区块来重写某个历史部分（如清除一个交易或者创建一个假的交易）或者保持一个分叉变得非常困难。基于GHOST 协议原则，为了首先让他们的区块被验证，攻击者需要总是比网络上的其他人要更快地解决掉 Nonce 问题，这样网络就会相信他们的链是最重的链。除非攻击者拥有超过一半的网络挖矿能力（这种场景也被称为大多数 51% 的攻击），要不然这基本上是不可能的。

（2）挖矿作为财富分配机制。除了提供一个安全的区块链，PoW 同样也是分配财富给那些为提供这个安全而花费自己计算力的人的一种方法。一个矿工挖出一个区块的时候会获得奖励，包括：

1）为"获胜"区块提供的 5 ether 静态区块奖励（马上就会变成3ether）。

2）区块中的交易在区块内所消耗的 Gas。

3）纳入 Ommers 作为区块的一部分额外奖励。

为了保证 PoW 共识算法机制对安全和财富分配的使用是长期可持续的，以太坊努力灌输这两个特性：第一，尽可能地让更多的人可访问。换句话说，人们不需要特殊的或者与众不同的硬件来运行这个算法。这样做的目的是为了让财富分配模式变得尽可能地开放，以便任何人都可以提供一些算力而获得 Ether 作为回报。第二，降低任何单个节点（或小组）能够创造与其不成比例的利润可能性。任何可以创造不成比例的利润的节点拥有比较大的影响力来决定权威区块链。这是件麻烦的事情，因为这降低了网络的安全性。

在区块链网络中，一个与上面两个特性有关的一个问题是 PoW 算法是一个 SHA-256 哈希算法，这种函数的缺点就是它使用特殊的硬件（也被称之为 ASCIs）可以更加快速高效地解决 Nonce 问题。

为了减轻这个问题，以太坊选择让 PoW 算法（Ethhash）提高内存级别难度。意思是此算法被设计为能计算出要求的 Nonce 需要大量的内存和带宽。大量内存的需求让电脑平行地使用内存的同时，计算多个 Nonce 变得极其困难；高带宽的需求，即使作为超级电脑同时计算多个 Nonce 也变得十分艰难。这种方式降低了中心化的风险，并为正在进行验证的节点提供了更加公平的竞争环境。

有一件值得注意的事情是以太坊正在从 PoW 共识机制渐渐转换为一个叫作"权益证明"（PoS）的共识算法，升级为 ETH2.0。

五、以太坊与 Defi

从广义上讲，去中心化金融 DeFi 的兼容度很强，无论是去中心化交易所、去中心化借贷、支付平台、衍生品等均可以被归入 DeFi 的范畴。现阶段大部分 DeFi 的产品和项目都运行在以太坊之上，DeFi 也算是以太坊的主打方向之一，因为得益于 DeFi 的火爆，DeFi 为以太坊也带来了人气，两者可以说是相辅相成。

DeFi 与以太坊相结合并非偶然。从以太坊发展历史来看，在 2017 年最疯狂的阶段，大部分募资代币采用 ERC20 协议生成，这些海量资产沉淀在以太坊网络上。在随后的几年，基于 ERC20 标准发行了约有 20 多万种代币，据不完全统计，基于 ERC-721 标准则有 5000 多种代币被发行，波场主网约发行了 6000 多种代币，EOS 主网约发行 5000 多种代币，多元化代币在以太坊单链上沉淀，产生了极大的互通性，不需要进行跨链的烦琐操作，代币之间的交换仅需支付 ETH 作为 GAS 费用即可，单链中资产互换的安全和便捷也弥补了交易速度缓慢的缺点。一些去中心化交易所应运而生，成为未来 DeFi 发展的重要基础设施。与此同时，基于以太坊的稳定币也占据了大部分市场份额。包括 USDT、USDC、PAX、BUSD、TUSD、HUSD、DAI 等稳定币均基于 ERC20 协议生成，据 Etherscan 以太坊浏览器数据显示，这些稳定币流通总市值超过 100 亿美元。由于有丰富的稳定币系统，满足了用户资产抵押、点对点借贷等基本金融需求，使无准入制的开放式金融初步形成。以太坊系统中各类资产、金融智能合约、协议的组合形成了 DeFi 的生态壁垒。

六、以太坊 2.0

1. 为什么要进行 ETH2.0 升级

（1）手续费高。目前 ETH 链上随着交互压力的增加，必须要提高手续费才能获得一个更好的体验。这跟 ETH 当前的工作量证明机制有关。目前 ETH 采取的是 PoW 的工作量证明机制，升级到 2.0 之后，将改变为 PoS 的权益证明机制。

（2）交易速度慢。在 ETH1.0 版本中，只有一条主链在跑，而且是通过 PoW 的工作量证明机制，每秒处理交易的笔数为 12~30 笔，这是因为一个区块单位的容量是有限的。在提速的方式上，要么是扩大区块容量的纵向拓展，要么是进行横向拓展开拓出更多的链条来处理数据。本着更加去中心化的理念，ETH2.0 采取了"分片"技术，提升了以太坊网络并行处理数据的能力。

（3）环保问题。PoW 机制一直让人诟病的就是环保问题，大量的硬件损耗就是在解一道几乎"无用"的题目，而同时又会造成大量的电力浪费，整个挖矿过程散发的热量也是非常惊人的，那么随着 ETH 生态的逐渐扩大，因为处理交易的需求更多，将导致更多的资源消耗，这无疑与区块链的初衷是相悖的。

（4）"更加"去中心化。当前，大约 65%的比特币挖矿是由大型挖矿集团完成的，理论上它们可以联合起来控制 50%以上的算力市场。这就造成了一种情况，比特币和其他 PoW 区块链网络并不像它们最初设想的那样去中心化，这危及了它们的独立性和实用性。

2. ETH2.0 的几个阶段

（1）第 0 阶段。第 0 阶段将推出以太坊 2.0 网络的信标链。信标链将部署 PoS 共识算法，并开始注册验证者，这些验证者将开始验证以太坊 2.0 的区块。

为了让信标链产出其创世区块，至少要有 524288 个 ETH 在网络上质押，并分给至少 16384 个验证者。在达到这个阈值之前，质押奖励不会被分配，换句话说，越早参与质押的人，他的 ETH 被锁定的时间将越长。很有趣，这里需要很多具有奉献精神的信仰者。

事实上，第 0 阶段的信标链对大多数以太坊用户不会有特别大的影响和作用，因为它无法处理交易、执行智能合约或支持去中心化应用。

这其实是出于设计上的考虑，因为目前以太坊 1.0 上面已经运行着数百万的应用，在没有确保以太坊 2.0 可以支持如此大的交易量之前，不能贸然进行升级，以确保以太坊 2.0 不会扰乱现有的以太坊生态。原有以太坊的区块链将继续并行运行，并在第 0 阶段继续接受各种升级，在第 1.5 阶段，两条链将实现合并，实现连续且单一的以太坊网络。所以短时间内，PoW 与 PoS 将并存。

（2）第1阶段。第1阶段的主要改进是实现了分片技术，对于以太坊2.0来说，分片将导致以太坊被分割成64条独立的链，这些链之间并列运行并实现无缝交互。理论上来说，64个分片链意味着一次可处理64个区块。目前以太坊（和其他PoW链）一次只能处理一个区块，所以这个阶段将解决以太坊运算压力过于集中的问题并提升可扩展性。预计在第0阶段的1年后进入第1阶段。

（3）第1.5阶段。第1阶段内的一个重要时刻是原有PoW区块链与新PoS链的合并，这个时刻在以太坊社区被称为1.5阶段。具体来说，PoW链将被带入以太坊2.0中，并作为64条区块链中的一个分片链与信标链并存，这意味着数据历史不会被中断，他们将能够在以太坊2.0继续使用手中的ETH。

（4）第2阶段。第2阶段将继续执行分片，并且重要的是这个阶段将全面铺开智能合约的应用。

我们姑且称信标链为"主链"。分片后产生的多条链称之为"分片链"。那么对比1.0可以说只有一条"主链"，2.0则有多个"分片链"来分担"主链"的工作，我们可以简单地理解为每个分片链在处理不同的业务和工作，然后把最终的结果返回到主链，这样极大提高了整个网络的效率，等于是一次变相的扩容。

3. 以太坊2.0如何影响和改变DEFI

以太坊2.0可以使去中心化金融在速度和交易费用方面更加实用。智能合约和DeFi的结合确实造就了以太坊，但是以太坊一路走来历经磨难。以太坊2.0经常被各大新闻媒体提起，它代表着以太坊的未来。作为绝大多数代币和智能合约的发源地，以太坊对开发者和项目方有着不可言喻的魅力。但以太坊尚未真正成形，它还需要优化。

以太坊每秒只能处理15笔交易，如果应用程序扩容那将会是一笔很大的开销，之所以"慢"是因为以太坊要保持去中心化。依据设计，可以依靠超级节点，即"有足够强大的服务器的共识节点"来处理每笔交易。

区块链存在"不可能三角"问题：去中心化、可扩容与安全性，三者此消彼长。以太坊 2.0 是一个完全不同的项目，它采用从 0 到 1 的范式，就像区块链支配链一样。以太坊 2.0 不仅是一次升级，它还重塑了区块链。它的目的是可扩容到处理数千笔交易、提高编程功能，却丝毫不影响去中心化。

以太坊主要凭借三大技术解决区块链的"不可能三角"，分别是：分片技术、权益证明以及新的虚拟机。这三大技术可以说是强强联手，目前还没有完全的分片功能的区块链，PoS 遭到许多人的质疑。以太坊为了解决区块链发展的几大难题，创建一个消除中心障碍以及维持区块链"不可能三角"权衡的框架。

因为具有更好的扩展性和操作兼容性，市场上大部分 DeFi 都会选择 ETH 平台。再加上以太坊的高度兼容性，只有以太坊上实现了借贷、DEX、保险、理财等完整的生态系统。伴随着 ETH2.0 的到来，部署在 ETH 平台的 DeFi 将不在受制于性能瓶颈，如此一来，市场上的 DeFi 的第一选择必是 ETH2.0，ETH 上的 DeFi 生态必将成为市场的核心。

参考文献

［1］Mohamed Fouda. 比特币上的 DeFi 之路［EB/OL］.（2020-01-22）［2021-06-10］. https：//baijiahao. baidu. com/s？ id = 16563972694977712765&wfr＝spider&for＝pc.

［2］Preethi Kasireddy. 详解以太坊的工作原理［EB/OL］.（2008-05-31）［2021-06-10］. https：//linux. cn/article-9699-1. html？ pr.

［3］Satoshi Nakamoto. Bitcoin：A Peer-to-Peer Electronic Cash System ［EB/OL］.（2008-11-01）［2022-06-13］. https：//bitcoin. org/bitcoin. pdf.

［4］长铗，韩锋. 区块链：从数字货币到信用社会 ［M］. 北京：中信出版社，2016：306-316.

［5］黄振东. 数字货币与互联网金融新格局 ［M］. 北京：清华大学出版社，2017：142-153.

［6］刘宁，沈大海. 解密比特币 ［M］. 北京：机械工业出版社，2014：86-95.

［7］马天元. 一文读懂 ETH 2.0 升级：链茶公开课第 20 期 ［EB/OL］.（2020-07-02）［2021-06-10］. https：//jinse. com/news/blockchain/748790. html.

［8］佩德罗·佛朗哥. 区块链与数字金融革命：加密货币完全指南 ［M］. 南京：江苏人民出版社，2020：12-20.

［9］谭磊，陈刚. 区块链2.0 ［M］. 北京：电子工业出版社，2016：78-82.

［10］杨保华，陈昌. 区块链原理、设计与应用 ［M］. 北京：机械工业出版社，2018：72-90.

第七章
去中心化借贷

第一节　去中心化借贷概述

一、去中心化借贷的背景

随着数字资产的快速发展，资产沉淀问题也随之出现，投资者希望将原有的 BTC、ETH 等资产进行利用，减少账户中的闲置资产，提升资金利用效率，去中心化借贷可以实现投资者的这种需求，去中心化借贷是指通过去中心借贷协议匹配借方与贷方，再抵质押确认后即时划转资产，完成借贷行为。去中心化借贷协议为平台提供了标准化和互操作性的技术基础，并在贷款过程中起到安全管理的作用。据 MakerDAO 中国区市场负责人潘超透露，MakerDAO 上的借方以企业为主，这也说明项目方将去中心化借贷作为一种金融工具。对于成熟的金融市场来说，更丰富的金融工具会带来更高的市场流动性，因此，去中心化借贷是带领加密货币进入金融服务的重要一步。在现有的金融系统中，金融服务主要由中央系统控制和调节，无论是最基本的存、取、转账，还是贷款或衍生品交易。去中心化借贷则希望通过分布式开源协议建立一套具有透明度、可访问性和包容性的点对点金融系统，将信任风险最小化，让参与者更轻松便捷地获得融资。此外，2018 年下半年，数字资产价格整体下降，持币者从炒币转向理财、借贷、保证金交易等，进行增值保值。截至 2018 年 12 月 31 日，活跃贷款余额达到 7100 万美元，相比 2017 年 12 月 31 日的 600 万美元，增幅 1083%，反映了在去中心化借贷的起步阶段，其被接受程度大幅提升。

二、去中心化借贷的特征

与传统的借贷模式相比，去中心化借贷模式具有以下特点：①法币贷款与数字资产贷款合并（稳定币模式可以看作是法币和数字资产的结合）；②基于数字资产的抵押；③通过自动化实现即时交易结算，并降低实际成本；④用超额抵押模式代替信用审查，这也意味着可以服务更多无法使用传统服务的群体。

去中心化借贷平台常用的抵押贷款形式：借款人须将价值高于借款的资产作为抵押品，以保证在无法偿还债务的情况下，贷款人可获得抵押品。

三、去中心化借贷的服务人群

借方包括量化交易平台、加密货币对冲基金、区块链项目方、矿场等，它们希望通过抵押数字资产获得现金流，或通过借贷对冲风险；贷方包括资产管理人、家族办公室和高净值个人等，他们希望利用手中的资产、房贷以获得额外收益。

四、去中心化借贷与中心化借贷

DeFi 借贷是基于智能合约的无须许可的协议集，这是一种非托管借贷，平台无法访问用户的私钥，用户控制其资产。所有的借贷流程都是自动化完成的，无须平台审核。但 DeFi 借贷使用门槛较高，同时存在高额的链上转账费用，如果是在区块拥堵的情况下借币，到账速度慢，资金急用时不建议选择。中心借贷的出借方一般是某些机构或是平台，用户为借款方。借款前，需要先将数字货币充值到平台上，借款人通过借贷平台获得数字货币、数字资产、稳定币或法币。借款到账速度快，操作更简单，资金的灵活度更高，同时不必支付链上高额转账手续费，借款后即可在平台上进行交易，或是变现。

去中心化借贷的优势是节约成本，解决信任问题，能够降低金融风险。传统抵押贷款流程复杂，需要审核信用资质，且抵押品拍卖较为困难且耗时。去中心化借贷平台利用智能合约，整个过程公开透明，并且当借款出现无法偿还的情况时，平台可以直接售卖数字资产，相比于拍卖房子这类实体资产，售卖数字资产更方便快捷。优势来源于数字资产，劣势同样来源于数字资产。平台持有的数字资产过多，在大规模出币时会直接影响到数字资产市场的价格波动。行情下跌严重时，选择借贷的人也会相应减少。

五、去中心化借贷的三种模式

1. P2P 撮合模式

Dharma 和 dYdX 都是撮合借方和贷方的点对点协议。因此，基于这两个协议的贷款和借款数量是相等的。Dharma 中由智能合约充当"担保方"角色，评估借方的资产价格和风险。债权人则根据"担保方"提供的评估结果决定是否贷款给借款人，同时当借款人无法按时还款时，"担保方"自动执行清算程序。Dharma 平台的借款期限最长为 90 天，贷款利息是固定的。贷款人在放贷期间资金被锁定，只有在与借款人匹配后才开始赚取利息。

dYdX 协议也是 P2P 模式，但它与其他借贷平台之间的主要区别是，dYdX 也支持除了借入借出之外的其他交易，如期货交易。交易者在 dYdX 开仓时，会借入保证金，并与贷方通过平台就条款协议达成一致，进行保证金交易，所以 dYdX 的目标客户主要是保证金交易商。dYdX 平台的利息是可变的，用户在 dYdX 上贷款时没有锁定期或最长期限。

2. 稳定币模式

这一模式的典型是 MakerDAO，没有贷方只有借方，且唯一可借入的资产是 DAI。DAI 是 MakerDAO 平台发行的、与美元挂钩的稳定币。借款人通过抵押数字资产（现为 ETH）借入新创造的 DAI。借款的质押比率必须保持在 150% 以上，而且借款的利息率曾经在一个多月的时间里从 2.5% 上升到 19.5%，这表明借款的利息率很不稳定。

3. 流动池交易

以 Compound 为例，借方和贷方通过流动性交易池进行交易，而不是与交易对手进行匹配。每个贷款和借款的利率由池子的流动性大小来确定，即由贷方提供的货币总数量和借方的需求总数量之间的比率而波动。Compound 不设置固定的贷款期限，贷款人可以把资金存入贷款池子持续赚取利息，并随时提取资产。借款人有无限的合约期。

六、去中心化借贷发展面临的问题

1. 监管问题

大部分去中心化借贷平台都会推出锚定法币或加密资产的稳定币。稳定币通常被归纳为三种：锚定法币的稳定币（如 USDT）、无抵押的稳定币（如 Basis）、依靠抵押加密资产的稳定币（如 DAI）。USDT 作为现全球使用最广泛的稳定币，备受美国证券交易委员会（SEC）和商品期货交易委员会（CFTC）等机构的关注。如果相对去中心化的稳定币 DAI 被大资本青睐，则可能面临更严格的监管和审查。在 2020 年 3 月的 SXSW 大会上，SEC 高级顾问 Valerie Szczepanik 表示，随着时间推移，根据现行的《证券法》，稳定币有可能被列入证券监管的范畴。考虑到稳定币的赎回方式，SEC 可能将其定义为"即期票据"，即传统上定义的两方票据（债务人应要求向票据持有人随时支付款项）。据美国最高法院 1990 年对 Reves V. Ernst 和 Young 一案的判决，除非有例外或被排除，否则根据《交易法》，即期票据被认定为"证券"。站在 CFTC 的立场，据《商品交易法》，稳定币则属于互换合同（Swaps）。无论最终被归为证券还是互换合同，强监管都将大幅提升稳定币的合规成本，进而会暂缓去中心化借贷的市场增速。

2. 金融风险

在传统金融借贷业务中，抵质押和信用体系共同防控违约风险。相比传统借贷服务，DeFi 显然缺乏适用的（链上）征信体系。这代表着（至少短期内）去中心化平台还无法有效对抗信用风险。现在的平台风控主要依靠开放协议或点对点协议（dYdX 和 Compound）的加密资产抵押借贷合约。但不管是哪种类型，用户仍需以加密资产作为背书。加密资产价格往往波动幅度较大，如果被抵押的加密资产短时暴跌 50% 甚至更多，整个系统的坏账率将攀升，平台会面临资不抵债的状况。

3. 资产类型单一

去中心化借贷市场盘子做不大的一个重要原因是，缺少更多优质资产的选择，在很长一段时间内只能在 ETH 存量市场中厮杀，"为什么是 ETH"并不难理解，比特币是非图灵完备的，只有以太坊上承载了有价值的资产生态和流动性。但抵押资产过于单一，对借贷平台来说并不是好事。当讲着"普惠"故事的 MakerDAO 们以持有 ETH 为使用前提时，已经将大众用户排除在门外了。去中心化借贷平台不可避免地要与现实世界中的优质资产进行结合，比如将线下或互联网资产映射或托管到链上，以增加资产端的丰富度。即便这一天来临，借贷市场仍需验证新的资产类别是否有效，并可能以牺牲平台的去中心化程度为代价。

4. 缺乏流动性

对于去中心化借贷平台，设置抵押率是门艺术。如果抵押率太低，币价波动将削弱借贷系统的稳定性和安全性；如果抵押率太高，又会影响用户的积极性和资产的流动性。还以 MakerDAO 为例，如果用户想获取价值1000 美元的贷款，需要抵押至少等值 1500 美元的 ETH。如果刚好按 150%的抵押率以 ETH 借 DAI，当 ETH 价格下降时，平台很快执行清算。目前，MakerDAO 中的平均抵押率已达 300%。虽然这一数值可以维持系统的整体稳定，但超额抵押的方式依然减少了资产的流动性，进而降低了用户抵押资产的积极性。

第二节　MakerDAO 项目

一、概念

MakerDAO 是一个去中心化的自治组织，允许特定加密货币的持有者申请超额抵押贷款。这些贷款以 DAI 的形式支付，DAI 是一种去中心化的稳定币，通过货币政策杠杆与 1 美元的价值挂钩。用户可以通过存入协议所接受的加密货币来生成 DAI，目前接受的加密货币包括 ETH、USDC、WBTC 和

BAT。MakerDAO 的货币政策由 Maker（MKR）代币的持有者把控，他们会动态调整各种杠杆，以确保 DAI 的交易价格维持在 1.00 美元左右。这些杠杆包括但不限于利率（稳定费）、DAI 储蓄率和全球债务上限。

二、商业模式

Maker 提供两项基本服务：借贷和储蓄。①借贷：Maker 的用户，将抵押物锁定为智能合约，并能从中取出贷款。当贷款归还+利息后，用户可以解锁抵押物。所支付的利息称为稳定费，也就是 SF。②储蓄：用户将资金锁定在单独的智能合约中，并从中赚取储蓄利息。赚取的利息按照所谓的 Dai 储蓄利率，即 DSR。通常情况下，SF 和 DSR 之间会有一个差价。例如，最近的 SF 是 0.5%，DSR 是 0%。这种赚取的利息和支付的利息之间的差价可以看作是 Maker 收取的"经营利润"。如果情况恶化，这些利润可重新为系统注资。但是，当一切进展顺利时，这桶中的资金将用于奖励 MKR 持有者。MKR 持有者将获得回报，以表彰他们对管理系统付出的努力。

三、运行机制

1. 借贷用户

第一步：抵押资产创造一个 Vault 债仓。

其实从法律上来讲，这个行为应该称为质押，抵押是不转变对抵押物的占管形态，由抵押人对抵押物进行保管。质押是对抵押物占管形态发生了交接。所以更确切地说，我们行业所说的抵押借贷都是质押借贷。

第二步：生成 DAI。通过以抵押的资产生成 DAI。此时生成的 DAI 可自由转移。

第三步：偿还 DAI 债务，并用 DAI 支付稳定费（借款利息），意味着你要偿还比生成时更多的 DAI，可以通过二级市场购买。

第四步：将抵押物全部或部分取出，完成一次借款。

当然，这里在第三步之前，有可能由于抵押物价值快速下降，该笔借贷已经达到了清算线（Liquidation Ratio），导致用户抵押资产变成 Unsafe，直接进入了清算拍卖程序，清算拍卖程序将自动进行，用户在清算完成后如果资产还有剩余，则可将这部分资产提走，进入清算程序的订单，其借出的 DAI 无须还款。清算拍卖流程的出现主要是以太坊链上喂价可能出现与市价不同的产物。

担保物拍卖流程，首先，会让竞拍商（Auction Keepers）对抵押物进行竞标，分为两个阶段。第一阶段，投标者出价 DAI 来竞拍固定数量的抵押物。如果竞标出价的 DAI 足够覆盖债仓义务和清算罚金（即用户借款+利息+罚金），则会开始第二阶段反向拍卖，即慢慢出卖抵押物，这一阶段要求清算商出价时使用固定数量的 DAI 去买尽可能少的抵押物，出价顺序是一个逐渐下降的过程。这样可以保证系统尽可能少地卖出用户的抵押物。拍卖完后剩余抵押物将退还用户。拍卖到的 DAI 资金进入 Maker 缓冲池（Maker Buffer）。

当抵押物拍卖这一过程中，筹集的 DAI 数量并没能覆盖该金库的所有债务时（包括 DAI 本金+利息+清算罚金），这部分赤字（资金、缺口）会被转入协议债务成为协议的债务。由 Maker 缓冲池这样一个资金池的 DAI 对这部分缺口进行代偿。当 Maker 缓冲池资金池的 DAI 不够偿还时，系统将会进行债务拍卖（Debt Auction）。MKR 铸造（增加 MKR 供给）并拍卖筹集 DAI 进行偿还。这样就能完成最后的清算，相当于 MKR 持有人是整个系统的最后埋单者。

当来自拍卖抵押物和收取稳定费而产生的收入 DAI 进入到 Maker 缓冲池时，Maker 缓冲池会有一个容量上限，该上限由 MKR 持有人设定，超过该上限的 DAI 将通过 Surplus Auction，即剩余拍卖来售出。Surplus Auction 拍卖过程是，固定每次卖出 DAI 数量，按照购买这些 DAI 的 MKR 数量逐渐下降作为拍卖过程。Surplus Auction 拍卖所得的 MKR 将销毁，形成 MKR 通缩机制。

这里要注意三种不同情况下的拍卖（Auction）：抵押物拍卖（Collateral Auction）、债务拍卖（Debt Auction）和剩余拍卖（Surplus Auction）。每种拍卖的触发条件不同，拍卖的参与人主要是清算商（Auction Keepers）。

2. 拍卖/套利用户

看护者（Keepers）里边主要分为 4 种：Auction Keepers、Market Maker Keepers、Cage Keeper 和 Simple Arbitrage Keeper。可以简单理解为这部分人主要是在系统内外低买高卖进行套利的人。

清算商（Auction Keepers）为确保整个协议保持稳定，就需要防止债务缺口和收入积累超过一定的限制。Auction Keepers 作为受到经济利益刺激的外部人员，他们主要行为包括：①寻找新的拍卖机会；②监测其他参与者发起的拍卖；③对拍卖物品进行出价。

目前大部分 Auction Keepers 都是通过机器人设定自己的拍卖策略来参与市场拍卖，官方也提供了如何设置 Auction Bot 的参考文档。

Market Maker Keepers 其运作的主要策略之一是相信通过 MKR 治理调节，能够使 DAI 价格收敛到 1 美元。即在 1 美元以上可能卖出 DAI，等 DAI 回落后买入完成套利。也有可能是简单的 MakerDAO 协议内做市商，提供 DAI 的流动性进行获利。

Cage Keepers 主要作用只发生在系统紧急关闭的时候，帮助系统进行清算，几乎用不到，同时官方已经帮忙写好了运行脚本。

Simple Arbitrage Keeper 在 OasisDex 和 Uniswap 这两个交易所之间套利者的参与者。在未来官方很可能实施这种模式，如此一来能尽量减少 DAI 在去中心化交易上的价差，保证其二级市场价格稳定。

3. 预言机喂价节点

Maker 协议的内部担保物价格来自去中心化信息输入架构（Decentralized Oracle Infrastructure）。该架构由大量名为"喂价机"（Oracle Feed）的独立节点组成。MKR 投票者选出一组可信赖的喂价节点，并通过以太坊平台向 Maker 系统提供价格信息。群组的节点数量也是由 MKR 投票者来控制的。协议会自动选择所有预言机喂价的中位数作为当前价格输入系统。同时由于预言机安全模块（OSM）的存在，用户看到的协议内当前的价格其实为大约 1 小时前的价格。

4. MKR 持有人

成为 MKR 持有人可以通过二级市场购入 MKR 或者参与 MKR 拍卖获得。持有 MKR 可以参与系统的治理，包括但不限于：①投票添加新的抵押资产，并为其设定单独的风险参数（清算比率/清算费用/稳定费率等）；②改变现存的抵押资产的风险参数，或添加新的风险参数；③修改 Dai Savings Rate（DSR）；④选择喂价的预言机；⑤选择一组紧急预言机（Emergency Oracle）；⑥触发紧急关闭；⑦升级系统。

同时，MKR 持有人作为 MakerDAO 协议的最后埋单者，即当触发 Debt Auction 时，MKR 会被重新铸造，然后被拍卖来弥补债务缺口。MKR 的新铸造相当于稀释了现有 MKR 持有人的投票权重，即协议债务实质上是由当前 MKR 持有人和买入新增发的人共同埋单。

第三节　Compound 项目

一、Compound 协议概述

Compound Finance 是一个基于以太坊的开源货币市场协议，任何人都可以在其中无摩擦地提供或借入加密货币。截至 2020 年 2 月，7 种不同的代币在 Compound 平台上有提供或可以用作抵押品，包括注意力币（BAT）、Dai（DAI）、以太币（ETH）、Augur（REP）、USDCoin（USDC）、Wrapped Bitcoin（WBTC）以及 0x（ZRX）。Compound 作为一个建立在以太坊区块链之上的流动性池运作。流动性提供者向池子提供资产并赚取利息，而借款人从池子贷款并支付债务利息。本质上，Compound 弥合了希望从闲置资金赚取利息的放款人与希望贷款用于生产或投资用途的借款人之间的缺口。在 Compound 中，利率是按年利率（Annual Percentage Yield，APY）表示的，而且该值在不同资产间存在差异。Compound 通过使用衡量资产供需的算法来推导出不同资产的利率。本质上，Compound 通过允许放贷人／借款人直接与协议交互以获得利率，而无须协商贷款条款（如到期日、利率、交易对手、抵押品），从而降低了借贷摩擦，创造了一个更为高效的货币市场。

Compound 是以太坊区块链上的协议，允许用户借用和借出加密代币。其利率是根据每种资产的供求通过算法设置的。贷方和借方直接与协议交互，赚取（并支付）浮动利率，而无须与对等方或对手方协商期限、利率或抵押品等条款。该协议发布于 2018 年，在种子轮中筹集了 820 万美元，在 2019 年 11 月的 A 轮融资中又筹集了 2500 万美元。早期投资者的名单像是一本区块链 VC 的名人录，包括行业巨头安德森·霍洛维茨（Andressen Horowitz），Polychain Capital、CoinbaseVentures 和 Bain Capital Ventures。Compound 是位居总价值锁定（TVL）排名前三的 DeFi 协议之一。2020 年其锁定的价值呈指数增长（从年初的 1500 万美元增长到 2020 年底的超过 19 亿美元）反映了对该协议的信心和信任。

MakerDAO 可以被视为第一个允许用户贷款的 DeFi 项目，而 Compound 是第一个提供无许可借贷池的 DeFi 项目，用户可以从中获得存款利率。最初，该协议支持六种代币（ETH、0x、Augur、BAT、Dai 和 USDC）。

二、cToken

cToken 代表了在协议中的余额，并会随时间推移而产生利息。在 Compound 中，赚取的利息不会立即分配，而是在 cToken 上累积。假设在 2019 年 1 月 1 日给流动性池子供应了 1000 个 DAI。同时，2019 年的 APY 一直保持为 10.00%。2019 年 1 月 1 日，在存入 1000 个 DAI 后，获得了 1000 个 cDAI。在这种情况下，DAI 和 cDAI 间的汇率为 1 ：1。2020 年 1 月 1 日，即 1 年之后，你的 1000 个 cDAI 将升值 10%。DAI 和 cDAI 间的新汇率为 1 ：1.1。1000 个 cDAI 现在可以兑换 1100 个 DAI。为了计算应计利息，cToken 可以兑换为其代表的、随着时间推移不断增加的标的资产。cToken 同时也是 ERC20 代币，意味着如果有人想接替你成为流动性提供者，那么你可以轻松地转移你提供的资产的所有权。

三、借贷

将资产借给 Compound 协议会导致两次交易。第一种是将原始代币（如 Dai）存入协议。第二种是将 cTokens（cDai）自动计入提供资产的钱包。新发行的 c 版本代币用作欠条（IOU），并充当一种赎回代币，允许持有人赎回原始代币。cToken 的价值由 Compound 通过汇率确定，该汇率旨在随着时间的推移而增加价值。

所有者可以通过持有 cToken 与其原始对应物相比的增值来赚取利息。因此，当兑换 cToken（即兑现）时，用户将收到比最初存入的更多的实际基础代币。此外，借方通过在借入资产时始终支付较高的利率，确保有更多的代币要支付给贷方。实际比率由供求关系（利用率）决定。

四、超额抵押贷款

在 Compound 上借用代币的方式与在 Maker 上铸造 Dai 的方式类似。但是，与 Maker 相比，Compound 需要用户存储 cToken 作为抵押。与借贷一样，没有要谈判的条件，到期日或借贷资产的融资期限。为了减小违约风险，Compound 利用超额抵押来限制可以借入的金额。如果借入的金额超出了用户可以借用的范围，则可以偿还部分未偿还的贷款，以换取用户的 cToken 抵押品。当抵押物的价值降至所需的最小值以下时，或者当借入的代币的价值超过用户可以借入的最大值时，就可能发生清算。

五、风险与激励

除了智能合约风险（即黑客利用脆弱的智能合约）外，与 Compound 等货币市场相关的另一风险是在银行挤兑的情况下，该平台可能会耗尽流动性并无法满足所有提款要求。为了减轻这种情况，Compound 的利率基于"利用率"，该利用率定义了放款人的资产流向借款人的程度。通过利率模型，Compound 可以抑制放款人的提款，因为利用率上升时利率将上升（以激励借贷），同时又抑制了借款人增加借贷的动机（因为借钱变得更昂贵）。Compound 是否能忍受像银行挤兑这样的"黑天鹅事件"仍然有待证明。Gauntlet 于 2020 年初进行了模拟压力测试。此外，Compound 确实在 2020 年 3 月的黑色星期四幸免于难（当时比特币和大多数其他资产一天之内下跌了 40% 以上），与其他协议相比要好得多。但是，当时它还没有处于完全 DAO 模式。

最接近"黑天鹅事件"的事件发生在 2020 年 11 月，当时稳定币 Dai 的价格在 Coinbase 上暂时飙升至 1.3 美元。Compound 使用 Coinbases 的喂价确定其市场价格。由于 DAI 价格突然增加 30%，一些头寸被抵押不足，导致清算超过 8000 万抵押品。

无论如何，对于 Compound 而言，确保高流动性至关重要。高利率是激励流动性的一种方法，但是 Compound 向前走了一步，并通过向用户奖励 COMP 代币来开始激励。

六、治理

随着 2020 年 6 月治理代币的发布，该项目背后的团队迈出了去中心化协议所有权和管理权的第一步。Compound 开始使用该协议将其治理代币分发给所有个人和应用——在贷方和借方之间平均分配 50/50 的份额。最初，代币的分配是根据每个代币的使用情况自动完成的。这导致不同的奖励，具体取决于用户提供或借用的代币。但是，随着第 35 号提案的实施，已对其进行了更改，以使金额部分固定（每个市场 10%），其余金额根据使用情况而可改变。

例如，每日 COMP 代币分配为 2312 个。这种分配机制将一直持续到储备金用完为止。分配给储备库的 4229949 个 COMP 代币全部分发完毕将花费大约四年的时间。剩余的 1000 万封顶供应分配给了团队和创始人（占比 22%，在 4 年内释放），Compound 实验室的股东（占比 24%）以及未来的团队成员和社区资金（4% 和 8%）。

这种将初创企业的所有权转让给其社区的创新方法具有若干重要意义。在最开始显示的 TVL 图表中可以看到最明显的内容。尽管官方上看起来像投票权，但代币很快吸引了许多新用户，导致借贷池中的爆炸性增长。

七、COMP 代币

COMP 背后的想法是增加协议的去中心化性，而这个代币是控制协议的工具。治理可以决定很多事情，如增加对新资产的支持、更改资产的抵押因子、改变市场的利率模型、更改协议的其他参数或变量甚至补偿用户（由于异常的喂价而导致用户资产被清算）。

从本质上讲，协议治理可以比作通过社区投票来管理公司，而不是由少数经理闭门造车。但是，首先要有资格创建治理提议，发起者要么持有所有 COMP 代币的 1% 委托给钱包，要么至少拥 100 个 COMP 才能创建自治治理提议（CAP）。一项自主提案允许拥有少于 COMP 总量 1% 的任何人部署一项提案（作为智能合约），如果得到足够的支持并达到 100000 个委托投票的门槛，则可以转变为正式的治理提案。所有提案都必须以可执行代码提交。

也就是说，COMP 代币目前没有其他功能。但是，考虑到价格和市值时，可以假设预期会有一种有利于代币持有者的价值获取机制。诸如 Aave 之类的项目已经实施了一项费用，该费用由协议收取，并部分支付给利益相关者。

八、商业模式

尽管借贷显然已经找到了适合产品市场的产品（有超过 25 万个个人钱包将其资产借给 Compound），但借贷功能的价值仍然存在一些疑问。当您无须提供 ETH 或 BTC 就能获得 "真实信用贷款" 时，为什么有人要提供抵押品来借用加密资产。

借款人的数量也凸显了借款并非适合所有人。只有约 6900 个钱包从

Compound 借来资产。此外，贷款的主要优势不是某人在某个时间点上可以花费比他实际拥有的更多的钱吗？我们从传统金融学知道，超额抵押否定了最常见的信贷形式。以下是一些用例：

1. 杠杆多头/空头加密货币

一方面，如果用户看涨波动性资产（如 ETH），则他可以存入 ETH 以借入 USDC 并购买更多 ETH，以获得更多的上涨空间。另一方面，如果用户看跌，他可以存入稳定资产（如 Dai），借用易波动资产（ETH）并出售。假设在出售时一个 ETH 的价格为 1000 美元，如果价格跌至 300 美元，偿还借入的 ETH 只需花费 300 美元，为用户带来 700 美元的利润（减去利率）。

2. 获得更多的收益耕种和套利机会

一个常见的用例是围绕借入流动性以将其用于套利机会，交易者从价格或利率差中获利。除了套利之外，收益耕种也吸引了借款人。例如，用户可以存入以太坊，以借用 DeFi 生态系统其他地方收益更高的另一项资产。通过将该资产借给另一个平台，用户可以保持利率之间的差额。但是，这也是 MakerDAO 的主要用例，因为借用的 APY 或多或少是稳定的。

3. 流动性需求

在许多情况下，用户需要流动性。Compound 使用户可以方便地存入加密货币（用户可以从中赚取利息），以获得更多的流动性。例如，一位矿工想要购买更多的挖矿设备而不必出售自己的 ETH。他可以使用来自 Compound 的贷款来购买。然后，矿工可以用他的挖矿奖励偿还贷款，而不会失去对 ETH 的投资。

总而言之，尽管普通人不会通过借入来对冲抵押，但 DeFi 领域的许多人都在使用它。令人震惊的 Compound 总借款额超过 29 亿美元，也表明了这一点。目前大约借入了所提供价值的 50%。大部分借入资产是稳定币，即 Dai 和 USDC 占贷款的 80% 以上。尽管许多 DeFi 协议实现了基于费用的收入模型，但 Compound 尚未实施用于带来收入的费用模式。但是，Compound 使用"储备系数",该参数控制将给定资产的多少借贷利息路由到该资产的储备池,储备池仅用于保护贷方免受借款人违约和清算故障的影响。

九、运营模式

Compound 是目前 DeFi 借贷市场上主流的以太坊借贷平台之一,成立于 2018 年 9 月,并在 2019 年 11 月从 Andreessen Horowitz、Bain Capital Ventures、Polychain Capital 和 Paradigm 等风险投资公司筹集资金 2500 万美元。Compound 支持 8 种代币 ETH、USDC、DAI、REP、WBTC、SAI、ZRX 和 BAT 的借贷,用户可以通过抵押一种代币借出另一种代币。2020 年 6 月 16 日,Compound 启动治理代币 COMP 的借贷即挖矿分发活动后,Compound 超越 Maker 成为 DeFi 市值第一。

根据 Compound 白皮书的介绍,其成立的初衷是,"加密货币和数字区块链市场已经发展为一个充满活力的生态系统,由投资者、投机者和交易者组成,可交换上千种区块链资产。遗憾的是,金融市场并没有那么成熟:参与者几乎没有能力交换资产的时间价值"。出于这一目的,Compound 通过抵押借贷方式,令用户可以交易资产的时间价值。借款人仅需支付少量利息,即可获得另一种资产在一段时间内的使用权。

Compound 的运营模式接近于传统的银行模式,以流动的资金池方式聚集存款人存入的资金,并将资金贷给借款人,通过算法平衡供求、设定利率。Compound 平台被设计为不具有交易对手风险,存款人向资金池供应加密资产获得利益,借款人向资金池借出代币并支付利息。因此,存款人不需要等待其交易对手偿还借款。

在 Compound 平台中,每种代币拥有独立的资金池。当借款人以某一代币进行抵押时,相应资金池会增加;当借款人借出某一代币时,相应资金池会减少。资金池的存在使交易双方不需要单独撮合，不存在交易对手风险，提高了交易效率。

对于存款而言，在 Compound 平台上存款与在银行存款非常类似，存款人将其加密资产存入智能合约，并赚取由此产生的利息。此外，存款人可以随时从 Compound 中提取其存入的本金和利息。

对于借款而言，从 Compound 借款需要借款人超额抵押该平台支持的代币，获得贷款额度，并借出其他代币。超额抵押的方式在很大程度上降低了借款人违约的风险。当借款人返还借款及利息后，将会自动收回锁定的抵押资产。由于抵押资产的价格存在波动，一旦其价格低于贷款水平的阈值，则需要借款人补仓，或者会触发智能合约自动清算，此时借款人会持有借款，但会失去抵押资产。换言之，如果借款人的借款能力不足，他们的抵押品将被拍卖出售，用以偿还债务。

Compound 的资金池设计意图为借款人提供高流动性。取决于对资产的供需状况不同，Compound 使用算法设定每种资产的贷款利率。当借款人对某一加密资产的需求较低时，资金池里的可借贷金额过剩，流动性高，利率会降低，从而鼓励更多贷款；当借款人对某一加密资产的需求过剩时，可借贷金额降低，流动性低，利率会增加，从而吸引存款人的供给。

十、结论与展望

DeFi 正以惊人的速度发展，需要在不牺牲可靠性的情况下进行协议创新。2020 年 12 月，Compound 宣布了他们的计划，即使用 MakerDAO 协议的跨链版本构建独立的 Compound Chain，并使用一种称为 CASH 的本地稳定币。新链仍将由以太坊区块链上的 COMP 代币持有者管理。根据白皮书，Compound Chain 是由 COMP 代币持有者任命的具有验证者的授权证明（PoA）网络，旨在解决以太坊的扩容问题，同时实现与其他区块链（如

Solana、Polkadot）的互操作性。这个 PoA 网络可以潜在地使中央银行数字货币（CBDC）以及像 Coinbase 这样的交易所来运营 Compound Chain 上的节点。

尽管 Compound 的未来前景看似非常有希望，但仍有一些障碍需要克服。例如，去中心化仍旧是 Compound 社区热议的话题。经常听到的一种批评观点是分配给团队和早期投资者的大量代币（几乎占 60%）。尤其是在看到其他成功的协议进行了更为公平的 ICO 之后——与其他社区相比，Compound 向特权投资者（VC）提供的代币更多——有些人表达了自己的声音，并要求除收益耕种外再次发行其他形式的代币（这又有利于本已富有的人）。论坛上有一些建议和讨论，涉及奖励早期贡献者，进行空投或添加分配 COMP 的新方法。

此外，为防止类似 2020 年 11 月的 DAI 清算事件的发生，Compound 公司还致力于其价格预言机。最后很重要的一点是，Compound 公司是否计划制定一种实现稳定收入流的方式，还有待观察。

第四节　Aave 项目

一、概念

Aave 公司由 Stani Kulechov 于 2017 年创立，总部位于瑞士。该公司最初名为 ETHLend，在 2017 年的首次代币发行（ICO）中筹集了 1620 万美元，其间售出了 10 亿单位的 Aave 数字资产（最初名为 LEND）。2018 年，ETHLend 被重命名为 Aave。Aave 是一种可创建货币市场的开源且非托管协议。Aave 协议于 2020 年 1 月在以太坊主网上启动，Aave 还利用其原生代币 LEND 向持有人提供优惠费用。将来，LEND 也将被用于治理以及作为未偿贷款的第一道防线。就像其他 DeFi 平台一样，Aave 允许加密持有人借出资产以赚取利息。客户还可以通过抵押其资产来借入其他加密资产并为此支付利息。图 7-1 是 2021 年 3 月 Aave/USDT 的行情 K 线图。

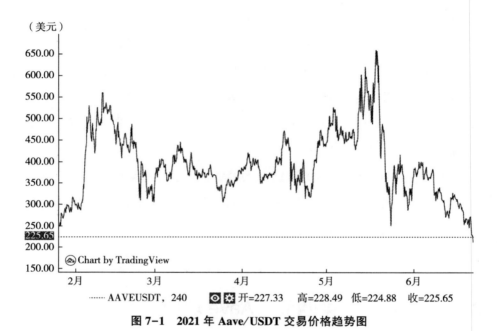

图 7-1　2021 年 Aave/USDT 交易价格趋势图

资料来源：Binance（https：//www.binance.org/en/trade）。

与其他 DeFi 平台不同的是，Aave 引入了两个独特的功能。一是其利率模型，该模型允许用户在浮动利率和稳定利率之间切换。二是专门为开发人员设计的闪电贷（Flash Loans）。诸如 Compound 和 Maker 等其他 DeFi 平台倾向于将用户锁定在固定或可变利率，而 Aave 利率模型则允许借款人在"稳定"和"可变"利率之间切换，以使他们可以获得最佳的贷款利率。根据 Aave 的解释，其借贷利率策略经过校正后用以管理流动性风险并优化利用。借入利率遵循利用率 U，通过选择最佳利用率 Uoptimal，Aave

利率模型的内容如下：当 U<U 最优时，借贷利率随利用率而缓慢增加；当 U≥U 最优时，如果充分利用流动性，借款利率会随着利用率急剧上升至 APY（存款年收益）的 50%以上。

二、Aave 抵押借款协议基本架构

1. 存款人

存款人参与协议的主要路径为：存款人—存入资产进 Aave—收到 1∶1 aToken—持有 aToken 将持续按秒增加—还回 aToken—得到存入的底层资产+利息。

Aave 中的 aToken 是代表用户在协议中的权益，例如存入 1 ETH，则会得到 1 aETH。同时 Aave 中，无论是存款还是借款，都是按秒复利计息的。存入资产后即可享受利息收益，等到想提出资产时还回 aToken 即可收到由存入资产本金加上利息的总额。

2. 借款人

借款人—存入资产进 Aave 作为抵押—选择固定利息或浮动利息—收到借款—未达到清算线则可偿还借款和利息，若达到清算线则有部分资产被清算，被清算部分由清算人代为偿还。

Aave 借款时，能够借到多少，受到了抵押资产价值的影响，同时有一个抵押因子，在 Aave 中称为 Loan-to-Value。例如，DAI 的抵押因子为 75%，也就是说，1 个 DAI，只能贷出 0.75 个 DAI 价值的其他代币。存入的抵押物，如果有存款利息，是可以收到利息的。同时，每次借款，将被系统收取借款总额的 0.25%，其中的 20%给整合 Aave 协议的渠道费用，80%用于回购销毁 LEND。

借款时，Aave 会提供浮动利息率（Variable APR）和固定利息率（Stable APR）两个选项。一般情况都是浮动利息率会低于固定利息率。固

定利息率的出现主要是为了满足一些厌恶不确定性情况的用户需要。同时
Aave 允许用户在浮动利息和固定利息之间切换。

3. 清算人

DeFi 世界中的借贷项目，大部分都是超额抵押实现借贷。超额抵押就
存在抵押物或者贷出物价格波动，导致抵押资产不足的情况，因此必须引
入清算程序（Liquidation）。Aave 协议也不例外。Aave 由于支持的资产众
多，有部分资产是仅仅存入被借出，不能作为抵押物的。每个资产的清算
线也不同，具体如表 7-1 所示：

表 7-1　Aave 支持资产代币相关参数

Name	Symbol	Currency	Collateral	Loan Value（%）	Liquidation Threshold（%）	Liquidation Discount（%）
DAI	DAI	Yes	Yes	75	80	5
USDC	USDC	Yes	Yes	75	80	5
True USD	TUSD	Yes	No	—	—	—
Tether USD	USDT	Yes	No	—	—	—
Synthetix USD	SUSD	Yes	No	—	—	—
Augur	REP	Yes	Yes	60	65	10
0x	0x	Yes	Yes	60	65	10
Basic Attention Token	BAT	Yes	Yes	60	65	10
Wrapped BTC	WBTC	Yes	Yes	50	60	10
Maker	MKR	Yes	Yes	60	65	5
Chainlink	LINK	Yes	Yes	60	65	5
Kyber Network	KNC	Yes	Yes	60	65	10
Ampleforth	AMPL	Yes	No	—	—	—
Decentraland	MANA	Yes	Yes	50	60	10
Ethereum	ETH	Yes	Yes	75	80	5
Aave	LEND	Yes	Yes	60	65	10

资料来源：巴比特资讯。

在表 7-1 中，Name 表示资产项目名称，Symbol 表示代币符号，Currency 表示该代币是否支持存入和借出，Collateral 表示该币种能否被作为抵押物（有些资产允许存入和借出，但不允许被当作抵押物来借出其他资产），Loan Value 表示抵押因子（因子越小，抵押进来能借出的资产越少），Liquidation Threshold 表示清算比率（借出资产价值/抵押资产价值），Liquidation Discount 表示清算折扣（给清算商的优惠比例）。

当用户资产健康系数（Health Factor）<1 时，即抵押物乘清算门槛的价值比贷出价值还小时，会面临抵押品被清算风险，也就是说，由清算人帮忙偿还一部分其借出的代币，兑换成折扣价后拿到用户的抵押品，不同抵押品面临清算时的折扣不一样。每个清算人每次只能最多帮贷款用户偿还50%的借款，可以不断偿还，直到被偿还借款的借款人账户健康系数大于1，回归正常状态。

三、利率模型

Aave 上的利率模型主要分为两个：存款年利率和借款年利率。Aave 与其他借贷协议不同的地方在于其借款年利率又分为固定利率和浮动利率。浮动利率一般情况下会低于固定利率，可允许用户将固定利率和浮动利率进行互换，从而始终获得最佳利率。例如，用户最初选择浮动利率，但是在该利率急剧上涨的情况下，用户则可以切换到固定利率。需要注意的是，Aave 中的固定利率并不是一直保持固定的，在一段时间内也会根据借贷池供求情况做出调整。

四、闪电贷

闪电贷最独特的地方是不需要抵押。闪电贷使开发人员能够从 Aave 借钱，然后通过单笔交易偿还。与其他需要用抵押担保还款的贷款流程不同，闪电贷仅依赖于还款的时间。闪电贷的工作方式如下：借款人可以向 Aave 请求资金，但他们必须在同一区块内偿还这些资金和 0.09% 的费用。如果借款人不这样做，则整个交易都将被取消，因此就不会再有资金被借用。

闪电贷事实上也是 Aave 货币市场中的产品，其是由 Aave 开创的无抵押贷款，与 DeFi 主流的超额抵押不同，它的设计原理是无须抵押品，只要在一个区块内实现借款和还款操作即可，如若未实现则整个交易都将被撤销，即在智能合约中加入一个 FlashLoan 函数，资金临时转移到该智能合约中，执行操作人设计的交易操作。若资金和费用确认归还至借贷资金池，则执行操作成功；若归还少于借出资金，出借资金退还至借贷资金池，还原交易。不过闪电贷是为开发者设计的，目前还没有终端版本。闪电贷是一种无成本借贷，只需要支付给系统 0.09% 的手续费，而这部分费用则会分成三部分：70% 分配给存款人，24% 分配给系统用于回购并销毁 LEND，剩下的 6% 则奖励给协议集成商。

五、新代币经济模型

1. 总量增发

其中 1300 万 Aave 为 100 LEND 兑换 1 Aave，300 万 Aave 为增发部分，实际增发率 23.08%。增发 300 万部分被保存在用于发展保护 Aave 生态。LEND 已经全流通，无法用于安全和激励，这样就没有办法与 COMP 直接对垒，竞争 DeFi 借贷市场老大的位置。300 万增发部分用于安全池建设、激励借贷生态、协议投票治理与协议升级。

2. Aave 的安全池模式

Aave 会有一个安全池，接受 Aave 和 80% Aave/20% ETH 进行质押，

一旦发生风险，将由质押于该池子的质押物承担风险。

3. Aave 对于借贷的激励

Aave 将会像 COMP 一样对在 Aave 上的借贷方进行 Aave 代币激励。同时 Aave 将会针对一些构建于 Aave 上的程序进行奖励。

4. Aave 的投票协议治理

投票治理更多的是向 DAO 转型做好准备，继 MKR、KNC 和 SNX 之后，Aave 也要在社区治理的路上狂奔了，这样可以很好地免除法律方面的束缚。

六、Aave V2 版本

1. 支持收益及抵押物的闪兑（Yield & Collateral Swap）

在常规的 DeFi 应用内，被用作抵押物的资产往往会被冻结，但在 Aave V2 版本中，这些资产将可以自由交易。用户可以在 Aave 协议支持的所有货币之间交易其存入资产，即便这些资产已被用作抵押物，这将成为避免清算的有效工具。举个例子，如果用户的抵押资产价格开始下跌，用户可以简单地将其兑换为稳定币，这样就无须再担心价格波动以及潜在的清算惩罚。这一全新特性还将允许用户为了追求最佳收益而交易其资产。本质上，这将创造首个支持抵押物和收益交易的 DeFi 应用。

2. 闪电贷升级（Flash Loans Upgraded）

闪电贷首次实现了无抵押贷款，这撼动了整个 DeFi 世界，无数创新工具及套嵌产品因此而诞生。闪电贷将继续激发新的灵感，使更多新的功能在 Aave V2 版本中实现。

3. 抵押物直接还款（Repayment with Collateral）

在 Aave V2 出现之前，如果用户想使用自己的部分抵押物来偿还贷款，就必须先取出抵押物，再用它来购买所借资产，最终偿还债务并解锁已存入的抵押物。这将需要跨越多个协议并进行至少 4 次交易，耗费大量时间和金钱（手续费），整体操作相当繁复。抵押物直接还款这一新功能将允许用户在一次交易中直接使用抵押物来偿还债务，从而结算其贷款头寸，操作简单且平滑。

4. 闪电清算（Flash Liquidations）

此前，清算人需要在钱包中拥有一定资金或从其他地方获取资金，才能执行清算并获得清算奖金。闪电贷是一个很好的参与工具，这样的 DeFi 金融工具让每个人都可以获得足够的流动性并利用它深度参与 DeFi。借助 Aave V2，清算人可以利用闪电贷从 Aave 协议内部快速借出资金，来执行清算。

5. 批量闪电贷（Batch Flash Loans）

闪电贷的功能正越来越强大。在 V1 中，一个闪电贷借款人只能一次借一种货币。批量闪电贷使开发人员可以在同一笔交易中执行多个资产的闪电贷。这意味着闪电贷借款人几乎可以访问所有协议流动性。

6. 债务通证化（Debt Tokenization）

在 V2 版本中，债务头寸被标记化，因此借款人将收到代表其债务的通证。这种债务通证化使 Aave 协议中的本地信用委托成为可能，并允许借款人从冷钱包管理其债务头寸。

7. 本地信用授权（Native Credit Delegation）

在无须使用现有资本的情况下，DeFi 的非足额抵押贷款已经成为一种越来越受欢迎的获得流动性资金的方式。本地信用授权将在 V2 中对此进行扩展。2020 年 7 月，Aave 引入了信用授权，Aave 协议上的第一次信贷委托给了 DeversiFi 公司，使用 OpenLaw 签订了贷款协议。信用授权在社区引发了热烈的讨论，现在 Aave V2 实现了信用授权。使用信用授权的借款人可以是机构、企业、非政府组织以及加密货币交易所（如 DeversiFi）等，这将进一步释放 DeFi 的潜力，为金融世界增加流动性。使用信用授权，使委托人能够在已经从协议中获得收益的基础上获得额外收益，使借款人能够获得无抵押贷款。

8. Gas 优化（Gas Optimisations）

最近使用以太坊的用户都已经注意到了网络拥堵和高昂的交易 Gas 费。为了帮助降低这些 Gas 成本，Aave V2 引入了 Gas 优化方案，在某些情况下将协议交易成本降低了 50%。

9. 固定与可变借款利率（Stable & Variable Rate Borrowing）

DeFi 为我们提供了更加自由的金融选择。借助 Aave V2，借款人可以在同一钱包中同时拥有固定利率的借贷头寸和可变利率的借贷头寸，同时拥有相同的基础资产。这为借款人提供了更多的选择权和灵活性，使他们的贷款状况更好，此外，借款人仍然可以随时在可变利率和固定利率之间进行切换。

第五节　Compound 项目和 Aave 项目的比较

Compound（COMP）自 2018 年推出以来一直是最受欢迎的 DeFi 借贷协议，但根据最新数据走势，Aave 极有机会弯道超车，取代它成为 DeFi 借贷龙头。在《比推》专访中，Aave 整合主管 Marc Zeller 曾表示，Aave 将致力于将 DeFi 打造成为每一个人服务的工具，而不仅限于富人。2020 年 8 月，Aave 代币当时仍未更名（前身 LEND），并很快就达到了 5 亿美元的市值，不出半年，Aave 市值增长了 8 倍，超过 60 亿美元。

在价格表现方面，Aave 已远远超过了 COMP。2021 年初，COMP 的币价约为 145 美元左右，而 Aave 的币价仅在 88 美元附近。截至 2 月初，COMP 和 Aave 的币价均在 500 美元左右。Aave 自 1 月初以来增长了 450%以上，而 COMP 的增长幅度为 240%。

一、Aave 项目和 Compound 项目的总锁仓价值（TVL）

TVL 数据代表了协议中抵押资产的全部价值，这与 Aave 价格相对于 COMP 的大幅增长相呼应。DeFi Pulse 2021 年 2 月 14 日数据如表 7-2 所示，Aave 目前的 TVL 为 57.5 亿美元，Compound 为 46.7 亿美元，差额约 12 亿美元。2020 年底，Compound 和 Aave 的 TVL 不相上下，两者在年底前均接近 20 亿美元。

表 7-2　Aave 与 COMP 的 TVL　　　　　　单位：亿美元

序号	类别	以太坊	状态	总体价值锁定	涨跌幅
1	Aave	Ethereum	Lending	57.5	-1.52%
2	Compound	Ethereum	Lending	46.7	-1.84%

资料来源：Defi Pulse。

值得注意的是，TVL 也衡量借入资产的供应净额。DeFi Pulse 2021 年 2 月 14 日数据显示，Compound 的未偿还贷款约为 36.76 亿美元。Aave 的未偿贷款为 5.38 亿美元，见表 7-3。

表 7-3　Aave 与 Compound 的未偿还贷款　　　单位：亿美元

Defi Pulse	Name	Lend	Borrow	Outstanding	IPY（USD Val）	1 Day%
1	Compound	9.5%	12.9%	36.76	4.73	-2.0%
2	Aave	9.3%	23.6%	5.38	1.26	28.0%

资料来源：Defi Pulse。

二、代币设计

COMP 代币总供应量价值约为 1.52 亿美元，占 Compound 平台总供应量的 2.2%（=TVL+未偿还贷款总额）。

如表 7-4 所示，相比之下，Aave 平台的总发行量中约有 30% 是其本机代币 Aave（V1 中为 7.9 亿美元，V2 中为 7.05 亿美元）。根据协议本身，这些仅是用户存入的作为借入稳定币的抵押品。实际上，该协议不允许用户借用其治理代币，以避免潜在的治理攻击，因为有人可能会使用借来的 Aave 代币来获得额外的投票权。这些数据清楚地表明，与 Compound 相比，更多的 Aave 本地代币被用作抵押物。Aave 目前提供的产品中有将近 25% 存入了协议本身，而 Compound 则只有 7.5%。因此，Aave 价格卖压可能会比 COMP 更低，因为 Compound 进一步收紧了当前的流通供应。

表 7-4　代币供应量

COMP 代币	TVL	变动率（%）	未偿还贷款总额（亿美元）	变动率（%）
Ether（ETH）	2339.67	0.16	169.42	2.76
Dai（DAI）	1851.55	11.54	1657.10	15.43
Wrapped BTC（WBTC）	1770.78	0.45	190.52	5.37
USD Coin（USDC）	1557.65	9.62	1352.47	12.12
Tether（USDT）	327.96	12.14	292.18	14.92
Uniswap（UNI）	199.03	1.34	39.54	9.37
0x（ZRX）	197.41	0.91	33.85	7.34
Compound Governance Token（COMP）	152.67	1.82	43.61	8.79

资料来源：Binance（https://www.binance.org/en/trade）。

Aave 在代币设计方面比 Compound 具有另一个吸引人的优势，即 80% 的协议费用用于购买和销毁 Aave 代币。在 Compound 协议下，收入用于创建平台储备金，这些收入由社区管理。

在这种模式下，Aave 在过去 6 个月中赚取了将近 1100 万美元的费用，Compound 赚取了 4180 万美元的费用。这表明，尽管 Aave 的某些指标数据看起来不错，但 Compound 的活跃度更高，并从中产生了更多的收入。但是，COMP 代币持有者不一定能从中受益，而 Aave 持有者会通过销毁更多代币并由此对 Aave 价格产生通缩效应来间接受益。

三、Aave 项目和 Compound 项目用户

根据 Dune Analytics 的数据，就唯一的钱包地址数量而言，Compound 的用户仍然比 Aave 多。当然，这个度量标准也不是绝对的，因为理论上用户可以拥有多个钱包。因此，有可能人为地夸大了该度量标准，无法 1：1 转换为实际用户数。尽管如此，它仍然提供了有用的信息：Compound 已拥有超过 30 万个钱包地址。明显高于 Aave 的 4 万多个地址（注意：Dune Analytics 数据可能仅包括 V1 用户。如果包括 V2 用户，则这个数字可能会增加）。

尽管 Aave 面世的时间晚于 Compound，但两种协议在 2020 年都实现了用户的大幅度增长。Aave 用户数量增长趋势相对稳定；而 Compound 在 2020 年 1 月达到了约 2.2 万个地址后，从 10 月中旬到 12 月底，实现了从 5 万到近 30 万的大跃进。然而，自 2021 年初以来，Compound 的用户增长（约+5000）一直低于 Aave（约+6000）。因此，从这个角度看，Aave 逆转的趋势很明显。

四、信用额

在贷款量方面，Compound 也优于 Aave，市场份额接近 77%。Aave 的 23%份额分配在其 V1 和 V2。然而，Compound 在 2020 年保持约 80%至 90%的贷款份额，且在 2021 年的表现略有下降。因此，趋势可能再次发生变化。Compound 通过 COMP 奖励其贷方和借方，从而在贷款指标方面比 Aave 更具竞争优势。这导致了"COMP 挖矿"，其中一些 COMP 用户以较高的利率借贷，以最大化其 COMP 回报。

Aave 首席运营官 Jordan Lazaro Gustave 表示，Compound 的较高贷款额

和用户数量是其激励措施的直接结果。他认为，如果 Aave 协议为流动性提供者实施类似的治理奖励，那么他们的指标也会有类似的趋势。可以肯定地说，如果我们排除激励性措施，Aave 协议在所有方面都优于 Compound。

五、创新性

尽管两者在概念上都是非常相似的协议，但事实证明，Aave 在实施附加服务方面更快、更具有创新性。Aave 支持 20 多种不同的资产，而 Compound 仅支持 11 种。Aave 协议还提供稳定的利率，而 Compound 不提供。Aave 引领了 DeFi 的发展，包括闪电贷款和信贷委托保险库。2020 年 12 月，Compound 宣布计划推出 Compound 链，这是一个独立的区块链，可在多个区块链中提供货币市场功能。Aave 整合主管 Marc Zeller 对《比推》说："Aave 的主要特征和优势之一就是创新！创新！和创新！我们不会止步于此，我们要构建很多东西。截至今天，我们已经对 Aave 协议进行了一百五十多次整合。"Compound 的创始人 Robert Leshner 没有对具体数字发表评论，他说："Compound 和 Aave 都在发展。两种协议都将在 2021 年实现惊人的增长。"

第六节　去中心化借贷系统的技术原理

一、基于资金池智能合约的借贷模型

传统的中心化借贷系统是以点对点的方式进行撮合执行的，如资金富余的用户可以在一些中心化交易所的理财页面，将自己闲置的资金以自己想要的利率进行挂单，而资金短缺的用户则可以通过抵押自己其他代币资产并以指定的利率进行借单，像交易市场一样，借入挂单与借出挂单是1∶1完全对应的，中心化交易所在其中承担了撮合的角色。

去中心化的 DeFi 借贷系统则有所不同，目前主流项目均普遍采用了资金池模型来解决流动性的问题，实现借贷需求的快速撮合，如图7-2所示，作为存款人可以将自己的闲置资产存入资金池，并且在需要的时候随时取回，而借款人可以从资金池里面借出一笔资金，并在任意时候进行偿还。系统将根据资金池里面的资金进出情况，实时调整动态的存款利率与借款利率。

图7-2 去中心化的 DeFi 借贷系统模型

资料来源：链捕手（https://www.sohu.com/a/451381347_120873238）。

存借款利率主要依据两个因素来调整：第一是市场的供需，即当借款需求较为旺盛时，利率上升，而借款需求较为匮乏时，利率下降；第二是资金池里的资金使用率，即 U＝借款额/存款额×100%，存款人的收益（存款利息）来自于借款人所支付的借款利息。因此资金使用率上升时，借款利率下降，而资金使用率下降时，借款利率上升。

与中心化借贷系统的区别在于，DeFi 借贷系统的资金使用率 U 并非越高越好，当 U＝100%，即所有存入资金全部被借完的时候，若部分存款人从资金池中取回资金，这将发生资金池里面的存款额小于借款额这一极端情况，这使资金挤兑、资金池爆仓的风险大幅增加。因此 DeFi 借贷系统通常都会设计有最优使用率 Uoptimal，当资金使用率超过最优使用率时，借款利率会大幅上升，以抑制更多的借款需求，从而保障资金池的安全。

由于存款利率与借款利率的调整均是实时且动态的，对于用户来说，意味着收益与风险的不确定性（特别是对于借款人而言），因此一些类似Aave 这样的新型 DeFi 借贷系统还提供有稳定利率的选择。稳定利率是在用户一笔借款的周期内一般不会改变，为了便于用户估算自己的资金成本，因此提供用户进行浮动利率与稳定利率进行切换的选项。特别地，当市场资金供需行情出现极大波动之时，也会出现稳定利率再调整的情况。

由于加密资产的市场价格波动非常剧烈，当借款人的抵押物价值下降，或者借入资产价值上升，导致抵押率不足时，需要对借款人的借款执行清算，清算的本质是以低于市场价格的方式出售一部分抵押物，来支付借款人应向资金池归还的本金与利息，从而使资金池得以持续健康运转。

存入、取回、借出、偿还、利率调整、清算这是触发 DeFi 借贷系统最主要的六项事件。

由于 DeFi 借贷系统基于去中心化的智能合约来运行，没有一个中心化的数据库来记录用户存入、取回、借出、偿还的时间，因此通常使用以太坊网络区块高度作为时间标记来更新一个资金池的利率指数 Index，当六项事件中的任何一个事件触发时，该资金池的 Index 指数便会随之更新（$Index_n =Index_{n-1} \times r$），同时根据算法计算出系统动态的存款利率与借款利率，并更新相关的用户侧利息数据。

二、去中心化借贷系统的运作

1. 存入

存入加密资产是用户进入 DeFi 借贷系统的第一步，这一步骤将用户的加密资产从私人账户转移进入智能合约的资金池，同时系统根据实时的存款利率开始为用户计算存款利息。像用户在银行里面存款一样，用户在

DeFi 借贷系统中存入加密资产，将会获得一份存款凭证，DeFi 借贷系统依据存款凭证而非账户对用户的存款权益进行确权。这意味着，如果用户的存款凭证丢失或者转让，也将丧失其在 DeFi 借贷系统相应的存款权益。此外，存款凭证同时也是用户向 DeFi 系统借款时所需提供的抵押物。

存款凭证通常以同质化代币的方式向 DeFi 存款用户发放，这里又有两种不同的设计方案：一种是以 Compound 为代表的 DeFi 借贷系统发放与存款本息额等值的凭证代币 cToken，通过凭证代币与基础存款资产的汇率升值的方式来支付利息。另一种是以 Aave 为代表的 DeFi 借贷系统发放与存款本息额等量的凭证代币 aToken，通过增加凭证代币数量的方式来支付利息。

这两种技术方案各有优劣，采用存款本息额等值凭证代币 cToken 的方案，在出现资金池挤兑、爆仓的极限情况下，可以采用降低 cToken 汇率的方式将资金池的损失由全部存款人进行集体分摊，从而降低单个用户的损失金额。存款本金息等量凭证 aToken 的方案，更有利于构建一个在应用生态系统内价值相对稳定的支付代币，同时存款凭证的本金、利息部分可以进行更灵活的分拆发放，衍生出更多的金融应用场景。

2. 取回

取回的操作与用户存入的操作是反向的，即用户向合约系统归还存款凭证代币 cToken、aToken 或其他，并获得原始的存入资产。需要再次强调的是，DeFi 借贷系统以存款凭证代币为存款权益的确权，一旦丧失存款凭证代币，用户将无法取回资产，在过去的项目中，曾出现过 DeFi 借贷系统的新用户误将存款凭证当作一种系统的空投（AirDrop），以极低价格在市场出售，从而受到重大资金损失的情况。

3. 借出

用户通过抵押存款凭证代币，可以向 DeFi 借贷系统借出目前自己没有但是紧急需要使用的加密资产。并非所有的加密资产都可以用于抵押，通常在初期，DeFi 借贷系统的管理员配置主流、流动性较好的加密资产作为抵押物，而随着用户的日益增长，抵押率的类型会逐步交由社区通过投票治理的方式进行调整。与抵押物类型逐一对应的有最大抵押率与清算阈值两个参数的设置，最大抵押率表示该抵押物价值最大可借出加密资产的比率，而清算阈值表示抵押物面临被清算的门槛比率，通常清算阈值大于最大抵押率。

例如，使用户使用 1 万美元等值的 DAI 作为抵押，在最大抵押率 75% 的情况下，最多可以借出 7500 美元等值的 ETH，但若是 ETH 价格稍有上涨，从 7500 美元涨到 8000 美元，若已达到清算阈值参数 80%，用户的 1 万美元 DAI 将要面临清算。

我们观察到，主流 DeFi 借贷系统多数都没有将 USDT 这一交易量最大的稳定币纳入抵押品范围，可能是因为 USDT 本身过度中心化，以及其主体公司 Tether 曾接受监管部门调查的原因。

4. 偿还

偿还的过程与借出是反向的，用户向 DeFi 借贷系统归还本金与计息，同时减少自身在 DeFi 借贷系统中相应的债务。用户在 DeFi 借贷系统中的存入、借出目前都是活期的，因此偿还机制也是较为灵活的，用户可以根据自身的实际情况，选择全部偿还或者部分偿还。

5. 清算

清算过程涉及 DeFi 借贷系统中重要的概念，即账户的健康因子（又称健康指数），前面提到过存款权益的确权是基于凭证的，而健康因子则与账户的借款额、抵押物相关，具体用公式表述为：

健康因子 $= \sum$（抵押物 × 清算阈值）/（借款额 + 借款利息）

当健康因子小于 1 时，将触发 DeFi 借贷系统对该用户账户抵押物的清算，清算个别用户是为了避免系统性金融风险的发生，因此借款人将受到系统的惩罚，而清算人则会获得一定的奖励。

清算有两种常见的方式：一种是直接将借款人的部分抵押物以一定的折价通过合约挂单出售，允许任何用户代替借款人偿还债务后立即转售进行套利；另一种方式是从底价开始，以逐步加价的方式公开将抵押物进行拍卖。

借款人可能会对自己的抵押物受到清算而感到不满，而实际上，清算是对借款人资产的一种保护，当触发清算时，系统强制处置部分抵押物可以使得账户整体的健康指数回升到正常水平，从而避免抵押物被全部清算。

6. 稳定利率、再平衡与利率切换

如本章所述，当 DeFi 借贷资金池每一次发生存入、取出、借出、偿还、清算之时，其利率指数 Index 都会随之发生变化，这会影响到相应的动态利率，而出于满足部分用户愿意支付利息溢价以降低借款成本不确定性的需求。

类似 Aave 这样的新型 DeFi 借贷系统尝试了稳定利率的机制，稳定利率机制通过预言机去获得外部系统的借贷利率，结合资金池的动态利率综合计算得出当前的稳定借款利率，并对单个用户在其借款周期内保持相对稳定，不受动态利率变化的影响。

需要说明的是，目前的稳定利率并非绝对稳定，仍然有可能经历系统强制调整即称之为再平衡的过程，再平衡的原因一种是因为稳定利率已超过存款的收益，导致用户可以无限制地从系统中借款再存入进行套利，这需要进行稳定利率的向上再平衡；另一种是当稳定利率与动态利率的差值过大使用户需要支付的溢价超过一定数值的时候进行向下再平衡。

借款用户允许在动态利率与稳定利率之间进行切换，以获得最优的借款条件，同样这会触发资金池利率指数 Index 的更新。

第七节　去中心化借贷的应用拓展

以资金池为核心模型的 DeFi 借贷系统的蓬勃发展，确实满足了部分用户的资金借贷需求，然后，相比于传统金融行业，功能仍显不足，从金融应用发展的角度去思考，我们认为，DeFi 借贷系统未来将会有如下多个方向的扩展：

1. 固定周期的存借款

固定周期的存借款有利于用户更好地规划自身资金的使用周期，同时资金池也能够更好地预测资金的变动情况。然而，固定周期的存借款模型给现有的利率指数算法的改进带来的挑战是，既要能够让固定周期利率相比于活期利率更具吸引力，又要适应用户自身违约提前取款或者提前归还的现实场景。

2. 结构化的理财产品

由于 DeFi 借贷系统的存款利率本身也是浮动的，当市场需求旺盛时，存款利率会大幅上涨，因此可以基于存款利率做一些结构化理财产品的开发。类似传统的分级基金，将资金分为优先级、中间级、劣后级，基金管理人向不同风险偏好的用户募集资金并获得管理收益与业绩奖励。

3. 闪电贷

闪电贷是加密货币领域当中最令人兴奋的原生应用之一，这项技术可以让用户以无任何抵押且极低的交易成本（Aave 为 0.09%）使用资金池内无限制的资金量，只要用户在同一笔交易内偿还相应数量的资金即可。闪电贷的开发技术门槛初期比较高，后续随着类似 FuruCombo 这样的平台的出现与发展，闪电贷编程开发的门槛将不断降低，交易员只需要专注于策略本身的研究与实现，就可以获得在各个不同的 DeFi 协议之间套利赚钱的交易机会，闪电贷交易策略未来可能会成为加密经济里面最有价值的交易策略。

4. 机构专属的私有资金池

DeFi 借贷系统多数仅支持主流加密资产的相互借贷，然而对于一些小型的加密货币，虽然流动性要远远弱于主流加密资产，其机构成员、社区成员之间亦有相互短期拆借的应用需求。较好的做法是，由机构担保开发、运营私有借贷资金池，以供作小币种的借贷及抵押需求，这样即使出现因流动性不足而爆仓的问题，也不会影响到公用资金池的安全性。

5. 第三方用户担保借款

这是一个经常被标榜为无抵押借款的应用，实际上这个功能是由 DeFi 借贷系统的一个机构用户或大客户以其在资金池内的抵押物作为担保，向另一借款人提供借款的场景，机构客户通常与借款人有线下的信用担保或实物担保关系，使机构客户愿意以自己的抵押物为他人提供借款。

这里的主要问题是机构客户应有从中获利的可能，即当借款人按期还款时，其所支付的利息应高于系统利息，其中的差额可以作为对机构客户的奖励。

6. 第三方协议担保借款

这是由 DeFi 借贷向一些主流 DeFi 协议授信，以供他们的用户从借贷协议应用中进行杠杆借款，Cream 所开发的 Iran Bank 便是第三方协议担保借款的典型应用之一。最近，Iran Bank 因受到黑客攻击，资金池被借走约3750 万美元的加密资产，成为目前损失最大的一笔 DeFi 安全攻击。

7. 账户信用借款

真正的无抵押借款场景应该是指类似我们在借呗等 APP 中，通过账户地址历史积累的 DeFi 交易记录获得一定程度的授信，从而向 DeFi 协议进行短期借款。这里有一个值得讨论的问题是，区块链网络账户地址本身可以无限制地生成，且创建成本接近于零，频繁的 DeFi 交易记录是否具有特别的价值？

随着 DeFi 的进一步繁荣发展，这个答案应当是肯定的。频繁 DeFi 交易的账户地址，其拥有者的资金体量、DeFi 应用经验、抗风险能力要远远超过普通的用户，未来一些新型的 DeFi 协议在内测阶段将可能会筛选出优质的 DeFi 老用户进行体验并空投代币作为测试激励，减少项目方被机器人批量消耗的损失，若地址未按期归还借款，则该地址将被所有的 DeFi 协议列入黑名单，不再拥有相应的内测激励机会。

参考文献

［1］Bowen Liu. Compound、MakerDAO、AmpleForth 和 Synthetix 的预言机设计比较研究［EB/OL］.（2020-07-10）［2021-02-25］. https：//www. odaily. com/post/5160576.

［2］Henry He. Compound 治理代币将打开 DeFi 的潘朵拉魔盒［EB/OL］.（2020-06-08）［2021-02-26］. https：//blog. csdn. net/weixin_443838 80/article/details/106631823.

［3］Jake Chervisnky. Compound 总法律顾问：DeFi 利率协议 ≠ 借贷协议［EB/OL］.（2020-09-07）［2021-03-01］. https：//www. sohu. com/a/416925574_100189678.

［4］kyle. 了解 DeFi 借贷龙头 Compound，凭什么能够吸引 45 亿美元流动性［EB/OL］.（2021-02-10）［2021-02-25］. https：//www. odaily. com/post/5164058.

［5］LongHash 区块链资讯. 用 Python 进行 DeFi 应用的开发：不同的区

块链项目是如何解决安全问题的？［EB/OL］.（2020-10-13）［2021-03-01］. https：//www. odaily. com/user/2147490803.

［6］Martin Young. 基于 COMP 的 Compound 治理成功了没？［EB/OL］.（2020-07-18）［2021-03-04］. https：//www. odaily. com/post/5153334.

［7］NEST 爱好者. DeFi 行业本质研究之抵押算子［EB/OL］.（2021-01-15）［2021-02-28］. https：//www. jinse. com/news/blockchain/982807. html.

［8］Robert Leshner，Geoffrey Hayes. 一文了解货币市场协议 Compound［EB/OL］.（2020-12-01）［2021-02-28］. https：//www. qubi8. com/archives/693305. html/amp.

［9］Stani Kulechov. Aave V2 正式上线，九大更新具体都有哪些？［EB/OL］.（2020-10-09）［2021-02-26］. https：//www. odaily. com/post/5160027.

［10］巴比特资讯. 一文了解 DeFi 借贷协议 Aave 无抵押信贷［EB/OL］.（2020-07-08）［2021-02-27］. https：//www. lieyuncj. com/p/14786.

［11］巴比特资讯. 用 12 种指标全面评估不同的 DeFi 协议［EB/OL］.（2020-03-05）［2021-03-08］. https：//blog. csdn. net/weixin_44383880/article/details/114421187.

［12］比升资本. Compound Finance 投资分析报告［EB/OL］.（2020-12-18）［2021-03-04］. https：//www. odaily. com/post/5160880.

［13］蒋海波. 加密稳定币报告：USDC、DAI 流通量持续增加，举例分析 Compound 的借贷杠杆［EB/OL］.（2020-07-14）［2021-03-05］. https：//www. odaily. com/post/5153133.

［14］金色财经. AAVE 项目研究报告［EB/OL］.（2020-07-20）［2021-02-27］. https：//www. jinse. com/news/blockchain/936818. html.

［15］李雪婷. 一文看懂制约去中心化借贷发展的五大问题［EB/OL］.（2020-04-14）［2021-02-26］. https：//www. odaily. com/post/5138170.

［16］星球日报.Aave：数十亿之路［EB/OL］.（2020-06-22）［2021-02-26］.https：//www.odaily.com/post/5164020.

［17］星球日报.Compound Finance 创始人：CeFi 必将拥抱 DeFi［EB/OL］.（2020-12-16）［2021-02-26］.https：//www.odaily.com/post/5160 737.

［18］星球日报.DeFi 的另一种进化：去中心化借贷利率的自由市场定价［EB/OL］.（2020-09-29）［2021-02-26］.https：//www.odaily.com/post/5156816.

［19］星球日报.DeFi 再火，Compound 能否坐稳头把交椅？［EB/OL］.（2020-06-29）［2021-03-05］.https：//www.odaily.com/post/5152339.

［20］星球日报.MakerDAO 新增 Aave 和 Uniswap DAI-ETH LP Token 作为 Dai 抵押品［EB/OL］.（2020-12-22）［2021-02-26］.https：//www.odaily.com/post/5161014.

［21］星球日报.从 EOS 用户视角看以太坊 DeFi 之 Compound［EB/OL］.（2020-06-20）［2021-02-28］.https：//www.odaily.com/post/5151 985.

［22］星球日报.从 EOS 用户视角看以太坊 DeFi 之 MakerDAO［EB/OL］.（2020-05-22）［2021-02-26］.https：//www.odaily.com/post/5150 535.

［23］Conflux 中文社区.去中心化借贷的逻辑和商业基础［EB/OL］.（2020-08-19）［2021-02-26］.https：//blog.csdn.net/weixin_44282220/article/details/108114163.

［24］星球日报.如何理解"DeFi 银行"Compound［EB/OL］.（2019-12-12）［2021-03-02］.https：//www.odaily.com/post/5143808.

［25］星球日报.三分钟简述 DeFi 热门项目 Aave 新代币经济模型［EB/OL］.（2020-11-20）［2021-02-27］.https：//www.odaily.com/post/5153913.

［26］星球日报.三分钟了解 DeFi 借贷协议 Aave［EB/OL］.（2020-05-27）［2021-02-26］.https：//www.odaily.com/post/5150728.

［27］星球日报. 为什么我们说去中心化借贷是 DeFi 最具想象力的部分［EB/OL］.（2019-06-03）［2021-02-26］. https：//www. odaily. com/post/5138241.

［28］星球日报. 详解借贷平台清算机制：如何规避风险提高资金效率? ［EB/OL］.（2021-02-23）［2021-03-01］. https：//www. odaily. com/post/5164423.

［29］许超逸. 详解 DeFi 借贷系统的技术原理与应用扩展［EB/OL］.（2021-02-19）［2021-03-01］. https：//mp. weixin. qq. com/s/3CGig_skKr7jYv85iqWWwg.

第八章
去中心化资产交易

第一节　去中心化资产交易概述

一、去中心化交易所的出现背景

去中心化资产发行和交易是去中心化金融（DeFi）的重要组成部分，去中心化交易平台（DEX）相比传统中心化交易平台（CEX），虽然使用门槛更高，但道德风险、技术风险和监管风险相对较小。

去中心化交易所的出现是随着计算机技术和去中心化金融的发展，中心化交易所已无法满足市场的需要。一方面，由于用户在中心化交易所中并不拥有其资产的所有权，因此中心化交易所存在很大的被攻击风险。2019年，超过2.9亿美元的加密货币被盗，同时超过50万条登录信息从交易所泄露出去。另一方面，虽然中心化交易所允许用户在流动性充裕的情况下进行大宗交易，但是已无法满足日益增长和多样化的市场交易需求。

因此，越来越多的人开始意识到中心化交易所存在的风险，并转向去中心化交易所。后者通过使用智能合约和链上交易来减少或消灭交易中对中介的需要。用户、交易量排名靠前的综合性去中心化交易所包括Uniswap、Balancer、Curve 和 dYdX 等平台。经过三年左右的发展，去中心化交易所已经开始展现出了迅猛发展的态势，特别是自动做市商制度的推出，更是将去中心化交易所的交易金额由之前的百万美元级别增长到现在的十亿美元级别。根据网站 Dune Analytics 公布的统计数据，现在去中心化交易所每天的交易额已经达到 3 亿美元，每月的交易额也将近 45 亿美元。

去中心化交易所是一个基于区块链的交易所，它不同于中心化交易所将用户资金和个人数据存储在中心化服务器上，由机构托管交易，而是通过智能合约匹配数字资产的买家和卖家，进行点对点交易。由此可见，两种类型的交易所之间的主要区别在于：对于中心化交易所，交易资产需要保管在交易所钱包上；而对于去中心化交易所，交易资产则可以保管在用户自己的钱包里。

二、去中心化交易所分类

去中心化交易所主要分为两种类型，即基于订单簿的去中心化交易所和基于流动性池的去中心化交易所。基于订单簿的去中心化交易所包括 0x、dYdX 和 dex. blue 等，其运作方式与中心化交易所类似，用户可以按限价或市价提交买卖订单。但是，基于订单簿的去中心化交易所面临的最大问题是流动性，用户在订单簿中的订单可能需要等待很长时间才能成交。为了解决这个问题，出现了基于流动性池的去中心化交易所，包括 Kyber Network、Bancor 和 Uniswap 等平台。流动性池本质上是智能合约中的代币准备金，用户发布订单后可以立即买卖流动性池中的可用代币，代币的价格则是通过算法确定的，会受大额交易影响而发生波动。同时，去中心化交易所流动性池可以跨多个平台共享，推高了任何单个平台的可用流动性。

而保证金交易功能作为中心化交易所的特性之一，允许交易所用户进行杠杆交易，提高用户的购买能力以获得潜在的更高回报。由此，在去中心化交易所中也出现了引入保证金交易的创新，提供去中心化保证金交易的去中心化交易所包括 dYdX、NUO Network 和 DDEX 等平台。

三、去中心化代币发行（IDO）

在去中心化交易所中，去中心化代币发行（IDO）也处于市场热潮当中，进行代币发行的相关平台的代币价格也在水涨船高。可以说，代币发行已经成为许多区块链项目热衷的首次公开募资方式，而外界对 IDO 的定义有所不同。例如，有人将它解释为首次去中心化发行，也有人将它解释为首次在去中心化交易所发行。考虑到目前许多项目代币发行的平台不仅仅在去中心化交易所的范畴，本章将采取首次去中心化发行的定义进行阐述。

在过去几年，区块链项目代币首次发行的方式经历过多个不同阶段发展，从早期基于智能合约转账的中心化发行（ICO），到后面的首次中心化交易所（IEO）发行、在 Coinlist 等合规平台发行，代币发行的门槛与成本呈现越来越高的趋势，以至于许多区块链项目都没有公开代币发行的步骤。

随着去中心化交易所的诞生与流行，不少区块链项目方开始尝试在去中心化交易所中进行首次代币公开发行。例如，币安在 2019 年 6 月就宣布 Raven Protocol 在其去中心化交易平台进行代币发行，但由于当时去中心化交易所的技术性能问题以及市场整体观念问题，去中心化代币发行并没有流行起来。尽管如此，由于去中心化代币发行机制，区块链项目方直接面向社区群体融资，使项目的早期支持者获得更多财务回报，同时作为营销手段也能获得更多市场关注，去中心化代币发行仍然被许多项目方注意。

2020 年 6 月、7 月作为去中心化代币发行的转折点，得益于去中心化金融基础设施的优化，以及去中心化金融用户大规模增加，大量去中心化金融项目选择在 Uniswap 上进行首次代币公开发行。例如，UMA、bZx 等知名项目和许多投机性新项目。

具体而言，Uniswap 和 Balancer 上的代币发行模式也就是自动做市商机制（AMM 机制），项目方需要预先创建基于智能合约的资金池并按照 1：1 的比例充值代币以及 ETH 或者 DAI 等储备金，此后交易所用户在该资金池购买代币，随着买盘资金大量进场，代币价格根据曲线模型也会随之推高。LBP 就是 Balancer 上的流动性引导池（Liquidity Bootsrapping Pool），项目方一开始会设置一个初始价格和拍卖时限，LBP 的机制会让代币价格随着需求而调整，如果拍的人多，价格会提高，如果没有人拍，价格会拉低。但是，AMM 机制也衍生出"科学家抢跑"的问题，即由于付出更高 Gas 费的用户往往能更早完成交易并获得更优惠的价格，因此许多"科学家"就会利用机器算法以及高 Gas 的方式抢先交易，市场狂热情绪下很容易造成价格大幅上涨，同时对普通参与用户不太公平。

因此，围绕着定价机制、准入门槛等特性，此后去中心化金融市场陆续衍生出大量针对去中心化代币发行的解决方案与平台，包括 Bounce、Polkastarter、Mesa 以及 Sushiswap 推出的 MISO 平台等。

目前可进行去中心化代币发行的平台可大致分为两类：一是综合性去中心化交易所，典型代表为 Uniswap、Balancer 等平台；二是专门服务于去中心化代币发行的拍卖型平台，可以为区块链项目方提供从代币发行到建立流动性等一系列功能，代表则是 Mesa、Bounce、Polkastarter 等平台，这些平台能够专门为项目方提供丰富多样的代币发行与拍卖策略，缺点是无法直接为代币创造流动性资金池。这些平台在定价机制、白名单机制、准入门槛等方面大多都有各自的特点，基本满足大量项目方首次公开代币发行的多元需求。

在本章中，我们将介绍排名靠前的基于流动性池的去中心化交易所包括 Uniswap、Balancer 和 Curve 平台，它们结合了去中心化借贷市场和在其交易所上的保证金交易的 dYdX 平台，以及具有代表性的专门服务于代币发行的拍卖型去中心化交易平台 Mesa、Bounce 和 Polkastarter。

第二节　Uniswap 项目

一、项目基本介绍

Uniswap 交易所是一个建立在以太坊网络上的去中心化代币交易所，允许用户直接使用其协议交换代币而无须使用中心化交易所，Uniswap 是目前交易额最大的去中心化交易所。

当使用中心化交易所时，进行交易需要完成三步：首先需要将代币存入交易所，其次在交易所订单簿上提交订单，最后才能提取想要换取的代币。在 Uniswap 这类去中心化交易平台上，则无须执行上述三个步骤，而是可以直接从用户自己的钱包交换想要换取的代币。用户只需要将代币从自己的钱包发送到 Uniswap 的智能合约地址，此时交易就将完成，用户会直接在自己的钱包中收到想要的代币作为交换。Uniswap 平台上没有订单簿，而且代币的汇率价格由算法决定，所有的用户交易都是通过流动性池和自动做市商机制实现的。

与火币、OKEx 等中心化交易所不同，Uniswap 将做市商自动化，用既定算法替代人工报价，不仅省去了中心化的撮合和清算环节，还去除了交易中的做市商。做市商不同于普通的交易人员，他们在交易中是风险中性的，一手持有代币，另一手持有现金。在订单簿模式下，做市商会同时发布买单和卖单，两者的价格差异为差价即做市商的收益来源。做市商是交易所流动性的来源，高流动性市场需要做市商，反过来高流动性市场也会吸引规模化的做市商参与。

在 Uniswap 平台上，每个人都可以加入流动性池子，只需要将指定的两种资产存入即可，系统通过"恒定乘积"的模型得出资产价格，使用了恒定乘积做市商模型（Constant Product Market Maker Model）也是 Uniswap 最大的特色。该模型算法最早来自 ETH 创始人 Vitalik 的论文：*Improving front running resistance of x×y＝k market makers*。恒定乘积做市商模型公式非常的简单，如以下公式所示：

$$x×y＝k$$

$$y/x＝P$$

令交易的两虚拟货币为 X 和 Y，其中 x 为代币 X 数量，y 为代币 Y 数量，k 为恒定值，P 为场外价格。两货币数量 x 和 y 的乘积恒等于 k，k 值则是由第一笔注入的流动性所决定。因此，用 Δx 数量的 X 币来购买 Y 币所能得到的数量 Δy、或是为了购买 Δy 需要付出的 Δx 数量，可以依照公式 $(x+\Delta x)(y-\Delta y)＝k$ 进行计算，而交易的价格就是两币量 Δx 和 Δy 的比。

二、项目交易机制特点

1. 流动性池

流动性池是位于 Uniswap 智能合约上的代币准备金，可供用户与之交换代币。例如，Uniswap 智能合约上存在一个包含了 100 单位 ETH 和 20000 单位 DAI 的 ETH-DAI 交易对流动性池，若此时 DAI 对 ETH 的汇率为 202.02，则通过该流动性池，想要购买 ETH 的用户可以往该 Uniswap 智能合约中发送 202.02 单位 DAI 来交换 1 单位 ETH。一旦交换完成，该流

动性池子就将剩下 99 单位 ETH 和 20202.02 单位 DAI。同时，在 Uniswap
上进行的每次代币兑换都会收取相应交易费用。

流动性池的准备金是由流动性提供者提供的，流动性提供者可以收到
Uniswap 相应比例的交易费中作为激励回报。Uniswap 对流动性提供者的资
格没有限制，任何人都可以成为流动性提供者，唯一的要求是流动性提供
者必须按照当前 Uniswap 的兑换率提供 ETH 和与之进行兑换的另一种交易
代币。截至 2020 年 2 月，已有 125000 多个 ETH 被锁定在 Uniswap 中。流
动性池中持有的准备金数量在决定自动做市商机制如何设定价格方面起着
巨大的作用。

2. 自动做市商机制（AMM）

流动性池中资产的价格是通过自动做市商机制（Automated Market
Maker）以算法的方式确定的。自动做市商的工作原理是使资金池两侧的
流动性保持一个恒定乘积。继续以 ETH－DAI 流动性池为例，其中有 100
单位 ETH 和 20000 单位 DAI。为了计算恒定乘积，Uniswap 会将以下两个
量相乘：

ETH 流动性（x）×DAI 流动性（y）= 恒定乘积（k）

100×20000 = 2000000

使用自动做市商，在任何给定时间，恒定乘积（k）必须始终维持在
2000000。如果有用户想用 DAI 购买 ETH，ETH 将会从流动性池子中移除，
而 DAI 将会添加到流动性池子中。

ETH 的交易价格会被渐进确定，订单额越大，溢价越高。溢价是指与
原始价格相比，购买 1 个 ETH 时额外所需的 DAI 数量。用户想要购买的
ETH 量越大，溢价就会越高，以确保流动性池子永远不会失去流动性。

三、项目优势和风险

Uniswap 作为去中心化交易所赛道中最大的交易平台，占据了 46.08%

的市场份额，是该赛道的绝对领先者，有望享受强者恒强的网络效应，继续领跑该赛道。Uniswap 采用的恒定乘积模型，使用户可以直接在流动性池进行代币兑换，不仅改变了以往的订单簿交易模式，而且降低了做市的门槛，让每一个用户都可以成为某一个交易对的做市商，并分享手续费收益。该机制是去中心化金融领域的巨大创新，有望进一步抢占传统中心化交易所的用户和流量。自 2018 年 10 月上线以来，Uniswap 的用户数量呈现指数级增长，截止到目前合计约 14 万用户，每月用户数量的复合增长率约为 34%。

同时，不可避免的是，Uniswap 平台也存在着一些风险。首先，Uniswap 上的交易量严重依赖少数头部项目。当前 Uniswap 的流动性池总金额为 227049095 美元，其中前五大交易对占整体金额的 40.39%。金额最大的交易对为 ETH-AMPL，仅此一个项目就占整体交易金额的 14.69%。如果头部项目的交易额以及流动性做市出现下跌，会对整个平台的交易金额产生极大的负面影响。其次，不同于中心化交易所，Uniswap 作为去中心化交易所并没有团队或审核人来评估和决定上架哪些代币。相反，任何ERC20代币可由任何人上架 Uniswap，而且只要给定的交易对存在流动性就可以进行交易。用户若想创建新代币的交易市场，只需要与平台交互以注册新代币。当前 Uniswap 并不需要对平台上的用户进行 KYC/AML 审核，也没有建立起对平台上交易的项目代币的审核机制，所以平台上出现了大量诈骗项目，让用户产生了巨大损失。大量诈骗项目的发生，会使 Uniswap 团队承受较大的潜在法律风险。最后，由于 Uniswap 采用 AMM 机制，不可避免地会存在无常损失。无常损失就是当场外（AMM 资金池外的主流交易市场）代币 A 相对于代币 B 的汇率上涨时，套利交易者会从场外筹集代币 B，并转移到 AMM 资金池，以相对于场外更优惠的汇率换得更多的代币 A，从而实现无风险套利。这部分利润也是资金池（LP）的损失，可以称之为无常损失（临时损失），因为一旦汇率又重新回到原始位置，将再次创造对称的反向套利空间，整体池子的资产数量将回归到原始状态，LP 最终无损失，但由于行情的两次变化，也产生了两次套利者利润，这个利润空间不再来自于 LP 的财富，而是市场机会，是只有精明的套利者不断盯市场才能赢得的机会。从这个角度看，无常损失是精明的套利者和怀揣大局意识的 LP 之间博弈均衡的结果，而套利者也极大地活跃了 AMM 交易市场。

四、交易指导

1. 兑换代币

第一步，前往 Uniswap 官网 https：//uniswap. io/，点击兑换代币。在开始使用 Uniswap 前，先需要连接钱包。Uniswap 支持连接 Metamask 钱包，并且连接钱包是不需要付费的，只需要签署一笔交易即可。

第二步，连接钱包后，便可选择想要交易的代币，如果是第一次交易该代币，用户还需要通过支付小额费用来解锁它。解锁成功后，系统会提示进行另一笔交易，一旦交易被确认，用户钱包内就会收到想要换取的代币。

2. 提供流动性

用户可以前往流动性池并填写想要提供的流动性数额。需要注意的是，用户必须拥有等额的 ETH 来为该代币提供流动性，点击"增加流动性"后，系统会提示签署另一笔交易。一旦交易完成，用户就会被确认为一个流动性提供者，并通过该流动性池赚取一定比例的交易费。

3. 停止提供流动性

如果用户不再想提供流动性，可以返回该流动性池并选择移除流动性。同时需要注意，此时相应代币的汇率已经发生了变化，这时流动性池会给出一个警告，如果用户随后移除流动性，可能会有一个和提供流动性时十分不同的代币汇率。另一件需要注意的是，当移除流动性时，用户实际上是在交易流动性池代币（Pool Token）。可以把流动性池代币看作是流动性提供者在该流动性池子中所占份额的证明，当用户移除流动性时，将销毁流动性池代币，以取回先前为交易对流动性池提供的两类代币。

第三节　Curve 项目

一、项目基本介绍

Curve 是一个去中心化交易所，是基于以太坊网络开发的兑换池协议，提供滑点低（深度好）的稳定币交易。Curve 算法是专门为稳定币兑换设计的，可以做到低滑点和低手续费（0.04%），因此在稳定币兑换方面具有很大优势，且即将发行治理代币 CRV。根据 qkl123.com 提供的数据显示，截止到 2020 年 6 月 Curve 平台的交易量已经达到 3.51 亿美元，稳居去中心化交易所榜单的第二位。

Curve 采用自动化做市商机制，旨在促进具有相似价格的代币之间实现低滑点兑换。滑点可简单理解为价差，即实际成交价格与当前价格的差别。例如，像 DAI、USDT 和 USDC 等这些与美元挂钩的稳定币，或者像 sBTC、RenBTC 和 WBTC 等与 BTC 挂钩的代币，Curve 的宗旨是让它们可以以最合适的价格实现兑换。在现有的许多去中心化金融协议中，Curve 满足了市场参与者需要的特定目的，并成为真正实现产品与市场相契合的少数几个协议之一。

Curve 背后的数学很复杂，但是概念很简单。简单来说，Curve 就是稳定币版的 Uniswap，算法并未针对此类交易进行优化。Curve 的推出为稳定币创造了更深的流动性和更具有竞争力的价格。因此，随着货币市场利率的变化，借助 Curve 去中心化金融，借贷双方可以迅速有效地在稳定币之间进行转换。自 2020 年 6 月以来，任何从事 Yield Farming 的人都知道 Curve。Compound 的 Yield Farmer 需要使用 DAI 或 USDC 等稳定币，随着收益的变化，他们可以利用 Curve 迅速将一种稳定币换成另一种稳定币。

当 yEarn Finance 宣布进行流动性开采时，Curve 变得更加火爆。因为 yEarn 用户必须使用 yCRV 代币来进行流动性挖矿。yCRV 是 yEarn 上 Curve 市场的资金池代币，由 yEarn 封装 DAI、USDC、TUSD 和 USDT 代币组成。因此，尽管 Curve 之前没有发行自己的代币，但在高峰期，得益于流动性挖掘的爆发，Curve 交易量超过了 Uniswap，其交易主要来自 DAI 和 USDC。

Curve 的使用非常简单。像大多数去中心化交易所前端一样，主页即是资产交换界面，用户可以选择七个与美元挂钩的稳定币以及三个与 BTC 挂钩的代币中的任何两个进行交换。与大多数去中心化交易所一样，用户必须先通过浏览器钱包批准合约，然后才能交换代币。

像 Uniswap 和 Balancer 一样，任何人都可以将代币存储在 Curve 中并成为流动性提供者。成为流动性提供者的用户将获得代币交换产生的一定比例的交易费用作为激励。Curve 流动性提供者在提供流动性的同时，不仅可以获得交易手续费，还可以获得其他去中心化金融协议的额外收益，比如 Compound、Yearn、Synthetix、RenBTC 等。

与去中心化金融领域的许多项目一样，Curve 团队是由一小群开发人员、社区经理和区块链工程师组成。一些人在去中心化金融趋势出现之前就已经在加密领域进行工作。2015 年，Curve 创始人 Michael Egorov 帮助创立了一家名为 NuCypher 的公司。当时，NuCypher 致力于更广泛的加密行业，帮助保护医疗保健机构和金融机构的敏感数据的安全。该项目取得了成功，多家银行使用其加密软件，并在 2016 年从 Y Combinator 获得了 75 万美元的投资。

创始人 Egorov 和 NuCypher 团队随后将注意力转移到区块链领域的数

据安全上。因此对 NuCypher 基础架构进行了去中心化重新设计，并推出了原生代币 NU。2017 年，该项目通过中心化代币发行筹集了 440 万美元，建立了两个测试网，2019 年又筹集了 1070 万美元。

2020 年 Egorov 启动了 Curve Finance。尽管尚未透露团队的规模，但 Egorov 在与 Crypto Briefing 的 Telegraph 对话中确认，另有五名成员也加入了他们团队。其中包括两名开发人员 Angel Angelov 和 Ben Hauser，以及三名社区经理 Charlie、Kendrick Lama 和 Chris。

二、项目交易机制原理

Curve 采用与 Uniswap 一样的自动化做市商机制，使用算法模仿传统做市商的交易行为，智能合约充当交易对手方。但 Uniswap 采用恒定乘积做市商模式并不适合所有类型的资产，使用 Uniswap 进行稳定币交易会造成很多损失。主流稳定币都是锚定 1 美元，虽然存在波动，但长远来看稳定币兑换应该是无损的。基于此假设，Curve 在 Uniswap 的基础上发明了专门为稳定币交易设计的 StableSwap 做市商算法，比 Uniswap 的曲线更平滑，可以做到有效降低稳定币交易滑点。

只要有人在 Curve 上进行交易，流动性提供者都会获得平台按一定比例分配的交易手续费收益，随着 Curve 交易量上升，年化收益也会提高。但相对来说，更多的收益来自于流动性资金存入 Compound 之类的借贷协议，因此平台流动性提供者除了 Curve 交易手续费之外还能获得额外的利息。除此之外，Curve 还将发行 CRV 治理代币，以奖励流动性提供者。凭借以上各方面的收入，Curve 的用户可以实现较高的年化收益。

Curve 同样没有对流动性提供者做任何限制，任何人都可以成为 Curve 的流动性提供者。Curve 上存在六个资金池、四个稳定资金池、两个挂钩 BTC 的代币资金池。得益于这些挂钩代币，Curve 资金池中资金永久丢失的风险可以忽略不计。因此，流动性提供者不用担心进出问题，如果流动性提供者将其稳定币无限期地保留在 Curve 资金池中，也不会产生经济问题。

每个资金池的收益与每个池的资产交易量直接相关。这是因为流动资金提供者的收入部分来自每次交易所收取的费用，所以更大的交易量等同于更多的利润。但是，随着资金池规模的扩大，资金池就需要更大的交易量来维持对流动性提供者的回报。

在 yEarn 推出时，便出现了用 yCRV 代币获取 YFI 代币的热潮。在向资金池提供流动性后，流动性提供者收到 yCRV 代币。这些代币充当流动性提供者存款的收据。然后，这些流动性提供者可以拿自己的 yCRV 代币放入 yEarn 协议中获得 YFI。当 yield 策略发布后，yPool 的年化收益一度达到 1000% 以上。尽管预测收益趋势很困难，但是尽早进入预期回报率较高的池子可以帮助流动性提供者获得巨大利润。自从 YFI 代币分发完毕，yPool 的收益已显著下降，但是未来项目方若决定发行更多的 YFI 代币，yPool 的收益可以再次恢复。

此外，某些资金池在 Curve 之外也具有激励机制。例如，sUSD 池和 sBTC 池具有 Synthetix 和 Ren 协议提供的外部激励机制。sUSD 池中的流动性提供者可以通过 Curve 从交易费中收取费用，但通过在 Synthetix 上使用其 LP 代币，这些流动性提供者有权每周获得 32000 个 SNX。sBTC 池包括 sBTC、RenBTC 和 WBTC 三项资产，向持有 LP 代币的人每周奖励 10000 枚 SNX 和 25000 枚 REN。

三、项目代币 CRV

Curve 代币 CRV 于 2020 年 8 月 14 日开始正式发行，总发行量 30.3 亿枚（61% 分配给流动性提供者，31% 分配给股东，3% 分配给员工），初始发行 13 亿枚，每天发行 200 万枚代币。Curve 将代币分发给平台过去和当前的流动性提供者、投资者、员工和 Curve DAO 储备金库。区块链社区高度期待 Curve 治理代币的发行，发行时的初始估值很高，因为大多数人认为它将是去中心化金融领域最有价值的代币。

初始 Curve 流动性挖矿已于区块高度 10627591（北京时间：2020.08.10 03：24：29AM）结束。此时间前在 Curve 中提供流动性支持的用户可以在地址 https：//www.curve.fi/earlyCRV 检查自己的初始 CRV 数量，这些 CRV 将在 1 年内线性解锁。在上线初期，CRV 流通量为 0，初始释放速率约为每天 200 万 CRV。这 200 万 CRV 主要由以下组成：初始发行中流动性提供者、团队成员所持有的 CRV 逐步释放，以及后续流动性提供者获得的 CRV 奖励。

四、项目市场竞争分析

在创建初期，Curve 的竞争者主要是其他去中心化交易所，如 Uniswap、Kyber、1inch. exchange 和其他类似的平台。但在 2020 年 5 月底，Curve 出现了第一个真正的竞争对手 mStable。此外，Shell 协议是 Curve 和 mStable 的相似协议和竞争者，但是 Shell 还没有主网上线，因此尚无法评估使用它的好处。

mStable 是一种挂钩资产交换协议，与 Curve 有很多相似之处。mStable 挂钩一篮子资产（美元、BTC 等），并且代币与在篮子内的资产挂钩。mStable 和 Curve 的设计宗旨都是为市场稳定代币之间提供迅速有效的交换。mStable 声称能够提供"零滑点交换"，因为该协议的模型对一篮子中的每个资产都进行了一对一的定价。

mStable 通过 Blackholeswap 将一篮子中的每个资产与市场价格无关地相互挂钩，即 mStable 的价格独立于市场。但是在实际市场中，这种定价会带来大量独特的套利机会，因为这意味着即使在公开市场上 DAI 的价格为 1.02 单位 USDT，也可以在 mStable 上将 1 单位 USDT 兑换为 1 单位

DAI。Curve 的流动性模型则类似于 Uniswap 的流动性模型，即 Curve 为每种资产引入了变化的市场价格。

我们可以通过模拟不同资产量的交换情况，确定哪种协议更好。2020 年 8 月 14 日，在 Uniswap 上，500 单位 USDT 仅能兑到 498.133 单位 USDC，因为当时 USDC 的价格略高于 USDT。同一时间在 mStable 上，相同的交易会兑到 499.5 单位 USDC，这意味着在 mStable 上执行此交易比 Uniswap 收益高。同时在 Curve 上，500 单位 USDT 可兑换 500.16 单位 USDC，在三个平台中收益最高。在三次查询中，所有三个兑换价格都是在 30 秒内确定的，在此期间市场价格并没有明显波动。

但当交易规模增大，从 500 美元增加到 10000 美元时，若想进行将 10000 单位 DAI 换成 USDT 的交易，尽管 DAI 当时的价格为 1.01 美元，USDT 的价格为 0.999 美元，但在 Uniswap 上没有获得收益。这凸显了市场投资者对在价格相似资产之间实现低滑动交换的去中心化交易所的需求。mStable 上每个 DAI 可兑换的 USDT 甚至比 Uniswap 还少，但与 Uniswap 不同，可兑换的代币数量扣除了交易费用。目前，mStable 的交易费用固定为 0.1%，因此完成这笔交易平台将收取不到 10 美元的 USDT。在规模较大的交易中，Curve 再次提供了最佳汇率，因为它包含了市场价格，而不是一对一的挂钩价。如果将资产从 USDT 转移到 DAI，Curve 将 10000 单位 USDT 兑换为大约 9991 单位 DAI，而 mStable 将 10000 单位 USDT 兑换为 9990 单位 DAI。

值得注意的是，这两个兑换结果都扣除了交易手续费，但不包括 Gas 费。将 DAI 转换为 USDT 时，Curve 的汇率远好于 mStable 的汇率，Gas 费不是问题。但是，从 USDT 到 DAI，Gas 费是胜败的关键。在查看各平台汇率时，每单位 Gas 的成本为 72 gwei。使用快速确认选项时，每单位 Gas 成本为 76 gwei，即 Uniswap 的 Gas 交易成本仅为 4.24 美元。相同交易 Curve 上的 Gas 费为 8.86 美元。但是，当用户切换到 mStable 时，成本跃升至 33.7 美元。由此可见，各平台 Gas 费差异巨大，mStable 费用比 Uniswap 高

8 倍，比 Curve 高 4 倍。由于 Gas 费的差异，较小的交易在 Uniswap 上可能更好，而较大交易则在 Curve 上更好，仅在 Curve 和 mStable 的价差够大足以覆盖额外的 gas 费时，mStable 才比 Curve 占优势。此案例中各平台汇率、矿工费数据和相应分析结果仅在该时点有效，投资者在要进行代币兑换时，具体交易平台还应结合交易当下市场环境进行选择。

五、项目优势与风险

Curve 作为去中心化交易所中交易额第二大的交易平台，其在 Uniswap 基础上发明的专门为稳定币交易设计的 StableSwap 做市商算法，可以做到有效降低稳定币交易滑点，在满足市场稳定币交易需求方面起着不可替代的作用，有望享受强者恒强的网络效应，继续领跑该赛道。同时根据本书案例分析可得，Curve 在一众竞争对手中可以提供更优的稳定币交易汇率，能为用户提供更高的交易收益。

由于 Curve 资金池由与同一个价格挂钩的代币组成，因此该协议存在自己独特的风险。例如，如果 Curve 资金池中的一个代币无法再挂钩并永久保持在 1 美元以下，会造成所有流动性提供者将其存款保存在这个代币中的结果。但是，只有发生系统性故障，才会使稳定币发生永久性的脱钩。例如，美国证券交易委员会（SEC）对赎回 USDC 施加限制，或者黑客对 Maker 协议的攻击破坏了对 DAI 的信心。尽管这两个例子可能性很小，但并非不可能。像加密货币中的所有投资一样，用户在投资这些新兴协议时应谨慎行事。

六、交易指导

1. 币币兑换

首先前往 imToken 应用和 Curve 官网 https：//www.curve.fi/，点击

Curve 网页上的"Connect Wallet"，在弹出的窗口中点击"Show More"，再点击"Wallet Connect"图标。点击 imToken 软件右上角的二维码图标，对准网页端的二维码扫一扫，并在手机端进行 DAPP 连接授权。连接成功后，在"From"和"To"栏内选择需要兑换的代币和数量，点击"Sell"即可进行币币兑换，同时在页面下方可以查看预估手续费。

点击 Advanced options 高级选项，可以选择流动性池并自定义可接受的最大滑点和矿工费。在 imToken 上点击"下一步"进行交易的授权，在进行授权后选择"继续发送"，点击"下一步"。在授权交易和币币兑换交易成功以后，就可以在资产界面看到交易已经完成，代币已经成功进行兑换。

2. 成为流动性提供者获得 CRV

成为 Curve 流动性提供者的方式有很多，这里介绍其中操作较为简单的一种，以加入 Compound 池为例。首先，同进行币币兑换的前三个步骤一样，在 imToken 通过 Wallet Connect 扫描授权 Curve 网页连接。连接成功后，在 Curve Pools 里选择一个流动性池，这里以 Compound 为例，则点击 Compound。实际操作中，如果要参与资金池成为流动性提供者，建议选择资金量更大、收益率更高的流动性池。进入 Compound 池以后，点击页面上方菜单栏中的"Deposit"。

Compound 池支持稳定币 DAI 和 USDC 的存入，并默认存入钱包中所有的 DAI 和 USDC。如果你想要自定义存入流动池的稳定币数量，可以点击"Use maximum amount of coins available"，使该选项方框内的 X 消失，进入自定义模式。方框内的 X 消失后，进入自定义模式，DAI 和 USDC 两个输入框会从原来的深灰色变成深蓝色，此时便可以手动设置存入流动池的稳定币数量。

点击"Deposit"存入，并在 imToken 上点击"确认"进行交易的授权。在 Curve 的网页端可以查看到稳定币存入流动性池后得到的 LP token（即流动性池代币，可理解为存款凭证）数量和单价，以及预计的矿工费。

由于最近矿工费一路猛涨，朝流动池存入稳定币需要支付一笔 300～400 元的矿工费，如果存入的稳定币数额太小，可能会出现最终收益无法覆盖矿工费的问题，导致亏损。因此在成为流动性提供者之前，请先计算好交易的最终收益能否覆盖支付的矿工费。

在进行授权后选择"继续发送"，点击"下一步"，交易发出后可以在 ETH 的历史交易界面看到两笔等待打包的交易，分别是授权交易和稳定币兑换为 LP Token 的交易。两笔交易成功后，即可在资产界面查看收到的 LP Token，从 Compound 池中获得的 LP Token 对应的代币名就是"cDAI+cUSDC"。以上仅以 Curve 流动性池中的 Compound 池为例，不同池子的操作方式略有不同。在操作前，需做好调研，避免操作失误。

如果用户对流动性挖矿比较熟悉，且希望将收益最大化，还可以将加入 Curve 资金池后获得的 LP token 存入 Balancer 等其他支持流动性挖矿的协议，获取更大收益。具体操作这里不作介绍。如果需要进行此类操作，请确保自己对这些项目有充分了解，不要盲目操作。

第四节　Balancer 项目

一、项目基本介绍

如果说 2020 年加密货币的辉煌属于流动性挖矿，那么 Balancer 就是流动性挖矿中的新王，其代币 BAL 在 2020 年最高回报超过 60 倍，远高于竞争对手 Uniswap。此外，Balancer 提供高度扩展性的做市组合，也为业界提供了新的思路和可能。Balancer 是一个基于以太坊网络的去中心化交易所，也是自动化做市商这一赛道上仅次于 Uniswap 的交易所。

Balancer 成立于 2019 年 8 月，联合创始人 Fernando Martinelli 是巴黎索邦大学的工商管理硕士，创立目标是打造一个数字资产指数基金，同时还能为去中心化金融领域带来更好的流动性，项目很快就获得了由投资机构 Placeholder 领投的 300 万美元。2020 年 3 月，Balancer 交易所正式上线；2020 年 6 月，Balancer 开启流动性挖矿；2020 年 9 月，Balancer 推特粉丝数突破 2.5 万人，锁仓量突破 15 亿美元，BAL 代币一度高达 37 美元。

Balancer 和 Uniswap 都是自动做市商模式，而 Balancer 更像是 Uniswap 的通用版。Uniswap 是自动化的代币兑换协议，其完成交易不是采用订单撮合的方式，而是采用流动池的模式。在 Uniswap 的做市商模式中，其流动性池涉及两种代币，在提供流动性时，流动性提供者须将各 50% 价值比例的代币注入到流动性池。Balancer 的通用化则是指，将池中的代币从 2 个增加为多个，将各 50% 的比重改为完全自定义的比例。

Balancer 在 2020 年推出了名为流动性引导池（Liquidity Bootstrapping Pools，LBP）的解决方案，允许项目团队在 Balancer 进行首次代币公开发行，同时在该平台建立具有深厚流动性的资金池。流动性引导池的发行时间一般为 3 天，项目方可以自主设置代币在资金池中的初始权重，最大偏差比率为 2∶98，即该资金池组成将是 2% 的储备资产和 98% 的项目代币，项目方可以在无须较大资金体量的情况下奖励流动性，同时代币初始价格与储备资产价值成正比。

流动性引导池还为项目方提供了快速调整权重的功能，可以通过调整储备资产比例来降低池中代币的价值，阻止由于早期投机而导致价格最终的飙升。因此，想参与代币购买的人便能够在代币价值达到与自己期望符合时购入代币。在这样的设计机制下，代币发行的开盘价通常会刻意定得较高，而较优惠的价格可能会出现在活动后期。综合来看，这种机制在一定程度上可以避免用户因为 FOMO 而涌入购买以及抑制机器人"抢跑"的情形，让所有参与者能公平竞争，降低市场价格波动性，进而更顺利地完成代币价值发现。

截至 2021 年 2 月，已有 APY. Finance（APY）、Perpetual Protocol（PREP）、Furucombo（COMBO）等至少 5 个项目通过 Balancer 流动性引导池机制进行去中心化代币发行。由于几乎没有门槛，很多火爆的项目通过 Balancer 完成了冷启动，如 YFI、YFII。Balancer 自推出以来，锁仓量一直稳步增加。目前在 Balancer 中锁仓的资金为 2.84 亿美元，虽然较前期高点大幅回落，但相比 2020 年 4 月，增幅依然超过 140 倍。

二、项目机制特点

Balancer 完全开源，任何人均可不受限制的在平台内创建流动池。例如，用户可以创建一个 ETH-USDC 资金池，当其他用户买入 ETH 后，资金池中 ETH 减少，USDC 增加，意味着 ETH 价格上涨。反之，若用户卖出 ETH，那么，资金池中 ETH 增加，USDC 减少。用户通过在 Balancer 做市获得手续费与代币奖励，这一过程也被称为流动性挖矿，而做市的用户也被称为流动性提供者。但需注意，如果想要获得 BAL 代币奖励，做市的交易对必须在 Balancer 白名单内，否则只能获得交易手续费。

Balancer 的资金池有两种：私有池和共享池。私有池只属于一个地址，拥有该地址的用户可以完全控制交易费、权重等。共享池则分布在几个地址上，但参与的用户不能改变交易费、权重等参数，他们只能贡献流动性。在私有池中，所有者可以获得在该池中交易赚取的所有交易费用。在共享池中，每个流动性提供者都会收到在该池中交易所赚取的交易费的一部分，收到的回报与他们在池中的流动性份额成正比。

Balancer 让用户能建立自动再平衡的指数型基金，不但不收管理费，流动性池创建用户还能从每次再平衡的交易中获得手续费。每个 Balancer

流动性池都是一个指数型基金，池子里各资产的价值权重是由创建者决定的，创建者也可以通过各池背后的社群投票更改。当 Balancer 外的市场资产价格浮动时，各池为了维持各资产价值比值恒定，就需要进行再平衡。每个池子都是以资产价值比值作为买卖价对外提供交易，当外部市场价格浮动时，外部市场价与池子买卖价之间将形成套利机会，链上任何人都可以通过向池子进行买卖来完成套利，直到池子内资产价值回归权重，再平衡完成，此时套利机会自然消失。流动性池会向套利者收取交易手续费，作为该池流动性提供者的收益。

三、项目优势与风险

如果说 Uniswap 实现了自动做市商机制从无到有的突破，那么 Balancer 实现了机制从量变到质变的转变。

与 Uniswap 相比，Balancer 主要有三个明显的优势。首先，Balancer 最高支持 8 种资产的做市组合。Uniswap 仅支持两种代币之间的组合，例如 ETH 与 USDT 各占 50%，但 Balancer 可以自定义资产比例和类别，用户最多可以构造 8 种资产的组合，因此也被称为 N 维自动化做市商。其次，Balancer 用户可以自定义资产比例。Uniswap 中两种资产的比例固定为各占 50%，但在 Balancer 上，用户可以自行设置。例如，之前火爆一时的某流动性池由 2% 的 YFII 与 98% 的 DAI 构成。最后，Balancer 支持用户自定义交易费率，这对于稳定币交易的用户尤为重要。如果在 Uniswap 上交易稳定币，将被收取 0.3% 的交易手续费，而在 Balancer 可能只需花费 0.16% 的手续费。

同样地，Balancer 平台也存在着一定风险。由于平台作为去中心化交易所并没有团队或审核人来评估和决定上架哪些代币，平台完全开源，任何人均可不受限制地在平台内创建流动池。用户若想创建新代币的交易市场，只需要与平台交互以注册新代币。所以 Balancer 平台上极易出现诈骗项目，让用户产生巨大损失。此类大量诈骗项目的发生，也会使 Balancer 团队承受较大的潜在法律风险。因此，用户在 Balancer 上进行投资交易时应仔细考察、审慎决定。

四、项目市场竞争分析

Balancer 平台为恒定乘积做市商模型，该模型的典型代表是 Uniswap。Uniswap 的做市需要提供价值相等的两种代币，例如当前 ETH 价格为 350 单位 USDT，对于 10 单位 ETH 的代币兑换交易，用户需提供 3500 单位 USDT。

现在假设 ETH 价格下跌至 320 单位 USDT，将 $K = 35000$ 以及 $P = 320$ 代入公式可知，X 和 Y 分别为 10.8 和 3240.7，即在 ETH 价格下跌过程中，用户钱包的 ETH 增加了。此时做市的收益为 $3240.7×2-3500×2=-518.6$ 美元。经过计算可以发现，这笔做市由于以太坊价格下跌竟然处于亏损状态。但是，如果用户钱包里依然保持原来的 ETH 数量，由于价格下跌带来的亏损仅为 300 美元，而上面的自动做市商机制使用户多亏了 218.6 美元，这部分亏损也被称为无常损失。

以太坊价格下跌的时候，做市者手中的以太坊增加，则是因为采用自动做市商机制的交易所并不会自行调整价格，而是由套利者的套利行为调整价格再平衡。假如 Uniswap 内以太坊价格为 350 美元，而场外以太坊价格为 320 美元，二者价差高达 30 美元，这样就会有套利者在场内场外反方向同时交易进行套利，从而达到抹平价差的自然结果。正如上面的例子中，套利者不断将场外的 ETH 在 Uniswap 中卖出，从而使资金池中 ETH 数量增加，USDT 数量减少，最终与场外价格回归一致。

虽然在自动做市商机制下做市可能导致亏损，但做市可以获得手续费收入，手续费收入如果能覆盖无常损失，那显然做市有利可图，此外，对于长期持有比特币或以太坊的人，做市不失为一种额外的收入手段。因此，虽然可能会亏损，但仍然有大量用户会参与做市，成为流动性支持者。

Balancer 同样采用了恒定乘积算法，但是 Balancer 可最多自持 8 种资产的自由组合做市，每种资产的权重不同。通过调整不同代币的比例，Balancer 可以降低流动性提供者的风险。例如，若某资金池由 10% 的 ETH 与 90% 的 USDT 组成，由于资金池中 ETH 比例仅占 10%，因此即使 ETH 价格大幅波动，用户亏损的概率极低，这点也是 Balancer 相对于 Uniswap 的优势所在。

数据显示，在 Balancer 做市年化收益率为 30%~90%，如 USDC-WETH 交易对，2020 年 10 月年化收益率依然高达 45%，而同一时间 Uniswap 中 USDC-ETH 做市年化收益率仅为 6%，从这点来看，在 Balancer 做市具有更高的收益。

五、项目代币 BAL

Balancer 生态的治理代币为 BAL，它除了可以进行生态治理提案投票外，还对核心业务进行了深度绑定。Balancer 的核心业务是 Balancer 资金池，所有愿意提供 Balancer 资金池流动性的用户，都可以获得 BAL 代币的激励。换句话说，只要在 Balancer 提供白名单内代币交易对的流动性，便可获得 BAL 代币与手续费收入，俗称流动性挖矿。

BAL 代币的供应量为 1 亿，其中 25% 分配给创始人、核心开发者、顾问和投资者，这部分代币会有解锁期。剩余 75% 的代币将分配给流动性提供者。当前每周分配给流动性提供者的 BAL 为 14.5 万个，每年大约有 750 万个 BAL 被释放，以 2020 年 10 月每单位代币 15 美元的价格，每周约释放 217.5 万美元的代币。按照这种模型，BAL 将分 10 年释放完毕，与

YFI、YFII 这类数周释放完毕的代币相比，BAL 释放速度更慢，对二级市场抛压更低，从长远来看，有利于项目发展。由于 75% 的 BAL 代币将被分配给流动性提供者，通过这种方式，团队正在积极地向去中心化治理转型。

据相关信息显示，目前 BAL 市值约为 1.2 亿美元，价格为 15 美元。按照 BAL 种子轮价格 0.6 美元计算，仅仅过去 1 年时间，早期投资人回报超过 20 倍。实际上，Balancer 同样是本轮流动性挖矿的受益者，由于此前 Uniswap 尚未推出治理代币，因此资金更倾向于在 Balancer 挖矿。流动性挖矿热潮开启后，从 2020 年 8 月中旬开始，仅仅约 15 天时间，Balancer 锁仓量由 2.5 亿美元暴涨至 15 亿美元，而代币 BAL 也一度暴涨至 37 美元，最高回报率高达 60 倍。

Balancer 采用了更为高级的恒定乘积模型，流动性提供者可以自定义不同代币之间的权重，从而灵活创造出更多的资产组合，满足不同层次人群的风险偏好。此外，通过降低团队与投资人持仓的比例，完成权力下放，从而实现去中心化治理，这都是 BAL 代币暴涨的原因之一。

第五节　dYdX 项目

一、项目基本介绍

dYdX 是一种用于保证金交易的去中心化交易所，让用户进行货币交易以及进行不同资产间的借贷。使用 dYdX 时，用户可以全面控制自己的资金，在该平台上没有任何拥有私钥的中间人。与此同时，dYdX 平台采用智能合约来保证其资金不间断的高规格安全。

dYdX 是一个支持借贷、保证金和杠杆交易的去中心化交易所。平台目前支持 ETH、USDC 与 DAI 代币 3 种资产之间的交易。通过使用链下订单簿和链上结算，dYdX 交易所宗旨是创建不受任何中心化机构控制的高效、公平的金融市场。

dYdX 与 Compound 在某些方面有些相似，如用户可以提供资产（借出）来赚取利息，也可以贷入资产（借入）。然而，dYdX 进一步支持保证金与杠杠交易，可使用 DAI 或 USDC 进行高达 5 倍杠杆的 ETH 保证金交易，提高了用户的购买能力以获得潜在的更高回报。

开发的 dYdX 平台公司成立于 2017 年，当时中心化代币发行处于热潮当中，但是 dYdX 的创建者决定不发行原生代币，而是更专注地开发产品。dYdX 平台由前 Uber 软件工程师 Antonio Juliano 及他团队于 2019 年启动。他们在去中心化交易所平台的经验，在衍生产品和贷款方面的独特专业知识，使 dYdX 项目成为去中心化保证金交易中最成功的平台之一，并让 dYdX 项目的智能合约锁定的资金达到 4000 万美元。

二、项目交易机制特点

dYdX 平台提供三种资产交易的服务，包括 BTC、ETH 和 USDC 代币。该平台还借出资产来获得利息，并提供两种保证金交易的服务：隔离保证金和交叉保证金交易。尽管这些交易方式对于传统金融市场交易者来说，是很普通的工具，但是对于去中心化金融项目来说，这些交易方式仍十分新颖。

因为 dYdX 平台的每个用户都在一个全球性的借贷池中进行交易，所以借方和贷方无法单方提供或接受贷款要约。每个资产都有自己的借贷池，这些借贷池由智能合约管理，因此提款、借款或贷款的交易都可以随时进行，而无须等待网络批准或足够的资本。每种资产的利率，则由借方与贷方之间的相互作用决定。

使用 dYdX 时，用户可以选择三种不同的交易类型，包括即期、保证金和永续合约交易。进行即期交易时，有三种即期交易市场，其中包括 ETH-DAI、ETH-USDC 以及 DAI-USDC 三种市场。进入即期交易市场后，用户可以使用市场限制和停止订购，来自由的进行交易。保证金交易采用相同的即期市场，但是该交易的杠杆会增加 5 倍。用户可以自由选择隔离或交叉保证金交易模式。永续合约市场则让合成资产的杠杆增加 10 倍，并且该杠杆没有时间限制。下面将会仔细介绍 dYdX 平台的借贷、保证金和杠杆交易功能。

三、项目借贷功能

如果用户是一个想通过加密资产产生一些被动收入的加密货币持有者，则可以考虑把它借给 dYdX 来获取一些收益。dYdX 的风险相对较低，并且通过把加密货币存入 dYdX，每秒都会产生利息而无须进行任何额外的维护或管理。作为 dYdX 上的放款方，用户只需关注赚取的利息率（APR），它代表用户将会从提供的资产中赚多少。

在 dYdX 平台上提供代币，用户赚取的利息将由其他借入同一种资产的用户支付。dYdX 只允许超额抵押贷款，这意味着借款人必须始终有足够的抵押品来偿还其贷款。如果借款人的抵押品低于 115% 的抵押率阈值（即对于 100 美元的 DAI 贷款，以低于 115 美元的 ETH 抵押），那么借款人的抵押品将被自动出售，直至完全覆盖其头寸。利息率则根据供求关系的变化而变化，这样能确保用户始终能赚取市场利率。此外，初始资金和赚取的利息可随时存取。

同时，只要维持 1.25 倍的初始抵押率和 1.15 倍的最低抵押率，用户也可以使用 dYdX 借入任何支持的资产如 ETH、DAI 及 USDC。借入资金会直接存入用户的钱包，并可以自由地转移、交换或交易。作为 dYdX 的借款方，用户需要关注两个数字：一是利息率，即偿还贷款所需支付的金额；二是账户抵押率，这是抵押资产/贷款额的比率。用户可以借款直至该比率达到 125%，但该比率一旦低于 115%，用户的抵押资产就会被清算。

四、项目保证金和杠杆交易功能

在 dYdX 中，用户可以建立高达 5 倍杠杆的空头或多头头寸。当在 dYdX 上进行保证金交易时，资金会自动地从平台放款人那里借入。

假设这样一个场景，一个用户的 dYdX 账户最开始有 300 单位 DAI 和 0 单位 ETH。如果用户打算做空 ETH（假设 ETH 现价为 150 美元），用户将：

（1）借入 1 单位 ETH（150 美元）；

（2）以 150 单位 DAI 出售 ETH，余额现为 450 单位 DAI 与-1 单位 ETH；

（3）假设 ETH 的价格跌到 100 美元，用户现在能够以 100 美元重新购入 1 单位 ETH 来偿还债务；

（4）用户的最终余额为 350 单位 DAI，利润为 50 单位 DAI（50 美元）。

使用 dYdX，用户不需要实际上拥有 ETH 来建立空头头寸，可以完全在同一个地方借入 ETH 并建立一个空头头寸。值得注意的是，用于保障保证金交易的抵押品仍然会持续赚取利息，意味着用户在等待订单完成时不必担心利息损失，这也是 dYdX 独一无二的特性。

对于一个持有 10 单位 ETH（ETH 现价为 150 美元）或者 1500 美元的用户，考虑两种不同的杠杆头寸情景（使用近似数字）。

在第一种情景下，用户用 1 单位 ETH（150 美元）建立了一个 5 倍多头寸：

（1）头寸大小为 5 单位 ETH（750 美元）；

（2）10%的投资组合处于风险之中（使用了 1/10 的 ETH）；

（3）价格下跌约 10%（ETH 下跌 15 美元）时将清算用户的头寸，意味着给价格上涨预留很小的缓冲余地。

在第二情景下，如果用户用 1 单位 ETH（150 美元）建立了一个 2 倍多头头寸：

（1）头寸大小为 2 单位 ETH（300 美元）；

（2）10%的投资组合处于风险之中（使用了 1/10 的 ETH）；

（3）价格下跌约 45%（ETH 下跌 65 美元）时将清算用户的头寸。从本质上讲，杠杆实际上只是一个反映用户想要承担多大风险（就价格波动的风险敞口而言）的因子，而这又决定了用户离被清算的价格变化幅度的大小。

在 dYdX 上，每当头寸低于 115%的保证金阈值时，任何现有借款都将被视为有风险的，为了保障放贷人的利益，有风险的头寸将会被清算。为借款背书的抵押品将会被变卖，直到负差额为 0，并收取 5%的清算费用。

在 dYdX 上，可以根据以下案例来计算杠杆交易的收益或亏损。例如用户用 3 单位 ETH 的存款以 220 美元的开仓价开启了一个 5 倍多多头寸。用户将需要借入 220×12＝2640 单位 DAI 来购买额外的 12 单位 ETH（在用户的头寸中此时锁定总计 15 单位 ETH）。如果用户以 250 美元平仓，将需要偿还 2640 单位 DAI 的贷款＝2640/250 单位 ETH＝10.56 单位 ETH。这会给用户留下 15-10.56＝4.44 单位 ETH。因此，用户的盈利将为 4.44-3＝1.44 单位 ETH。

计算利润的具体步骤为：

（1）确定初始杠杆和存款额以确定头寸大小（*杠杆×存款*）；

（2）贷款额＝（*头寸大小-存款*）×*开仓价*；

（3）偿还贷款＝*贷款额/平仓价*；

（4）余额＝头寸－偿还贷款；

（5）利润＝余额－初始存款。

五、交易指导

1. 注册激活账户

前往 dYdX 官网 https：//dydx.exchange/，点击"开始交易"。在侧边栏点击连接钱包，选择要连接的钱包。

新用户的 dYdX 账户是没有余额的，需点击"存款"进行代币存入。如果是新用户，那么将需要许可才能存入想要存入的代币。输入想存入代币的数额并继续交易，确认交易后，将在账户内看到余额。

2. 进行交易

以下是一些交易指引：

（1）用户可以进行保证金交易或普通的现货交易。其中保证金交易会计息，因为用户是用借来的资金交易。

（2）用户可以选择看多或看空头寸。

（3）头寸大小指的是用户想买多少代币来交易。

（4）如果用户的 dYdX 有 1 单位 ETH，则最多可以借到 5 倍 ETH（用户的头寸大小现应为 5 单位 ETH）。

（5）在 dYdX 用户可以设定自己的头寸价格允许的下滑幅度，以在超过该幅度时自动清算终止交易。

（6）用户保证金（借款）的大小决定用户所要支付的利息。

3. 进行借贷

在 dYdX 上，用户同样可以借入 ETH、USDC 或 DAI。用户必须在借款之前提供抵押品，将需要在开始借款之前对用来抵押的代币进行抵押许可。

第六节　专门服务 IDO 的拍卖型平台

目前市场上存在不少专门服务去中心化首次代币发行的拍卖型平台，代表则是 Mesa、Bounce、Polkastarter 等，这些平台专门为项目方提供丰富多样的代币发行与拍卖策略，但存在无法直接为代币创造流动性资金池的缺点。

各大去中心化代币发行平台在操作便捷性、价格发现机制等方面各自具有其特点与优势，但由于当前市场情绪高涨、优质项目基本不缺融资，去中心化代币发行或许很难成为多数优质项目的主要选择，长尾市场项目或许将是这些平台的主要服务对象，其中风险也不容忽视。

一、Mesa 项目

1. 机制介绍

流动性一直是去中心化金融的重要课题之一。随着去中心化交易所交易量的扩大和受到加密货币交易者的青睐，这些平台相比于中心化的交易所具有良好的发展势头。为了克服流动性不足的问题，如 Gnosis 这样的项目已加入了一些创新合约，以最大限度地提高流动性。

Gnosis 协议使交易平台能够执行"环形交易"，可以匹配三个或更多交易者和交易多个资产。如图 8-1 所示，如果两个交易者之间本来无法完成交易，则可以同时执行多个订单以完成交易。总而言之，在 5 分钟的批量拍卖开始时，所有未完成的订单都会被罗列出来。然后，由解算器发起最优结算方案的公开竞争，以最大限度地保障交易者的利益并提供单一结算价格。5 分钟后，在下一批 5 分钟的拍卖开始时，订单完成并在链上结算。

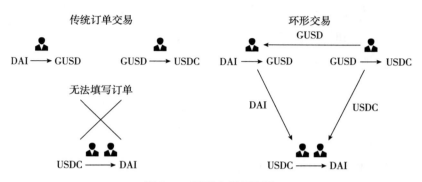

图 8-1　环形交易示意图

资料来源：Gnosis 开发者网站（http：//docs. gnosis. io/protocol/docs/introductionl/）。

Mesa 是一个基于 Gnosis 协议构建的去中心化交易所项目，由 DXdao 维护、拥有和托管，支持稳定币的简单做市策略。自 2020 年 7 月以来，该平台总计进行至少 9 起去中心化代币发行，其中包括 mStable（MTA）、dHEDGE（DHT）、API3 等多个知名项目。

Mesa 目前虽然仍处于测试阶段，但它提供了一个市场交易界面（非常类似于 Uniswap 的界面），并具有流动性订单这一附加功能。流动性订单允许用户设置一个他们愿意将自己的稳定币换成其他稳定币的点差（如 0.3%点差，便总是以 100.3 单位 USDt 的价格出售 100 单位 DAI，或以 99.7 单位 DAI 的价格购买 100 单位 USDt）。这是基于用户的稳定币始终价值 100 美元以上的假设。提交流动性订单时 Gas 费也一次性支付，用户只需要耐心观察订单的完成情况。

需要注意的是，由于需要支付初始 Gas 费，Mesa 上的流动性订单通常是大流动性提供商的理想选择。但是，一旦提交流动性订单，所有交易将无限期免 Gas 费用，直到用户决定更改或终止流动性订单为止。要查看实际效果，可以访问 mesa. eth. link（由于主站点已关闭，因此该链接通过

IPFS 网关定向到 Mesa）。

项目方可以在该平台设置竞拍数量以及价格上下限，用户则通过提交限价单机制参与。相比于其他 IDO 平台，Mesa 的主要特点分别是环形交易与批量拍卖，同时需要用户提前向官方钱包地址充值，以达到汇集和最大化流动性、防止提前抢拍的目的。

具体来看，环形交易是指 Mesa 支持用户使用多种资产参与竞拍，而不限于特定交易对，实现所有交易对之间共享流动性，将所有订单汇总到一个订单簿的订单结算，从而汇集和最大化流动性。

批量拍卖则是指 Mesa 用户的竞拍订单不会单独进行结算，而是每 5 分钟批量进行一次。在 5 分钟的批量拍卖开始时，所有用户竞拍订单都会被罗列出来，再根据价格与金额选取 30 个订单，由链外求解器发起最优结算方案的公开竞争，通过特定计算公式来确定单一结算价格。在下一批 5 分钟的拍卖开始时，所有竞拍订单批量完成并在链上结算。

Mesa 会向每笔成交订单收取 0.1% 的手续费，这部分费用也将用于为用户支付 Gas 费用。为了确保平台不产生亏损，Mesa 建议用户最低认购金额为 1600 USDC，过低订单将不予以结算。

该机制意味着单个批次中的所有参与者以相同价格购买代币，可以避免出现部分用户付出高 Gas 费"抢拍"的情况，为用户提供相对公平、平等的参与机会。

2. 交易指导

与其他去中心化交易平台的界面一样，在首页左侧点击"交易加密货币"。连接 Metamask 钱包后，单击"Balances"查看资金如何存入平台。要将钱包资金充值到交易平台中，单击希望为流动性订单存入的稳定币相对应的"Enable"按钮。通过 Metamask 签名后，"Enable"按钮将被替换为"+"和"-"符号，"+"允许用户充值，而"-"允许用户取回资金到钱包。用户取回资金时不需要点击稳定币对应的"Enable"按钮。使用

Metamask 进行充值将出现另一个签名请求，然后用户就可以切换到"Liquidity"选项卡。

用户将看到"New Liquidity Order"页面，用户可以在其中选择信任的稳定币。用户选择的越多，流动性订单就会有更多的成交机会。但是，流动性订单中包含的代币越多，提交时的 Gas 费就越高，因此必须先恰当地选择好。

在下一步中，将提示用户定义点差。也就是在稳定币价值 1.00 美元的情况下输入用户打算赚取的利润。点差越高，订单执行的可能性就越小。点差越低，订单执行的可能性就越大，但利润就更少。要注意以下事项：

第一，当用户点击"NewLiquidity Order"时，用户可能希望降低 Gas 费以节省 ETH。因为只有 15 分钟的时间可以执行这些交易，这可能会减小订单执行的概率。建议用户不要降低或提高流动性订单的一次性 Gas 费，以便让矿工能够及时完成交易。

第二，提交用户的流动性订单后，无须再做其他工作。从这个时候开始的交易都是免费的。从这个时候开始，用户的交易工作已经完成，想知道是否能获得利润的唯一方法是查看"Balances"选项卡，然后查看余额是否有变化。因为 Mesa 尚处于测试阶段，Gnosis 团队也在努力开发一些新的 UI/UX 改进。

第三，接下来可以返回"Trade"选项卡查看订单。这些都是用户在"Liquidity"选项卡中选择的稳定币组合。这里无须任何操作，只是用于显示，但是用户可以选择取消任意数量的订单。已关闭的现货订单或已关闭的流动性交易对在左侧显示。

这些交易标志着 Mesa 的未来发展趋势：流动性提供商可以通过被动交易策略来增加收益并提高贸易效用。目前，Mesa 适用于想要测试去中心化交易所环形交易功能的人。值得一提的是平台即将推出的激励计划，这个计划使流动性提供商在 Mesa 上交易时可以获得 GNO 代币。

二、Polkastarter 项目

Polkastarter 是一个跨链代币交换和拍卖协议，Beta 版本于 2020 年 12 月上线以太坊网络，预计会在 2021 年第一季度迁移至波卡，波卡也是近期去中心化代币发行最为频繁的平台。

Polkastarter 背后的团队坦诚其架构模式与 Uniswap 非常相似，但他们希望强调的是在以太坊之外依然有构建去中心化交易所的优势，因为波卡可以提供更好的可扩展性和互操作性。

2020 年 8 月，Gavin Wood 证实波卡网络可以实现 1000TPS，远远超出以太坊区块链的表现。更重要的是，波卡网络还支持将其他区块链纳为"侧链"来实现网络扩展功能。

平行链（Parachain）是一种特定的应用程序数据结构，它是全局一致的，由波卡中继链的验证节点进行验证，最常见的平行链还是采取区块链的形式，但并不一定非得是区块链。平行链这个名字来源于它是平行于中继链运行的，由于它的并行性，能够并行化地处理交易并实现波卡系统的可扩展性，这些平行链也将能毫不费力地彼此交互。

事实上，Uniswap 目前还存在一个局限性问题，该去中心化交易所基于以太坊区块链，因此仅支持 ERC20 标准代币，此标准之外的任何项目均无法使用 Uniswap，而 Polkastarter 希望将其他区块链代币交换引入到更广泛的加密世界。

2020 年 9 月 20 日，该项目宣布获得 87.5 万美元种子及私募轮融资，投资机构为 NGC Ventures、Moonrock Capital、Signum Capital 等。

相比其他 IDO 平台，Polkastarter 主要有两个特点：一是推出固定交换池，项目方可以为代币设置固定价格进行拍卖；二是项目方可以为代币拍卖设置白名单，只有特定地址可以参与拍卖，用户通常需要完成项目方规

定的一系列任务或者报名抽签方能获得白名单资格。

Polkastarter 平台优点有：与不同区块链协议的互操作性、无许可的令牌列表、令牌之间的跨链交换。与此同时，也存在团队成员的数据有限、价格波动很高等缺点。

截至 2020 年 2 月，至少有 15 个项目在该平台进行代币发行，不过几乎所有项目都不太知名，同时参与者数量则多在 100~300 人，单个用户的认购额度也比较低，通常在 0.2~0.5 单位 ETH 之内。

现阶段，Polkastarter 有四个直接竞争对手，也就是基于波卡的另外四个去中心化交易所：Rai. Finance、Polkaswap、Polkadex 和 Zenlink，而 Polkastarter 与这些竞争对手相比最大的一个区别就是优化了"初始 DEX 产品"（IDO）模型。在最早期的首次代币发行（ICO）时代，获得超额收益的大都是风险投资公司和对冲基金；接下来的下一次迭代，也就是所谓的"IEO 时代"，最终受益的是那些大型中心化加密货币交易所。无论是"ICO"还是"IEO"，项目方和加密社区都被排除在了获利对象之外。

Polkastarter 的原生代币是 POLS，该代币还可以作为治理代币来支付网络费用，这意味着用户如果想要使用 Polkastarter 就必须持有 POLS 代币。到目前为止，POLS 代币仅被用作为该项目筹集资金的一种手段，一旦 Polkastarter 项目上线便会提供 POLS 代币抵押和流动性挖矿机会。

Polkastarter 募集资金的分配使用情况为（资料来源：Polkastarter）：产品 45%、流动性 30%、市场营销 20% 和法律 5%。

Polkastarter 团队核心成员包括首席执行官 Daniel Stockhaus、首席技术官 Tiago Martins 以及两位顾问为 MD Labs 的 John Patrick Mullin 和 Stack Funds 的首席运营官 Matthew Dibb。

除了创始团队、社区投资者和机构投资者之外，Polkastarter 还与加密生态系统中的 Mantra DAO 和 DIA 建立了合作伙伴关系。

与去中心化金融生态系统的全新格局的其他任何项目一样，Polkastarter

也伴随着一些挑战和风险，风险之一是某些黑客可能会利用支持该协议的智能合约代码。如果黑客能够找到某种方式来操纵 Polkastarter 的智能合约代码，他们可能能够使用一些利用方式，使他们能够从系统中提取资金。反对 DeFi 项目的黑客攻击变得越来越普遍，到 2020 年，受影响的资金总额升至 2 亿美元。显然，对 Polkastarter 代码的任何破解都会对项目产生负面影响，并可能导致某些项目离开平台，导致用户叛逃。如果 Polkastarter 对其代码不进行适当的安全审核，在保证潜在用户的安全上可能还有很长的道路要走。

目前没有任何迹象表明 Polkastarter 项目存在任何外部或内部问题，尽管外部不了解两位创始人之外的项目团队，但平台有一个可靠的路线图，证明该项目是经过认真研究和开发的结果。此外，它还为用户提供了去中心化金融行业中的一些独特功能，这些功能可能对将来行业的整体实施有所帮助。

三、Bounce 项目

Bounce 是一个用于进行代币互换的去中心化拍卖协议，于 2020 年 7 月上线，创始人也是 Ankr 创始人 Chandler Song。投资方包括 ParaFi Capital、Blockchain Capital 两家机构，以及 Synthetix 创始人 Kain Warwick、Aave 创始人 Stani Kulechov 等行业人士。

目前，Bounce 主要有两个产品，分别是去中心化拍卖平台与近期上线的社区授权拍卖平台。前者与其他 IDO 平台差别不大，任意项目方都可以在该平台设置代币数量、最大 ETH 接收数量、持续时间以及拍卖策略，支持固定交换、荷兰式拍卖和密封式拍卖等，超过上限的资金将会被弹回（bounce）给用户。因为平台对项目方没有限制，用户在选择项目时需关注是否有平台背书、智能合约是否与官方一致等，以免投入劣质项目造成损失。

Bounce 社区授权拍卖平台则是由 BOT 持有者社区决定可以激活哪些项目并进行代币销售，平台将协助有资格的项目创建拍卖。同时，想要参加认证拍卖的个人，需要根据每个项目的要求通过 KYC 和白名单。

Bounce 的优势有以下几个：首先，资金安全，代币在自己的钱包里，不用担心平台崩溃；其次，自主开放，谁都可以在上面发布项目进行募资，只要觉得自己的项目够好，就可以进行发行，无任何费用；最后，公平透明，因为是去中心化代币发行，募资情况都是在链上进行，无法做假，杜绝了中心化平台募资总额造假、优质项目额度都被平台内部瓜分等问题。

第七节　小结

去中心化资产发行和交易是去中心化金融的重要组成部分，去中心化资产交易具有低成本、准实时、系统稳健等优点。相比传统中心化交易平台，去中心化交易平台虽然使用门槛更高，但道德风险、技术风险和监管风险相对较小。去中心化交易所经过了 3 年左右的发展，已经开始展现出迅猛发展的态势，特别是自动做市商制度的推出，更是将去中心化交易所的交易金额由之前的百万美元级别增长到现在的十亿美元级别。

本章分别介绍了排名靠前的基于流动性池的去中心化交易所 Uniswap、Balancer 和 Curve 平台，结合了去中心化借贷市场和保证金交易的 dYdX 平台，以及具有代表性的专门服务于首次代币发行的拍卖型去中心化交易平台 Mesa、Bounce 和 Polkastarter，希望能为投资者对去中心化资产的发行及交易的初步了解提供帮助。

参考文献

［1］Daisy．Curve 将发行治理代币，普通人如何获得？［EB/OL］．
（2020-08-13）［2021-02-21］．https：//www. jinse. com/blockchain/783626.
html.

［2］Darren Lau，Daryl Lau，Teh Sze Jin，et al. How to DeFi［M/OL］.
CoinGecko Group，2020：3［2020-07-13］．http：//www. doc88. com/p-
49716919921908. html.

［3］Ingamar Ramirez. 在 Mesa 做市并提供流动性［EB/OL］.（2020-05-
24）［2021-02-23］．https：//mp. weixin. qq. com/s/ZJQxJ6FZLBES5qFYz-
T0FA.

［4］Liam Kelly. DeFi 项目聚焦："波卡版 Uniswap"Polkastarter［EB/
OL］.（2020-10-13）［2021-02-23］．https：//www. ccvalue. cn/article/
590945. html？from＝groupmessage.

［5］币小宝．什么是 BAL 币？一文读懂去中心化交易所 Balancer
［EB/OL］.（2020-10-10）［2021-2-23］．https：//www. jinse. com/news/
blockchain/861838. html.

［6］谷昱．详解去中心化代币发行机制 IDO：七大平台的特性与现状
［EB/OL］.（2021-02-06）［2021-02-21］．https：//blog. csdn. net/P0ZHz
2lTI1YFUh/article/details/113733107.

［7］金色财经．一文读懂 Curve 及其代币 CRV［EB/OL］（2020-08-
14）［2021-02-21］．https：//www. jinse. com/blockchain/785326. html.

第九章
去中心化衍生品与保险

在使用 DeFi 应用前，用户需要将代币质押在智能合约中。由于潜在的巨额支出场景的存在，质押在智能合约中的代币容易受到安全性攻击。尽管大多数项目的智能合约都进行了代码审计，但人们永远无法知道智能合约是否真正安全，被黑客入侵的可能性总是存在，这将导致资金损失。用户如果使用 DeFi 进行大额交易，可以考虑购买保险来降低交易风险。两家主流的去中心化保险提供商 Opyn 和 Nexus Mutual 将为我们的 DeFi 交易提供安全保障。

第一节　Opyn

一、概念

Opyn 是一个资本有效的 DeFi 期权交易协议，允许用户在 ERC20 上买入、卖出和创建期权。DeFi 用户和产品依靠 Opyn 的智能合约和界面来对冲 DeFi 风险，或对不同加密货币进行投机性持仓。

作为一种套期保值手段，期权为 DeFi 交易者提供降低风险的策略。对于投机者来说，期权可以提供低成本的方式来做多或做空不同的加密货币，且下行风险有限。

流动期权市场为市场参与者提供了对冲、杠杆和金融保险的渠道，使这类市场的发展成为 DeFi 成熟的前提。

二、特性

目前，Opyn 可以支持 Compound 平台上 USDC 和 DAI 资产的投保，也支持保护 Curve 上的稳定币资产。除了智能合约安全攻击导致的问题之外，Opyn 还提供面向其他多种风险的保护措施，如财务风险和管理风险。

Opyn 允许用户购买 USDC 和 DAI 稳定币的看跌期权，以对冲在 Compound 平台上发生"黑天鹅事件"的风险。和 Compound 平台通证类似，当某人借贷 DAI 时，他们将获得 cDAI 通证作为回报。通过使用 Opyn，交易者可以购买 oToken，这些 oToken 可以作为出售 cDAI 的权利，并在 Compound 平台上的智能合约受到攻击时收回 DAI。

在 Opyn 上购买价值 1DAI 的保险实际上是在以 0.92 美元的行权价购买 cDAI 资产的美国看跌期权。在 Compound 平台受到攻击时，Compound 上的任何 DAI 存款将不再价值 1 美元，而是更少，比如 0.10 美元。使用 Opyn 的 ocDAI 通证，保险购买者可以赎回价值 0.92 美元的 ETH。这样可以保障用户免受智能合约导致的损失。不需要中心化机构来验证索赔，因此它是真正的去中心化保险。

Opyn 仅保障你的本金，而不保障你在 Compound 平台上产生的利息。将 DAI 存入 Compound 平台时，你将获得 cDAI 作为回报。如果向 Opyn 索赔，你需要将 cDAI 和 oDAI 保险通证发送给 Opyn，以立即获得承保服务。

三、发展历程

Aparna 在 2019 年与 Zubin Koticha 和 Alexis Gauba 一起创立了 Opyn，

致力于建立必要的衍生品基础设施和风险管理应用，以保护 DeFi 用户。随着 DeFi 继续呈爆炸式增长，建立繁荣的期权生态系统成为 DeFi 走向成熟、实现用户大规模采用的必经之路。Opyn 做的事情就是为 DeFi 社区解锁这个机会。

2020 年 2 月，Opyn 推出的 V1（Convexity Protocol）为 DeFi 期权奠定了基础，成为首个上线的 ERC20 期权协议，第一次实现了任何人都可以在任意 ERC20 代币上创建、购买和出售期权。2020 年 8 月，Opyn 筹集了 216 万的种子轮资金，加速将风险管理引入 DeFi，并进一步加强 Opyn 作为主要 DeFi 平台的地位，让加密货币投资者可以通过期权对冲他们的以太坊（ETH）和 DeFi 投资。Opyn 利用种子轮资金壮大了团队，专注于研究和工程人员的招聘，并进一步进行协议的开发和关注安全方面的工作。

2020 年 12 月，Opyn 推出了 V2（Gamma 协议）这一强大、高效的 DeFi 期权协议。Gamma 协议为 DeFi 交易者提供了更灵活、更复杂的策略，允许用户交易期权点差和组合，从而在任何市场情况下都有可能获利，实现更高效的期权。点差允许多头 oTokens 抵押空头 oTokens，使用户能够将结构的最大损失作为抵押。基于 V1 版用户反馈的其他改进还包括：到期时自动行使价内期权，正式验证合约，以及任何人都可以在 Opyn 的期权工厂（https：//opynv2-portal. netlify. app/#/system/factory/）中创建新的期权系列等功能。

Opyn V2 与其他 DeFi 期权协议相比，有 7 个主要的不同点：V2 允许更高效的期权交易策略，如点差；V2 有竞争性定价，因为出价、要价由市场供求关系决定；Opyn 期权是美式的，这意味着 V2 允许用户在到期前出售期权，持有人在套期保值方面具有更大的灵活性；V2 允许闪电铸币（只要在交易结束前销毁期权，就可以不需要抵押品来铸币）；V2 到期时自动执行货币期权；如果产品被列入白名单，V2 允许任何人创建新的期权，并指定执行价格和到期日；V2 允许操作者代表用户进行操作和交易。

Opyn 期权可以轻松地与买卖期权的各种策略组合，与 Hegic 和 FinNexus 的点对点模型不同，后者的期权卖方只能在流动性池中被动工作，而 Opyn 期权卖方和发行人可以按自己的条件出售期权。

四、操作策略

以两个场景为例：场景 1，Alexis 想在市场走低时保护她的 ETH 投资；场景 2，Mike 想从他持有的部分 ETH 中赚取额外收入。

场景 1：保护性看跌（降低风险的策略）。

Alexis 持有 10 个 ETH，她在 10 月以每个 100 美元的价格购买。目前 ETH 的价格为 500 美元，Alexis 希望锁定利润并进行保护，防止 ETH 在 12 月 31 日前跌回 100 美元。为了降低下行风险敞口，Alexis 可以买入保护性看跌期权，行权价为她愿意接受的 ETH 卖出价（如 400 美元）。保护性看跌期权设定了一个 400 美元的底价，即使 ETH 的价格持续下跌，在期权到期日（12 月 31 日）之前，Alexis 也不会继续损失任何额外资金。12 月 25 日，ETH 价格大幅下跌至 250 美元，并继续在该水平直到 12 月 31 日。由于 Alexis 购买了行权价为 400 美元的看跌期权，尽管 ETH 交易价格为 250 美元，但 Alexis 有权以 400 美元的价格将其 10 个 ETH 卖给看跌期权的卖方。

总结：利用看跌期权进行对冲可以让个人以合理的成本降低风险。可以考虑把买入看跌期权看作一份保险，限制下行风险；多头看跌期权可以用来为投资投保，以抵御经济下滑。购买这种保险，期权购买者需要预先支付一定数额的保险费。期权买方的得益是，下行风险得以限制，并以一种具有成本效益的方式享受无限的上行空间。

要购买 Opyn 的保护性看跌期权，操作如图 9-1 所示：

（1）从交易 Dashboard 左上角的下拉菜单中选择期权系列，并从下拉

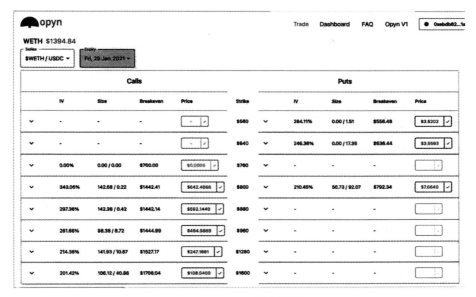

图 9-1　Opyn 操作界面

资料来源：DeFiBox.com。

菜单中选择所需的到期日；

（2）选择你想要的行权价；

（3）向下滚动到选项部分，并在订单框中输入头寸大小；

（4）选择 Approve USDC 按钮，用 MetaMask 进行确认，这一步是授权 Opyn 平台使用你的 USDC 进行交易；

（5）选择购买 oToken 按钮，并使用 MetaMask 确认，这一步是购买 oToken；

（6）选择"完成"，并在 Opyn V2 仪表板或 Etherscan 上确认你的头寸。

场景 2：备兑看涨期权（创造收入）。

Mike 持有 10 个 ETH，他在 10 月以每个 100 美元的价格买入。目前 ETH 的价格在 500 美元，Mike 想办法获得额外收入，他预测 ETH 的价格将在 12 月 31 日之前保持相对平稳或下跌。为了赚取额外的收入，Mike 可以卖出一个超过行权价（如600美元）的备兑看涨期权。在本例中，通过持有10个ETH，然后卖出这10个ETH的看涨期权来构建一个备兑看涨期权。看涨期权赋予看涨买方在未来某一时间（到期日）以给定行权价（如600美元）购买ETH的权利。12月25日，ETH的价格大幅下跌至250美元，并以这个价格维持到12月31日。由于Mike卖出了一个行权价为600美元的备兑看涨期权，因此该看涨期权到期后将不值钱，使Mike可以保留100%的期权溢价（期权价格）。

总结：期权到期后不值钱，卖出备兑看涨（Covered Call）期权可以从期权溢价中获得收入。针对自己拥有的资产卖出看涨期权（也叫备兑看涨期权）是一种广泛使用的创收策略。当标的资产价格低于行权价时，看涨期权就不划算。期权持有者（卖方）保留期权费作为利润。

使用Opyn卖出备兑看涨期权：

（1）从交易Dashboard左上角的下拉菜单中选择期权系列，并从下拉菜单中选择所需的到期日；

（2）选择行权价；

（3）向下滚动到选项部分，并在订单框中输入头寸大小；

（4）选择Approve WETH Wrapper按钮，用MetaMask确认，这一步批准Opyn平台对你的ETH进行封装，作为交易的抵押品；

（5）选择Issue oToken按钮，并使用MetaMask确认，此操作将为你发行所选期权的oToken；

（6）选择Approve oToken按钮，并用MetaMask确认，此操作批准0xProxy合约来花费你的oToken，这样你就可以在0x上出售它了；

（7）选择卖出oToken按钮，并使用MetaMask确认，此步操作会在0x卖出你的oToken；

（8）选择"完成"，并在Opyn V2 Dashboard或Etherscan上确认你的头寸。

五、保险费用

假设使用 Opyn 在 Compound 平台上购买 Dai 存款保险的费用大致为 1.22%。这意味着，如果 Dai 存款可以获得 5.41% 的未保险收益率，那么在 Opyn 上购买保险后，可以确保获得 4.19% 的收益率。

由于保险是以 oToken 的形式进行代币化的，因此可以在类似 Uniswap 的 DEX 上进行交易，这就是保险的价格取决于市场供需的原因。

对于 Opyn 上的每个保险购买者（看跌期权的买方），必须在 Opyn 上有一个保险提供者（看跌期权的卖方）。通过成为 Opyn 的保险提供商，以太币持有人可以获得 ETH 收益。

为此，首先要以最低 160% 的抵押率向 Opyn 的智能合约抵押 ETH 以发行 oTokens。保险提供商可以在 Compound 平台上为 USDC 或 DAI 发行 oToken。

六、利用 Opyn 赚取利润

一旦发行了 oToken，就有两种赚取溢价方式：

（1）成为 Uniswap 的流动性提供者。Uniswap 的流动性提供者通过 Uniswap 工具提供流动性，赚取用户使用 Opyn 平台的手续费，获得丰厚的回报。流动性提供者可以随时撤回资金。

（2）在 Uniswap 上出售 oToken。发行的 oToken 可以在 Uniswap 上出售。可以通过查看 Opyn 的主控制仪表盘，计算 Uniswap 上出售 oToken 的年度百分比，并计算未保险收益率和保险收益率之间的差异，这部分是用户为获得保险而愿意放弃的收益。

七、安全问题

Opyn 出现过安全问题，被黑客攻击。曾经有用户在 Opyn 论坛反馈自己的账户余额无故消失，并有用户发现可疑的交易信息。Opyn 项目方对情况初步分析后做出回应表示：已经转移了资金，并正在寻找问题原因。事件发生后不久，官方再次发文回应此次事件称：遭到黑客攻击，并已对可能遭受攻击的资产进行转移，但此次漏洞只涉及 ETH 合约，并不影响其他合约。

以下是对本次攻击事件的全面分析。

1. 完整的攻击流程

（1）攻击者使用合约先调用 Opyn 合约的 createERC20CollateralOption 函数创建 oToken；

（2）攻击合约调用 exercise 函数，传入已创建 vault 的地址；

（3）通过 exercise 函数中 for 循环逻辑执行调用两次_exercise 函数；

（4）exercise 函数调用 transferCollateral 函数将 USDC 转给函数调用者（由于 for 循环调用两次_exercise 函数，transferCollateral 函数也将执行两次）；

（5）攻击合约调用 removeUnderlying 函数将此前传入的 ETH 转出；

（6）最终攻击者拿回了此前投入的 ETH 以及额外的 USDC。

2. 修复建议

此次攻击主要是利用了 exercise 函数中对 vaultToExerciseFrom 是否创建 vault 的检查缺陷。此检查未校验 vaultToExerciseFrom 是否是调用者自己，而只是简单的检查是否创建了 vault，导致攻击者可以任意传入已创建 vault 的地址来通过检查。这属于代码层的逻辑漏洞，并且根据官方回复，此合约是经过安全审计的。建议如下：

（1）在处理用户可控的参数时应做好权限判断，限制 vaultToExercise-

From 需为调用者本人；

（2）项目方可以在项目初期或未完成多次严谨安全审计之前添加合约暂停功能与可升级模型，避免在发生"黑天鹅事件"时无法有效地保证剩余资金安全；

（3）项目上线前应当进行足够有效的安全审计，最好是多方审计；

（4）安全是一个持续的过程，应当进行多次审计。

Opyn 官方对于该次安全问题的快速反应，体现了该协议创立者对安全问题的重视，反映了协议安全性在发展中不断加强，也提示了安全审计的重要性。

八、发展趋势

Opyn 计划在 2021 年大幅提高 V2 的资金效率，使用户能够降低无保护期权（Naked Option）的保证金要求，以保证金进行期权交易，在更多的资产上进行期权交易，并以比以往更大的规模进行交易。通过降低无保护期权的保证金要求，用户将能够在 DeFi 中创建部分抵押期权头寸，并内置保证金和清算功能。与 Covered 策略相比，这大大降低了资本要求。

而且，Opyn 正在开发一个期权专用的、利于流动性的自动做市商（AMM）。Opyn 希望专注于流动性，在流动性方面想要获得强大的竞争力就需要 AMM，但 Opyn 会支持不同来源的流动性，无论是 AMM 还是订单簿。Opyn 希望赋能和构建强大流动性工具，这样的流动性可能是来自各种MM/LP 用户。让更多的专业做市商参与到 DeFi 和加密世界中来，对整个行业发展是有帮助的。

此外，鉴于期权是非常通用的金融工具，Opyn 致力于培养和激励开发者社区在 Gamma 协议的基础上进一步发展 DeFi 期权生态系统。过去 Opyn已经成功地与社区项目进行合作，Opyn 计划在 2021 年大幅增加可供开发者使用的资源。

Opyn 仍处于 DeFi 的早期阶段，从最近的发展轨迹看来，DeFi 的总锁定价值（TVL）似乎每 3 个月就会增长约 2 倍。随着 DeFi 进一步巩固其在金融领域的地位，继续建立一个全面的 DAPP 生态系统至关重要。我们将看到 DeFi 协议的重大改进，尤其是安全和用户友好度方面，这将降低散户加密投资者和机构的进入壁垒。一个金融系统将建立起来，让全世界的人都能获得安全的金融服务。

在传统金融市场，衍生品市场的流动性最大。在衍生品市场中，期权资产类型的交易量最大，期权每年的交易量达到数百万亿美元。期权的良好流动性为市场参与者带来对冲、金融保险、杠杆的服务。DeFi 要实现社会可扩展性，要走向更大规模的人群，期权是非常关键的一环，因为它可以为参与者提供保险服务，可以控制参与者的最大损失。

Opyn 是期权协议，可以为 DeFi 领域提供保险服务。Opyn 只是开始，会有更多项目投身到这个无须托管、无须许可、无须信任的期权领域，为 DeFi 用户提供更丰富的风险对冲和保险服务。期权服务会逐渐成为 DeFi 领域非常重要的乐高积木，进而推动 DeFi 的繁荣。

第二节　Nexus Mutual

一、Nexus Mutual VS 传统保险

1. 保险公司代理人问题

在法律和经济学意义上，保险是一种风险管理方式，其本质是对于特

定实体潜在损失的风险进行分摊和转嫁。人类天然对自然灾害、意外事故的厌恶，使原始形态的保险思想和做法在文明初期就存在。人们通过组成社区的方式聚在一起，集中资源共担风险，以免独自承受灾难。

随着现代文明的发展，以船舶抵押借款制度的现代保险制度的雏形初现。这种借款形式规定，借款人可以以出海船舶做抵押向放款人借钱，如果船舶安全抵港，则借款人向放款人偿还本息；如果船舶遭遇不测，则借款人的债务会被免除。人们对保险需求的不断扩大及现代商业的发展催生了专门经营保险业务的保险公司，基于政府的严格监督和复杂法律框架的约束，保险业经过长时间的发展并衍生出许多规模庞大的公司。

但近年来，多次金融危机的爆发导致人们对金融体系的信心和信任不复存在，保险公司天然的"代理人问题"（Agency Problem）越发凸显。当前保险行业面对的挑战主要表现为以下两点：第一，保险行业信息极度不对称，保险公司决定如何管理客户的资金，包括投资方式、对投保人的赔付方式等，客户很难评估保险公司的安全性；第二，金融危机后，系统性风险上升，人们已经不再相信大中型金融机构的"Too Big to Fail"（大而不倒）的神话，保险公司一旦破产，客户的利益将得不到追溯和保障。

2. 高昂的"摩擦成本"

针对上述客户与保险代理机构的"信任"问题，主流的解决方案的法律约束和审慎监管，具体内容包括：定义最低资本水平、规范治理流程，定期审查及提交符合标准的财务报告等。这种中心化的监管方式无疑是有效的，但也带来了巨大的额外成本，据历史数据统计，投保人所交保费中的约35%都交给了"摩擦成本"，同时摩擦成本还降低了行业的灵活性和效率。

区块链技术为保险行业提出了一种高效的解决方案，基于区块链技术开发的智能合约不仅消除了传统保险业管理效率低下的问题，还消除了大部分与治理和监管相关的成本，通过更具成本效益的方式提供信任（信任从机构和法规转移到透明的代码）。

基于区块链技术和智能合约有效节省行政管理、治理和监管成本的特质，Nexus Mutual 的创始人、多年的保险从业者 Hugh Karp 相信区块链技术可以将传统保险系统中的摩擦成本削减约 18%。此外，通过使用会员代币（NXM），区块链技术可以将保险思想带回到互惠互利的原始目标，一致的激励措施将形成社区精神，而不是现有的个体与大型机构之间的对抗性和不平衡的关系。

3. 区块链机构投资者的顾虑

基于区块链技术和智能合约开发的"去中心化保险"可打消区块链机构投资者在做决策时的部分顾虑。举例说明：当机构投资者考虑将闲置资金放入 Compound——一个金融里最基础、最底层的借贷协议——上生息时，会面临以下两个问题：

（1）合规性。机构如果要动这笔钱，公司的法务要怎么写合规文件是个大难题。

（2）DeFi 行业里缺少稳定安全的保险业务，手握充沛现金流的机构投资者怯于进场。去中心化保险业务的存在，将大大增加 DeFi 领域的入场玩家的数量。

传统保险公司保守的业务模式不太可能应运市场需求，在短期内为 DeFi 或数字货币行业提供业务。因此，更符合原教旨主义的所谓"去中心化的保险"，似乎就成了 DeFi 希望颠覆的下一个大市场（见图 9-2）。

二、概述

Nexus Mutual 是基于以太坊的去中心化保险协议，目前可以为以太坊区块链上的任何智能合约提供安全保障。Nexus Mutual 保障因智能合约代

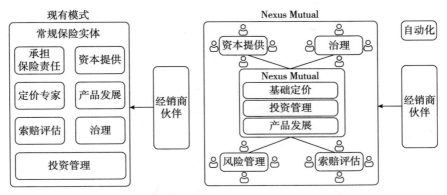

图 9-2　传统保险企业模型 VS Nexus Mutual 保险模型

资料来源：Nexus Mutual。

码漏洞而导致的交易失败，防止因这些漏洞被黑客攻击而导致的财务损失。但智能合约保护仅可防止智能合约被"意外使用"，不包括诸如私钥丢失或中心化交易所受到攻击的安全事件。

Nexus Mutual 创立于 2017 年，是一家在英国设立的担保有限公司，Nexus Mutual 不是点对点，而是采用资金池模式，第一个把传统保险的"相互保"模式运作在 DeFi 当中。用户需要注册成为会员（需要 KYC 和 0.002 ETH 会员费）才能购买保险。

创始人 Hugh Karp 在保险行业深耕有近 20 年经验。项目得到了一些知名加密风投的支持，如 Kenetic、Blockchain Capital 和 Version One。值得注意的合作伙伴还包括 Solidified 和 London Crypto Services，这两者都是英国著名的加密智能合约公司。

三、运行机制

1. 承保机制

用户首先需要选择承保期限和承保金额。承保金额是用户要购买的保障金额，如果智能合约出现漏洞，平台将赔付对应金额。智能合约安全事件发生后，将启动"索赔评估"流程，该流程将由"索赔评估者"参与。批准后，平台将向用户支付保险金额。

2. 承保机制定价

Nexus Mutual 在制定定价机制时考虑以下两个问题：一是由于有关智能合约被黑客攻击的历史数据较为缺乏，Nexus Mutual 使用了代码安全性的相关信息来辅助定价；二是由于没有经过黑客攻击测试，一份新的智能合约的保险成本在开始时将会非常昂贵（甚至无法提供）。只有经过多轮测试后，保险成本才会下降，但这将耗费大量时间。大多数用户无法忍受长时间的等待，希望立刻为自己的智能合约上保险。为此，Nexus Mutual 提出的解决办法是：引入非中心化风险评估机制，通过激励风险评估师为智能合约的安全性能背书，把保险定价降低到一个合理的价格水平。

基于以上两个问题的解决思路，Nexus Mutual 开发出一套完整的定价框架。Nexus Mutual 涵盖了所有智能合约，定价标准取决于以下几方面因素：

（1）智能合约的特性。比如包括智能合约中存储的资金量、已处理的交易等；

（2）承保金额；

（3）承保期限；

（4）风险评估师针对智能合约的资金抵押没有足够资金抵押或未经过充分测试的智能合约将无法正常定价，这意味着该智能合约无法被列入承保范围。下面举例说明：

假设你以 200 美元的单价购买了 5 个 ETH 的 Compound 智能合约保险。在一年的承保时间内，每个 ETH 的保险费为 0.013ETH，那么一年的保险费用总计为 0.065ETH。如果 Compound 在这段时间内被黑客攻击，则无论黑客入侵时以太坊的价格如何变化，你都将获赔 5ETH。如果在黑客攻击期间 ETH 价格升至 300 美元，只要你的索赔获得批准，仍然会返还 5 ETH。智能合约安全事件一旦发生，在平台承保的范围内，任何人都可以发起索赔，无须为你在智能合约中遭受投入资金的损失提供证明。

3. 投保范围

Nexus Mutual 主要为智能合约投保，其现阶段的重点是为区块链智能合约自身的系统漏洞及黑客入侵个人行为造成的损害出险。Nexus Mutual 上可以购买到几乎所有主流的 DeFi 协议保险（见表 9-1）。

表 9-1　Nexus Mutual 保险服务提供项目

		Cover Protocol	Alpha Homora	Keeper DAO	Set Protocol V2	Akropolis Delphi	Bancor Network	Argent
Nexus Mutual 提供保险项目	智能合约	Sushiswap	IDEX	Hegic	Yield Protocol	dForce Yield	Kyber-Katalyst	dydx Perpetual
		Aave V2	TrueFi	Eth 2.0	CoFix	Yarn Finance	Deversifi	DDEX
		Celsius	C. R. E. A. M	Pool Together V3	DODO Exchange	UMA	RenVM	Tornado Cash
		Curve All Pools	Balancer	Ample forth Tokengeyser	Melon	mStable	Synthetix	0x V3
		bZx	Satum DAO Token	Gnosis Multi-sig	dxDAO	Nuo	Pool Together	dydx
		Compound V2	Gnosis Safe	Uniswap V1	MakerDAO MCD	Aave V1	1Inch	Opyn
		Yearn Finance	Totle	Flexa Staking	Set Protocol V1	Uniswap V2	Paraswap	Moloch V1
	抵押提供商	inLock	Nexo	BockFi	Hodlnaut			

资料来源：火星财经。

但根据官网保险条款，以下四种情况不会受到保障：

（1）网络拥堵情况下不赔付；

（2）不涵盖合约外的实体，如矿工和预言机；

（3）如果因为钓鱼攻击导致资金损失，不会赔付；

（4）即使明确规定了赔付的条件，但最终是否会根据理赔情况发放赔款的最终决定权还是来自于社区成员投票。

除此之外，Nexus Mutual 也不能像传统保险那样，为自己或财产投保自然灾害、车祸、健康问题或死亡。

4. 投保流程

购买保险可以在 Nexus Mutual 网站上完成，过程很简单。

（1）从网站上选择"获取报价"（Get a Quote）；

（2）选择"购买保险"（Buy Cover）；

（3）输入想购买保险的智能合约地址；

（4）输入希望购买的固定保额（DAI）或 ETH；

（5）输入希望保障的时间；完成这些步骤后，只需几分钟，系统将生成一个报价，用户将用 Metamask 进行交易。如果选择购买保险，系统会提示还需要在此时成为 Nexus Mutual 的会员。

5. NXM Token

Nexus Mutual 发行了 NXM 的本地化代币。NXM 代币用于购买保险、参与风险评估和参与索赔评估。它也用于资本融资，体现对互助平台的所有权。随着平台资金池的增加，NXM 的价值也将增加。通过该平台，用户可以做两件事——购买资金保险或通过抵押 NXM 成为风险评估师。NXM 使用代币绑定曲线，该曲线受平台资金量以及一定概率下满足所有承保所需资金量的影响。目前，NXM 代币尚未在任何交易所进行交易，仅用作 Nexus Mutual 的内部通证。

6. 风险评估师

Nexus Mutual 引入了"非中心化风险评估"机制，让一群智能合约安全性审计专家通过质押代币的方式参与特定风险的评估，他们因此能够获得系统给予的代币奖励。这些审计专家在 Nexus Mutual 被称为风险评估师。

风险评估师对于自己觉得安全的智能合约，通过质押代币的方式声明其个人对智能合约安全性的背书。如果这份智能合约不安全且发生了被盗事件，那么，作为惩罚，风险评估师之前质押的代币将会被燃烧掉，如表 9–2所示。

表 9–2　风险评估师做质押的示例表

行为	质押	回报
第 1 天：Alice 质押 200NXM 代币	200 NXM	—
第 5 天：Jill 购买价值 5ETH 的保险 （等价于 200NXM 代币）	—	Alice 获得 40NXM
第 52 天：Bob 质押 150NXM 代币	150NXM	
第 52 天：Jack 购买价值 1000DAI 的保险 （等价于 180NXM 代币）	—	Alice 获得 36NXM
第 65 天：Joe 购买价值 10ETH 的保险 （等价于 400NXM 代币）	—	Alice 获得 24NXM、Bob 获得 56NXM
第 100 天：Jack 成功获得价值 900NXM 代币的索赔	Alice 燃烧 120NXM， Bob 燃烧 120NXM	—

资料来源：Nexus Mutual Medium。

风险评估师是了解智能合约风险的专业人士，或者：

（1）具备自行评估 DAPP 安全能力的人；

（2）信任评估智能合约是安全的人（如代码审计师或其他利益相关者）当风险评估师投票表决通过后，用户将立即收到赔款。

7. 投票索赔

如果发生了被盗事故，那么可以随时从 Nexus Mutual 应用程序的"Manage Cover"提交索赔评估员投票。

索赔评估员投票环节必须满足两个条件：①每次索赔参与的评估员的

NXM 质押量，必须超过该次索赔的保险金额的 5 倍；②70% 以上的投票一致（同意或不同意）。如果这两个条件不能达成，则进入全员投票环节。全员投票顾名思义就是全部 NXM 持有人进行投票，不需要质押 NXM。投票参与者所有的 NXM 会锁定两天，与之对应的是，参与者将获得费用池奖励。

全员投票必须满足一个条件：参与的 NXM 锁定量必须超过索赔金额的 5 倍。如果上述条件不成立，则再次进入索赔评估员投票阶段，此时第一阶段的两个条件将取消。如果索赔得到批准，它将自动支付到你的账户。

不同于传统保险公司根据保险合同的条款来批准或拒绝索赔，Nexus Mutual 通过成员投票结果来决定赔付与否。Nexus Mutual 提供一个平台，所有在平台上购买保险的人都将成为会员。平台上的会员可以质押一部分 NXM 代币成为索赔评估员，对他人提交的索赔申请进行投票。投票结果拥有最高决定权，即决定最终赔付与否。Nexus Mutual 认为这能让在传统保险模式下由于严苛的条款无法获得赔偿，但其实又确实让遭受了损失的人得到应有的赔偿。

为了使这套制度充分发挥作用，就需要激励人们对索赔进行投票，还需要有严厉的惩罚机制来防止舞弊行为。Nexus Mutual 的做法是：奖励代币给评估与共识投票结果一致的索赔评估员，并惩罚那些与投票结果不一致的索赔评估员。

然而，如果出现极端事件，如由于对索赔是否合情合理产生争议，使索赔评估员质押的代币被燃烧。这种情况是有失公允的，应该避免。为此，除了上述激励机制外，Nexus Mutual 还会引入时间窗口（Timing Windows，常被用来限流的一种算法）和人为干预，来应对上述事件的出现。

第一轮：在索赔评估员中进行投票表决，如果 70% 以上的人达成共识则直接出结果，若不到 70% 则进行第二轮（若投票最低人数未达到，则是所有会员参与投票）。

第二轮：所有 Nexus Mutual 会员参与投票，大多数人的共识直接通过（若投票最低人数未达到采用第一轮多数人选择的结果）（见图9-3）。

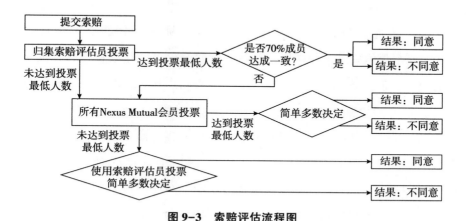

图 9-3　索赔评估流程图

资料来源：Nexus Mutual。

8. 代币经济

从概念设计上讲，Nexus Mutual 的共享资金池与 Uniswap 非常类似，Nexus Mutual 的会员为资金池提供流动性（以 ETH 为单位），获得 NXM 代币作为回报。类似地，Uniswap 的流动性提供者将 ETH 和其他资产对贡献到流动性池中，并获得相应的代币作为回报（见图9-4）。

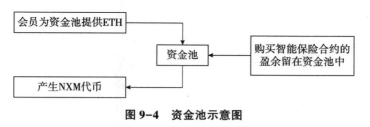

图 9-4　资金池示意图

资料来源：Medium。

Nexus Mutual 会员购买智能保险合约的盈余会保留在资金池中，由 NXM 代币持有人共享。类似地，Uniswap 流动性提供者从交易中赚取费用，交易者在流动性池中的交易被收取的少量费用，由流动性代币持有者共有。

尽管从基本模式来看 Nexus Mutual 与 Uniswap 两个模型存在相似的地方，但是 Nexus Mutual 在这种共享资金池的基础上添加了一些别的元素：

（1）智能保险合约 Smart Contract Cover 最后所剩的保费预计盈余30%，这个数值只是个预期值，实际的索赔金额可能比项目方估计的更大或者更小。但是不管怎么变化，所有的 Nexus Mutual 会员都将共同承担风险。

（2）当一个 Nexus Mutual 的会员用购买一份保险时需要用 NXM 代币，所支付的 NXM 代币90%会被系统所燃烧，剩下的10%会被锁住一定时间（保险期+额外35天）以进行索赔评估程序，这样的目的是为了防止投保人轻率地提交索赔申请。此外，系统还将铸造新的代币，作为对索赔评估以及参与治理活动的奖励。

NXM 只能通过 Nexus Mutual 平台购买，无法通过其他交易所、经纪人或交易平台购买。那些希望炒作 NXM 价格的人可以在交易所通过购买和出售 WNXM。WNXM 可以被当作是 NXM 在交易所的一个映射。

但是，NXM 最有意思的还是它的价格决定机制，这要回溯到它的价格公式：

$$\text{Price} = A + \left(\frac{MCR_{ETH}}{C}\right) \times MCR\%^4$$

从这个定价公式看，Price 为 NXM 价格，A、C 是常数，不会变。影响 NXM 价格的是 MCR（最低资本要求）和 MCR%。

$$MCR\% = \frac{\text{赔付池总金额}}{\text{所需赔付总金额}}$$

MCR_{ETH}就是资金池中支付所有保险赔付的最低资金要求。从 NXM 的价格计算公式中可以看出，MCR%对 NXM 短期价格影响最大，而其长期价值的捕获则主要取决于MCR_{ETH}，也就是最低资本要求。MCR（最低资本要求）的上涨则主要取决于购买保险金额的上涨。

总的来说，业务基本面决定 NXM 价格。如果购买保险的金额在上涨，那么，MCR 也在上涨，如果 MCR 下降，其价格也会下降。从长期的角度，主要看其购买保险资金的规模，也就是其业务本身的需求量大小，同时关注其承保资金池规模的增长。

NXM 有四种用途：

（1）获得保险：NXM 可以通过销毁获得保险。90% 的代币用来销毁，10% 的代币将锁定，用来提交索赔。锁定天数为保险天数加 35 天。

（2）索赔评估质押：用户参与索赔评估，赚取结果奖励，必须质押 NXM。

（3）风险评估质押：参与风险评估也需要质押 NXM。

（4）赎回：在满足一定的条件下，用户可以将 NXM 销毁置换回 ETH。

9. 风控

Nexus Mutual 在风险控制方面的重要设计是容量限制（Capacity Limits），即相似类别的智能合约在资金池中的占比将设置固定上限，避免在极端特殊情况下，某一类智能合约的集体索赔事件影响到整个资金池的赔付能力。其经济学本质可以理解为：通过智能合约的多元化组合来分散资金池的风险。

四、Nexus Mutual 竞争优势和劣势

目前市场上的主要保险项目有 Nsure、Cover、Etherisc、VouchForMe、Opyn，Nexus Mutual 能够成为保险龙头，主要有以下四点优势：

（1）NXM 代币的需求是由业务驱动，价格模型十分清晰；

（2）独特的审核制度；

（3）资金池模式，固定费率；

（4）覆盖承保 DeFi 项目多。

同样地，对于 Nexus Mutual 及其团队来说，存在许多诟病：

（1）依旧是安全问题，2020 年 12 月 14 日，Nexus Mutual 在推特上表示，其创始人 HughKarp 的个人地址被一位平台用户攻击，被盗 37 万 NXM。官方表示这是一次具有针对性的攻击，只有 Karp 的地址受到影响，Nexus Mutual 或其他成员没有后续风险。官方称，Karp 使用的是硬件钱包，攻击者获得了对他电脑的远程访问权限，并修改了钱包插件 MetaMask，欺骗他签署了交易，将资金转移到攻击者自己的地址。这位攻击者在 11 天前完成了 KYC，然后在 12 月 3 日换了一个新地址。这次创始人钱包被盗没有对 Nexus Mutual 直接冲击，但也敲响了安全警钟。如果项目被盗，后果不堪设想。

（2）Nexus Mutual 需要解决的问题是如何扩大保险范围，以及向什么方向发展，覆盖智能合约漏洞虽然是一个很好的利基，但这只是新兴加密货币世界的冰山一角。

（3）由于合规和监管原因，目前全世界有 17 个国家的用户无法成为会员，其中包括印度、俄罗斯、中国、日本、墨西哥、伊朗等国家，很多用户无法成为 Nexus Mutual 的社区用户。

（4）中心化顾问委员会。Nexus Mutual 称，咨询委员会的存在是为了"向成员提供合格的技术指导，并在必要时发挥紧急职能"。

五、发展趋势

Nexus Mutual 在 DeFi 挖矿火热的时候经常会出现没有保险可买的情况，即使是现在依然时有发生。

Nexus Mutual 保单的购买额度取决于有多少 NXM 质押给了某个项目，质押了 NXM 给某个项目的用户，将享受质押项目 50% 的保费收入。质押金额越高，保险的可购买额度越多，也意味着越多的用户认可平台的安全性。发生赔付时，用户质押的 NXM 将会按比例销毁。用户既享受收益也承担风险。

Aave 等平台的质押金额并不算小，但依然没有保险可以购买，这说明用户需求比较旺盛。这里就显示出了 Nexus Mutual 的可扩展性问题，当需求增加时，供给并不一定会增加，会导致无险可买的情况发生，限制平台发展。

Nexus Mutual 3 的博客上列出了其接下来的发展方向，主要方向是实现基于需求的定价、新的质押系统、实现投资收益及多系统风险保障。

Nexus Mutual 目前的保费是固定定价，无论有多少需求，保险的费用都是一样的。基于需求定价意味着保费会随着需求而发生变化，有点像我们熟悉的代币交易，价格随买、卖需求的强弱而发生变化。保费的提升将会激励更多用户质押到对应项目上，从而提升可购买额度。

新的质押系统是为了鼓励更多用户参与质押，目前的质押系统用户的收益风险比并不划算，质押产生的收益相比承担的风险来说没有吸引力，新的质押系统旨在改善这一情况，从而提升保险的可购买额度。

投资收益是保险公司收入的重要组成部分，Nexus Mutual 的资本池内沉淀了大量资金，能产生不错的收益。但 Nexus Mutual 的投资方向需要足够低的风险，投资收益的实现需要仔细权衡。

根据 Hugh Karp 的访谈，在去中心化方面有三件事可以做：一是定价模型完全上链。目前链下定价基本原理就是：需要调用链下 API 获得报价，之后提供签名信息，与链上交易连接，没有报价引擎的链下报价就没有办法买保险。Nexus Mutual 定价模型还处于产品迭代中，还需要调试，未来 Nexus Mutual 要做到只需链上调用智能合约就能完成定价，待合约确定且模型完善后，定价模型就会发到链上。

二是资金模型上链。目前 Nexus Mutual 需要每天链下运行一次庞大复杂的资金模型，检查有多少保单，需要多少资金支持。Nexus Mutual 要做的就是要独立运行资金模型，并让任何人都可以独立运行，使资金模型在与链上信息出现偏差时通过治理方案更新。

三是提高去中心化程度。要做到去中心化，最难的就是社区治理。有两方面问题需要得到解决：①索赔评估的惩罚。Nexus Mutual 目前是中心化方式，但 Hugh Karp 希望可以有更多团体加入他们，以更加去中心化的方式运行。②控制关联风险。如果有两种风险高度相关，Nexus Mutal 不想提供资金池最高 20% 的标准，因为一种风险下降，另一种风险也会下降。要将两种风险联系起来，只能让一些团队来检查关联风险和保额限制，并长期管理。要是承保者愿意承担更多风险，他们可以不受法律限制。这要求完全去中心化的 DAO，同时不再需要 KYC。

DeFi 保险还处于非常早期的阶段，NXM 占据保险项目先发优势稳步前行，但同时也有不少其他优质保险项目，比如 Cover、Opyn、Nsure 等紧追其后，未来格局或许会发生变化。DeFi 保险确实是一次重大的金融创新，它打开了一种新的思路。

谈及整个行业，DeFi 保险尚处于起步阶段，未来的发展潜力与成长空间巨大。但立足眼下，在 DeFi 保险的发展道路上还存在着诸多需要解决的难题。比如 DeFi 保险所要求的信息公开透明性，主流市场难以实现；DeFi 保险面临大规模的风险对冲需求难以被满足，以及流动性较低等问题；操纵风险一直是任何系统都抗拒的，DeFi 保险秉持的去中心、去信任的设计理念，将会对之带来挑战等。

第三节　Nexus Mutual 和 Opyn 之间的主要区别

目前，去中心化金融中使用最多的保险解决方案是 Nexus Mutual 和

Opyn。这些协议提供保险的模式完全不同。每一个都有自己的优势和利弊，这意味着它们针对不同的用例进行了优化，但对供应方和需求方也有不同的风险（见表9-3）。

表 9-3　**Nexus Mutual 和 Opyn 之间的主要区别**

	Nexus Mutual	Opyn
安全保障	智能合约安全攻击	技术、金融、密钥管理的风险
索赔审批	支持——投票方式	不支持——索赔后立即生效
保障合约	主网上的任何智能合约（覆盖广）	Compound 和 Curve 平台（覆盖受限）
流动性	资金池	双向市场
全抵押	否	是
公共资金池	是	否
定价	Nexus 价格算法和风险评估师	取决于以 Uniswap 为主的市场供需

资料来源：How to DeFi。

Nexus Mutual 的运营更类似于人们认为的传统保险——只有 NXM 代币持有者拥有和提供资本。成员将 ETH 存入共享资本池，作为回报，他们会收到 NXM 代币。用户可以向 Nexus Mutual 提交保险索赔，NXM 代币持有者投票决定是否接受索赔。然后，资本池被用于支付保险索赔。

Opyn 是一个抵押期权的协议，主要针对保护性看跌期权推出了保险。期权卖家存入 ETH，并定义期权的基本参数，如行权价、到期日和资产等用来铸造 oTokens，这些 oTokens 基本上是其他 ERC20 代币的保险版本（如 oDAI 保护 DAI 的下行价格波动）。然后，用户可以在去中心化交易所自由交易这些代币。

与所有被认为是去中心化金融的热门项目相比，Nexus Mutual 和 Opyn 之间的一个主要区别是每个项目的去中心化程度不同，Nexus Mutual 处于更中心化的一端。链上的 Nexus Mutual 组织与英国的一家公司相连，这家公司已获得金融市场行为监管局（英格兰银行）的批准，可以以互助的形式运营。用户必须通过 KYC 检查才能购买保险，或者以 NXM 代币持有者的身份加入该组织。相比之下，Opyn 是相对去中心化的。任何人都可以推出 oToken，并在公开市场上出售这些代币——尽管目前为止在实践中，是 Opyn 团队一直在负责创建所有具有实际意义的流动性期权。Opyn 团队有一个管理密钥，允许他们设置特定的参数，如最低抵押比例，但不允许访问用户的资金或将 oToken 列入白名单。最终计划是让 Opyn 完全去中心化和社区治理。

Nexus Mutual 的机制跟 Opyn 不同。Nexus Mutual 对保险金额有严格限制，其保险的范围也有一定的限制，比如主要预防黑客入侵造成的风险，而对流动性等风险暂不提供服务。此外，在发生索赔事件时，需要人员参与，需要区分是代码错误还是黑客行为等，由于人为参与，会导致较高的执行成本。

Opyn 由于采用期权模式，其保护性的看跌期权可以提供客观性的保险服务，不管资产因为何种原因（黑客入侵或市场闪崩等）发生损失，都能提供保护。同时，由于期权模式有客观的行权标准，期权买家只要符合条件就可以行使权利，双方既不用考虑保险欺诈，也不用考虑人为索赔和欺诈评估的繁杂事务，可以节省成本。

从结构上看，Nexus Mutual 与 Opyn 的主要区别是用于保险的资本池。在 Nexus Mutual 中，一个单一的共享资本池用于覆盖所有的保险索赔，而在 Opyn 中，每个市场都必须单独支付（即抵押）。这改变了保险提供者（NXM 代币持有人和 Opyn 期权卖家）的风险在同一协议管理的市场之间的不同分布。NXM 代币持有者要分担相互之间提供的所有保险的风险，索赔也可能需要所有代币持有者参与保险赔付。风险评估以及了解哪些合约要提供保险，是由每个在智能合约上质押代币的 NXM 持有人完成的。活跃的 NXM 押注者会获得额外的奖励，但也是首批用于保险赔付的资本。最近，质押合约的奖励从保障金的 20% 更新为 50%，以激励更多的积极质押者参与。Opyn 的模式比较简单，每个市场都有自己的买家和卖家，提供抵押品的期权卖方要确保偿付能力。Opyn 的市场是有超额抵押的，通常是期权价值的 140%，这意味着每 1 美元的保险金额至少有 1.4 美元的资产锁定。如果期权卖方的抵押品跌破 140%，就会被清算，同时保险买家仍有保障。相比独立的期权，共享资金池中这种方式带来的一种结果就是，Nexus Mutual 可以是低额抵押（Undercollateralized）。因为风险是分散在不同的保险范围中的，除非同时出现许多智能合约完全崩溃的情况，否则Nexus Mutual 应该能够承担所有的保险索赔。Nexus Mutual 资本池的最低资本要求是由 Solvency II Minimum Capital Requirement（MCR）公式计算出来的。根据未偿付的索赔总数、每项索赔的价值、每项索赔的风险以及各索赔之间的相关性，MCR 计算出在某一年内能覆盖 99.5% 负债的最低资本要求。保险事件越不可能发生，资本效率的 delta 就越大。如果一个事件发生的可能性为 1%，那么 Opyn 就会要求锁定等于反概率资本的金额，以支付全部的保险金。在期权模型中，对于不太可能发生的事件，提供流动性就会变得非常昂贵。

Nexus Mutual 的共享资金池的另一个好处是，它可以更容易地引导流动性。用户与 Nexus Mutual 能以点对合约的模式进行交互，如果有足够多的 NXM 质押者愿意承担该智能合约，用户只需从资金池中购买保险即可。最近 Nexus Mutual 更新为共享质押模式，NXM 的持有人可以利用代币同时为最多 10 个不同的智能合约提供保险。点对合约模式在为 Uniswap 等自动化做市商（AMMs）引导流动性方面取得了成功，并且通常是比直接点对点的市场更成功的模式（如在借贷协议中）。

由于 Opyn 的期权是被设定为有正式参数的金融产品，因此 Opyn 可以为用户提供 Nexus Mutual 无法提供的精确程度。期权不是主观的，对于持有保护性看跌期权的用户来说，什么时候该行使期权是很明确的。Nexus Mutual 的保单在软件上没有这样直接的参数定义，而是有一个书面的政策，描述了哪些类型的攻击会被包含在内。这一点主要是指"智能合约代码被以非预期的方式使用导致的直接后果"。所有的保险都是酌情赔付的，NXM 代币持有人对保险索赔是否会被批准有最终的决定权。Nexus Mutual 对智能合约攻击的定义并不包括许多用户可能会损失资金的常见情况。例如，Nexus Mutual 不会涵盖 DAI 稳定币变得抵押不足并与偏离 1 美元目标挂钩的情况，因为在智能合约依然按照预期工作的情况下这种情况也是可能发生的。在 Opyn 中，用户可以很简单地购买 oDAI 代币，然后在发生这种情况的时候赎回。Nexus Mutual 的模式可能会给用户带来一些困惑。2020 年 2 月发生的 bZx 闪电贷攻击事件，导致了 32 万美元的损失，但最初保险并没有理赔，因为看起来 bZx 的智能合约是正常运作的，但当更多的信息公布出来后，很明显其中一个智能合约在事实上已经失效了，因此后来与攻击相关的保险都获得了理赔。到目前为止，Nexus Mutual 处理的每一个案例对于用户和 NXM 代币持有者来说都是相对比较清晰明确的，25 起保险索赔都在参与成员达成超过 99% 共识的情况下获得通过或拒绝。

至于 NXM 代币持有者是否清楚某项索赔是否会被通过就可能是题外话了。Nexus Mutual 的模式对用户来说是不完美的，因为他们无法提前确定什么类型的攻击会最终导致损失。最近，去中心化金融中的许多攻击都是基于智能合约组合在一起时发生的意外行为。例如，在最近的一次攻击中，Balancer 的流动性池被抽走了 50 万美元，但 Balancer 的智能合约是按照预期工作的。在这种情况下，Nexus Mutual 目前是不太可能会提供保障的。

Nexus Mutual 作为互助保险，对于 DeFi 的发展也是重要尝试，截止到 2020 年 6 月 Nexus Mutual 的活跃保险总额达到 16326.15ETH，而且 Opyn 的期权保险服务也无法完全涵盖 Nexus Mutual 的服务。曾经有用户在 Nexus Mutual 为 Opyn 提供接近 7 万美元的质押资金（质押截止日期为 2019 年 12

月 26 日），之后有用户在 Nexus Mutual 中为 Opyn 购买了为期一个月的保险，保险金额达 2.5 万美元，这相对于通过 Nexus Mutual 为 Opyn 的用户提供了保险服务，实现对保险业务的再保险。

第四节　去中心化保险行业分析

一、去中心化保险细分领域分析

目前在去中心化保险行业，主流去中心化保险项目包括：Nexus Mutual、Upshot、Etherisc、CDx、Convexity、VouchForMe、Augur。介于它们的模式各不相同，我们将对整个行业做分类梳理。

根据图 9-5，我们把去中心化保险行业的领域细分为：共享资金池（Nexus Mutual）、预测市场（Augur）、金融衍生品（Convexity）、去中心化保险协议（Etherisc）、社交证明背书的保险（VouchForMe）五个大类。其中，Upshot 这个项目是将共享资金池和预测市场结合到一起，旨在推出比 Nexus Mutual、Augur 更好的保险解决方案。

二、风险共担池

Nexus Mutual 采用的是风险共享的模式，它有一个风险共担池，这个资金池由持有 NXM 代币的社区成员进行治理，由社区来投票决定哪一个索赔申请是有效的。Nexus Mutual 最初启动时提供的是智能合约保险，允许任何人购买任何基于以太坊智能合约的保险。这意味着 DeFi 用户现在就

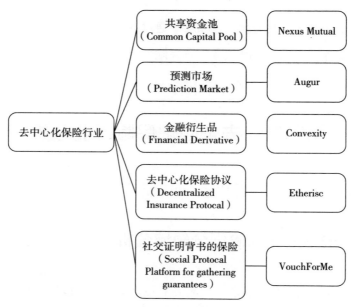

图 9-5 去中心化保险行业细分领域

资料来源：IOSG 风险投资公司。

可以通过购买保险让自己在 Compound 或 Dharma 上借出资金、在 Uniswap 存放的数字货币获得保护。之后 Nexus Mutual 还希望在智能合约保险之外提供更多区块链和传统保险的产品。

三、预测市场

除了保险原生的协议，以及衍生品交易、期权协议等金融产品的模式，预测市场其实也可以作为一种保险机制使用。比如可以通过在 Augur 上建立一个预测市场来为自己可能遭受到的风险进行对冲，但这种模式要求必须有足够多的人愿意参与预测市场的下注。

四、去中心化保险协议

Etherisc 的思路很像 DAO 领域里的 Aragon——先搭建通用的去中心化保险应用平台，让开发者能利用这个平台快速开发出新的保险产品。

Etherisc 核心团队开发了一些保险通用的基础结构、产品模板和保险许可即服务，允许任何人创建自己的保险产品。目前 Etherisc 社区设计了一套基本的保险产品，范围覆盖从航班延误保险、飓风保险到加密钱包和贷款抵押保险。

五、社交证明背书的保险

VouchForMe 的思路从产品名字上就可以看出来，它们希望借助社交网络降低投保的成本。你的家人和朋友比其他人都更了解你，更能认知你的风险，VouchForMe 希望从社交网络和社会关系中为用户收集愿意为你背书的担保人，通过担保人让保险公司相信你符合要求，从而降低投保的成本。担保时需要签订一份跟保险索赔挂钩的金融承诺书，为你担保的人越多，保费就越低，如果出现了索赔的情况，担保人按一定比例进行承担。

六、金融衍生品

用金融衍生品作 DeFi 的保险在方向上有两个代表性的项目：CDx 和 Convexity。

1. CDx

CDx 是代币化保险的交易平台，其本质是一个信用违约互换的协议。信用违约互换合约是国外债券市场中最常见的信用衍生产品，指的是在一定期限内，买卖双方就指定的信用事件进行风险转换的一个合约。合约的买方在合约期限内或在信用事件发生前定期向合约卖方就某个参照实体的信用事件支付费用，以换取信用事件发生后的赔付。

CDx 上的风险转换的合约叫 Swap。卖家可以通过铸造一个与 Swap 类型对应的 Token，Swap 卖家需设置好自己需要保险的资产总额及希望得到的赔付金额；买家可以通过 Swap 条款决定是否购买。CDx 上的 Swap 合约通过服务商撮合，最终在链上成交。此外，Swap 合约本身也可以像普通 Token 一样在二级市场进行交易买卖。如果遭到了违约，持有 Swap 的人就能通过 Swap 去兑换相应的赔付款。

2. Convexity

Convexity Protocol（产品为 OPYN）是一个基于 ERC20 同质化代币的期权协议，在 OPYN 里，oTokens（option token）可以作为一种保险工具，其运作机制接近于金融衍生品和期权交易，通过该产品，用户可以通过购买看跌期权来为自己的资产提供保护。

Convexity Protocol 想要做的就是把传统金融里的看跌期权产品复制到 DeFi 领域，并且对期权卖方提供更灵活的选择，减少限制。人们可以通过抵押以太坊 ETH 来铸造出一个 ETH 的 oToken，这个 oToken 就代表着以太坊的看跌期权。期权买方可以选择买入 oToken 来获得 ETH 发生暴跌的保险。期权卖方通过抵押自身 ETH 卖出期权获得一定的期权费用。

七、在 Defi 领域的保险解决方案比较

目前的去中心化保险的解决方案最主流的为：风险共担资金池（Common Capital Pool/Insurance Pool）、预测市场（Prediction Market）、金融衍生品（Financial Derivative）这三种模式，像去中心化保险协议 Ethersic 这样的项目由于重点是在协议层提供一个平台为保险开发者提供便利，因此

本书暂时不把 Ethersic 与上述的三种模式（均集中于应用层）做直接比较。

根据 Hugh Karp 的观点，风险共担资金池、预测市场、金融衍生品三个模式都各具优劣势，那么如何利用各自的特点去推出适合用户需求的产品才是最重要的。我们可以从以下几个维度去比较三类产品，分别是：资金池与流动性（Capital Pool & Liquidity）、灵活性（Flexibility）、索赔评估与预言机（Claim Assessment & Oracle）、风险评估与保险定价（Risk Assessment & Pricing）。

1. 资金池与流动性——资本效率

对于去中心化保险类的项目作对比必然绕不开"风险共担资金池"这个话题。风险共担资金池能够在分散化风险的同时还能让资金池的参与者（即投保人）无须做完的抵押。举个简单的例子，如果某个投保人想为自己智能合约中的 200 个以太坊投一份保险，那么他/她只需要向资金池里面贡献 1.06 个以太坊即可，而无须真正地往里抵押 200 个以太坊。

相比较之下，在预测市场和金融衍生品则需要 100% 的抵押资金来做赔付。尤其是当有一个风险发生概率极低时，比如每年 1% 概率，显然在这种情况下要客户对一个发生概率极低的风险做 100% 资金的长时间抵押的资本效率是较为低下的。风险共担资金池的模式要比预测市场和金融衍生品的资本成本要低得多。

在流动性方面，Hugh Karp 认为风险共担资金池能够更快地给各种类型的风险提供流动性，因为只要形成一个资金池就能够覆盖各种类型的风险。相比之下，预测市场和金融衍生品在这方面就会差许多，因为其需要买卖双方共同参与的特性让每一份保险都需要去寻找流动性，即寻找交易对手。

2. 灵活性

从构建新产品的灵活性上，预测市场和金融衍生品在保险合约的创新速度上是比风险共担资金池要快的。原因是在形成一个风险共担资金池之前需要在定价、承销方面做大量的研究工作以保证资金池形成之后能有足够的能力去承担风险，简单地说就是有足够的能力做赔付。

3. 索赔评估与预言机

在索赔评估方面，Nexus Mutual 采用社区成员投票方式，且并不涉及预言机。根据 Hugh Karp 的解释，不需要预言机是因为针对智能合约的索赔评估，一切关于智能合约的信息在链上都是公开透明的。

另一个我们关注的项目——预测市场的项目 Upshot，在索赔评估方面使用的是预言机，但是 Upshot 并不为预言机去寻找外部信息源，而是设计了一套"信誉排名"的机制为 Upshot 平台上参与索赔评估的预言机（也就是索赔评估员）做声誉排名。根据 Upshot 的设计，投保者会倾向于向高排名的预言机去做索赔评估。在这一设计上，Upshot 的 Nick Emmons 认为 Nexus Mutual 的投票决定索赔与否的机制设计存在缺陷。

金融衍生品则没有预言机，用户兑换看跌看涨期权时直接使用事先定好的价格进行偿付。这是金融衍生品作为保险手段的一个优势。

4. 风险评估与保险定价

对于风险评估和保险定价，Nexus Mutual 采用的是让社区成员质押代币去评估智能合约安全风险（判断其被黑客劫持的概率）的方式，具体对智能合约作风险评估的方式就是运行多次黑客攻击测试，对一份智能合约运行过多次攻击测试才能为投保者提供一个低廉的投保报价。比如，在 Nexus Mutual 开了一份智能合约的保险，那么在合约生效之前，Nexus Mutual 平台上的风险评估师会对智能合约做攻击测试、做安全测验，在确保智能合约的安全性达到指标后才会生效，当然不可能每一份智能合约都去做多次攻击测试，对于与之前在平台上评估过的类似的智能合约根据 Hugh Karp 的说法就不需要多次烦琐地攻击测试了。

对于预测市场的项目，比如 Augur、Upshot，假设智能合约被黑客劫持发生事件的可能性为 1%，如果投保人想承担此赌注的另一面（也就是投保人的交易对手方），则投保人的交易对手可以赚取的最大金额为投保金额的 1%，但同时对手一开始必须锁定全部潜在的索赔额（全额抵押）；如果该事件真的发生了，投保人交易对手将损失一开始锁定的资金，损失的资金将作为投保人的赔付款。在预测市场中，做风险评估和保险定价这件事情的是市场，对于发生概率极低的事件，显然投保人的交易对手的资本成本是高昂的，另一个值得思考的问题是，在预测市场是否能找到足够的交易对手愿意去承担这份保险的风险。

第五节　去中心化保险行业的问题

一、传统保险行业的痛点

许多人关心去中心化保险相对于传统保险的优越性在哪里，为了弄明白去中心化保险能解决什么问题，首先得清楚传统保险行业的痛点是什么：

1. 风险评估成本高昂

风险评估通常包含数据整合和数据处理两部分。风险评估通常是保险精算师的工作。对于一个中心化实体（传统的保险公司）来说，因为数据来源是中心化的，所以要完成数据整合、处理并能确保风险评估的准确是一件成本高昂的事情。

2. 保险索赔核实中心化、不透明

索赔核实这种事情在传统保险业只允许一小部分人或机构去完成，如果能去中心化、用更好的激励手段让更多人（甚至任何人）都去参与索赔核实的话，能极大地降低保险公司、客户的成本，也能带来更多样化的保险产品。

3. 保险三个核心模块的协调难度高

保险行业的三个核心模块包括：精算、偿付能力、索赔。对一个中心化实体（保险公司）来说，要同时协调这三方面的资源不是一件容易的事情，也带来了高昂的成本。据统计，在传统保险业有超过50%的保险成本来自于此。现在有新的方向，如 Near 上的保险项目 Upshot，想用预测市场的模式去取代传统保险领域，但是这种方案在实际落地时会较难，难点在于预测市场很难在无法识别投保人信息（包括投保人历史、信用记录等）的情况下去做风险评估。

二、去中心化保险业存在的问题

针对以上三个痛点，Nexus Mutual 和 Upshot 都试图用区块链技术和去中心化治理的模式解决，但依然存在问题：

1. 索赔评估（Claim Assessment）

关于索赔评估，Nexus Mutual 采用的是让社区成员质押原生代币（NXM），然后对索赔申请（Claim Submission）做投票，以决定最终是否对投保人进行赔付；而 Upshot 试图运用去中心化预言机网络来扮演索赔评估人的角色（Claim Assessor）来完成评估的工作，Upshot 的设计是让任何想做索赔评估工作的人都可以参与，但是理论上需要自己配备预言机，并且预言机的信息来源（即 Who is your Oracle's information provider）Upshot 平台不管，Upshot 平台上会有一个关于预言机的信誉排名列表。Upshot 想用这种方式来对预言机进行约束。

对于 DeFi 的产品，或者简单地说就是投保人为自己在 Maker、Compound、Uniswap 平台上的智能合约投一份保险（考虑到智能合约会被黑客劫持而造成经济损失），那么对于智能合约的状态信息其实是链上信息

（on-chain），那预言机作为获取链下信息的渠道在这里的必要性其实并不大。

2. 风险评估与保险定价（Risk Assessment & Pricing）

由于 Upshot 想在预测市场上做保险，那么风险评估与保险定价这件事情就需要市场去完成。简单来说，运用预测市场去完成风险评估的工作的背后是相信"群体智慧"的力量，市场上的广大群众会完成这件事情，如果一个投保人想发起一份关于"自己智能合约是否会被盗"的事件合约，那么投保人的交易对手会通过自己去做风险评估来判断这件事件发生的概率。

3. 交易对手的抵押问题

智能合约被黑客劫持是小概率事件，投保人需要付出的保费（Insurance Premium）并不多，如果黑客事件未在约定好的时间内发生，其付出的保费就归交易对手所有。交易对手为了得到这一点保费却要做完全抵押（Fully-Collateralized），即投保人的保险投保金额为多少，交易对手就要抵押相等数额的资产，虽然说交易对手可以由 n 个人组成来平摊这部分抵押资产，但是依然无法改变资本效率非常低的事实。

传统金融投资者对 DeFi 领域缺少稳定安全的保险业务的顾虑，是导致他们不敢进场的重要原因之一。由于数字资产价格的高波动性以及智能合约安全性等问题，传统保险公司保守的业务模式让它们在短期内不太可能应运市场需求，为 DeFi 或数字货币行业提供业务。因此，诸如 Nexus Mutual、Opyn 这样去中心化的保险就成了"第一个吃螃蟹的人"。

尽管区块链技术和智能合约理论上可以消除传统保险行业管理效率低下、大部分与治理和监管相关的高成本等问题。但在保险定价、风险评估以及事后赔付上的设计仍然处于早期，最核心的风险在于用社区投票进行赔付评估上有用脚投票的可能，因为投票者又是资金池的利益相关者。此外，除了智能合约被攻击的风险，一些现实世界的保险品类也很难完全用去中心化的产品替代（因为涉及大量的投保人评估、担保风险评估、产品定价等业务），Upshot虽然对此想利用预测市场的方式、运用群智去解决这些事情，但是也过于理想化难以实际落地。

综上所述，去中心化保险这个赛道尽管有价值，但是也要辩证地看待，明白哪些问题能被解决，哪些问题目前还不能被解决。

参考文献

［1］ Bite. 一文读懂 DeFi 保险龙头 Nexus Mutual，它与 Cover 有何根本不同？［EB/OL］.（2021-02-06）［2021-03-22］. http：//www. shilian. com/redian/344096. html.

［2］ Darren Lau，Daryl Lau，Teh Sze Jin，et al. How to DeFi ［M/OL］. CoinGecko Group，2020：3 ［2020-07-13］. http：//www. doc88. com/p-49716919921908. html.

［3］ IOSG. Nexus Mutual 一个被严重高估的去中心化保险 ［EB/OL］.（2020-09-04）［2021-03-21］. https：//www. jinse. com/blockchain/808748. html.

［4］ Leo Young. DeFi 保险明星 Nexus Mutual 下一步是什么？管理 DeFi 风险还有哪些可能性？［EB/OL］.（2020-09-21）［2021-03-22］. https：//new. qq. com/omn/20200921/20200921A0IDF900. html.

［5］ Mika Honkasalo. 去中心化保险，DeFi 的下一个热点？［EB/OL］.（2021-07-18）［2021-03-22］. https：//www. erhainews. com/n11815358. html.

［6］ Nick Sawinyh. Opyn - DeFi Options Trading Protocol ［EB/OL］.（2021-01-20）［2021-03-19］. https：//defiprime. com/opyn.

［7］陈蕴．金融"穿透式"监管法律研究——从侨兴债违约案件切入［D］．华东政法大学，2018．

［8］郭杰群．信用违约互换基础及其对中国的启示［J］．清华金融评论，2016（11）：87-90．

［9］盒饭君．"提质控速"新战略下，碧桂园入选 iTraxx 指数［EB/OL］.（2018－09－18）［2021－03－21］．https：//www．sohu．com/a/254493630_419187．

［10］蓝狐笔记．简单读懂 Opyn：为 DeFi 提供社会可扩展性［EB/OL］.（2020－06－08）［2021－03－21］．https：//www．beekuaibao．com/article/719559077888221184．

［11］区块链研习社．DeFi 保险空间巨大，Nexus Mutual、Cover、Nsure 模式对比［EB/OL］.（2020－11－30）［2021－03－22］．https：//www．jinse．com/news/blockchain/928731．html．

［12］孙丽艳，陈华．发展信用违约互换破解中小微融资困境［J］．当代金融家，2020，180（6）：60-62．

［13］陀螺财经．账户余额无故消失，Opyn 合约为何被盗？［EB/OL］.（2020－08－05）［2021－03－21］．https：//blog．csdn．net/tuoluocaijing/article/details/107828800．

［14］夏轶群，梁冉．基于 CDS 策略的专利融资信用风险违约概率研究［J］．金融理论与实践，2019，475（2）：39-45．

第十章
去中心化治理

　　去中心化金融不是单个产品或公司，而是一系列替代银行、保险、债券和货币市场等机构的产品和服务。DeFi DAPP 允许用户将它们提供的服务组合起来，从而开启更多的可能性。由于其可组合性，DeFi 通常被称为货币乐高（Money LEGO）。为了使用 DeFi DAPP，用户通常需要将抵押品锁定在智能合约中。DeFi DAPP 中锁定抵押品的累计价值通常被称为锁定总价值。根据 DeFi Pulse 的数据，2019 年初的锁定总价值约为 2.75 亿美元，而在 2020 年 2 月，该值已高达 12 亿美元。锁定总价值的快速增长标志着 DeFi 生态系统的快速发展，人们开始探求建设一个更加高效有序的 DeFi 生态体系，使越来越多的目光聚集到去中心化治理上。

　　由于行业整体尚处于起步阶段，相关研究和实际经验缺乏，行业整体情绪浮躁，导致很多关于去中心化治理的设计难经推敲，绝大多数项目的治理设计仍是一纸空文，停留在概念阶段，没有可实施的细则；一些即将落地的项目，治理方案仍旧理想化，缺乏实际的可操作性。2020 年，流动性挖矿成为协议向核心用户分发代币的创新激励机制。随着 DeFi 协议的发展，产生了越来越多具备治理价值的内核，以太坊开发显现出繁荣景象，去中心化治理逐渐有了新的发展。

第一节　去中心化治理的定义和必要性

一、去中心化治理的定义

治理可以被定义为管理或监督某事（如一个国家或一个组织）的发展方向的行为或过程。在区块链领域中，治理通常意味着在合约协议中如何指导当前和改善未来。

去中心化治理一直是一个热点，同时也是一个有争议的话题。去中心化治理基本上可以分为两类：链上治理和链下治理。链上治理可以理解为嵌入区块链协议本身的算法，链下治理则是在非正式的区块链协议之外进行的指导和监督。Tezos 是前者的一个例子，而比特币和以太坊则属于后者。

二、去中心化治理的必要性

区块链特别是公链项目，需要全新形式的治理以保持网络的长期稳定，在人类组织和算法平衡中获得平衡。简单来说，治理是一条公链必经的去中心化道路。

去中心化治理的必要性体现在以下三个方面：

（1）要有人为参与，冲突和贪婪就会是不可避免的。区块链无法消除贪婪，但这也不会阻止其尽最大可能让其协议摆脱不可信的人为控制。

（2）区块链去中心化的网络操作系统需要社区治理。去中心化网络操作系统的发展道路存在很多分歧，除了技术的分歧，还涉及理念的分歧、意识形态的分歧等，比如之前各系统里发生的粗暴硬分叉。

（3）从单体去中心化区块链系统来看，面对众多竞争并希望胜出，推广自己的系统，需要社区治理发挥裂变作用，面对有组织的社会攻击，也依赖社区治理提供保障。

第二节　去中心化治理的运作过程

一、去中心化治理的参与方

在去中心化治理中，主要参与者有开发者、用户、网络维护者（见表10-1）。

表 10-1　去中心化治理的参与方

参与者	概念	详解
核心开发者	为去中心化社区开发提供重要贡献的人	比如底层协议开发者、客户端开发人员以及核心的以太坊研究员等
用户	使用去中心化金融工具进行交易的人	比如使用 DAPP 的人、炒币用户等
网络维护者	为区块链提出新区块，或者确认其他网络维护者的提议	又叫矿工、验证者。被系统选中之后，网络维护者打包交易、构造区块，并在其他网络维护者的证明下确认区块。链上的网络维护者协同形成新链，没有任何一个网络维护者比其余网络维护者更有权力

资料来源：笔者自绘。

二、链下治理

链下治理通常是指区块链社区中的一个或多个组织在区块链之外通过传统方式进行决策的治理方式，现今的大多数公有区块链都采用了这种治理方式。

1. 民主模式

一个区块链社区通常包含多个参与者：节点运营者、核心开发者、出块者、业务参与者、终端用户。有些区块链社区中开发者是权威，能够最终决定区块链的功能更新、协议升级、奖励变化等重大问题，如比特币和以太坊；而有些社区则是节点运营方和出块者是权威，负责重大方向的决策，如 BitcoinCash。

链下治理虽然有进行核心决策的组织，但是对当前面临的问题都会让社区所有参与者进行充分的讨论并进行形式上的投票。例如，比特币于 2017 年 5 月 23 日在纽约召开大会，参与者包含了出块者、节点运营者、投资人、用户等，并经过最终投票达成了区块容量升级协议的"纽约共识"。然而，比特币最终没有实现这个协议，因为比特币的核心开发团队并没有参与纽约大会，他们也不同意"纽约共识"。后来社区的各个组织间也发生了严重分歧，有的组织绕开核心开发团队将比特币硬分叉出了 BitcoinCash，达到了实现"纽约共识"的目的。

为了避免在链下治理中出现类似"纽约共识"的分裂和某个权威机构对社区的中心化控制，Ar-runada 等提出了软治理的理论。软治理不是像传统中心化组织自上而下的"命令"或"决定"，也不是去指挥整个社区，而是去推动和协调所有参与者，进行更加公平的决策。软治理更贴近于真正的社区治理，创始人、开发者、用户、出块者之间互相平衡、相互监督，避免链下治理过程中容易天然形成的中心化决策。当前的以太坊社区更类似于软治理方式，创始人 Buterin 已经淡出了很多决策过程，开发者也分布在不同国家的不同组织当中，正在共同推进以太坊从 1.0 向 2.0 这个重大的升级过程。

2. 主要流程

链下治理的过程清晰，首先由参与者（包括项目团队、开发人员、矿工、节点运营商和 KOL 等）研究并提出新提案（如比特币社区中 Bitcoin Improvement Proposals），提案可能是安全更新、错误修正、便利性更新、新功能增加、重大协议更新等。

然后社区的参与者将会对提案进行审核，并将最为关切的提案在线上（非链上）进行充分的讨论和沟通，如有必要即组织线下的面对面会议进行高效交流，如同"纽约共识"大会一样。形成的决策交给开发者进行编码并最终提交到源码库中，生成一个新的版本。

最后在社区中广而告之，让所有人了解到区块链软件有新的版本，所有参与方都在某个时间点之前完成升级，到此结束了一个完整的治理流程。可见，链下治理过程非常类似于传统 IT，需要多方的人工参与，而无法实现系统的自治。

3. 优点与缺点

链下治理是相对高效的，因为或多或少地会借鉴到传统组织结构中的治理方式：总有人作最终决定，并且决策过程会有人推动。最终决策者在大多数情况下是创始人、技术负责人或者核心开发团队，因为他们掌握了代码的控制权，能更容易决定区块链的最终形态。

但是链下治理缺陷也是很明显的：第一，如果参与者之间无法达成一致，那么他们会分别选择维护原来的链和建设新链，导致区块链发生硬分叉，削弱整个社区的力量；第二，链下治理的各个环节没有明确的时间节点和判断标准，会导致治理的流程过长且无序；第三，决定是否对项目代码进行更新和升级的是开发者，但他们并不一定持有太多项目代币，因此他们的利益最大化的方向可能与整个项目利益最大化的方向不一致。

三、链上治理

链上治理是一种新兴的、伴随着区块链技术出现的治理方式，它与链下治理的不同在于社区的所有参与者都需要在链上对问题进行决策，链下的决定无法最终改变区块链，从而避免了链下治理过程的中心化和过程不透明的问题。

1. 主要流程

链上治理的主要流程是：首先，参与者可以研究并制定提案。其次，通过区块链对提案进行投票；最后，统计投票结果。如果提案通过，所有节点自动升级。

2. 民主模式

链上投票方式有多种。智能合约是被多数区块链所采用的投票方式，因为智能合约的源代码和逻辑都是公开的和无法篡改的，并且所有人都能看到投票的进度和过程，最终结果也会展示给所有人。最近几年出现的去中心化自治组织（Decen-tralized Autonomous Organization）的投资机构普遍采用了这种方式，他们组织内的所有运行规则包括投资、募资、监管等都存放在智能合约中，即所谓的"代码即法律"，无须人工操作，所有过程都由参与者投票实现，结果也能及时准确地公开给参与者。

区块也可以作为一种投票方式给出块者使用，出块者在打包 1 个区块时将投票信息写入区块的某个数据中，并广播到区块链上使所有人都能看到，同时由于区块的数据是不可篡改的，所以这种投票过程也是透明和公正的。2017 年的"纽约共识"就发起了对出块者的投票活动，所有出块者都可以将"NYA"字符写入区块中表达他们对"纽约共识"的支持，尝试决定比特币未来的发展方向。有些区块链自身就有原生的投票机制，比如

Tezos，它是一种可以自我修正的公有区块链，使用原生的投票机制可以做到对各方面进行链上治理，甚至包括投票机制本身。

其他的投票方式还有交易投票、账户签名投票，前者通过向几个特定账户发送交易来表达对不同提案的支持，后者使用账户对提案内容进行签名来达到支持的目的。

3. 优点与缺点

链上治理充分利用了区块链的公开、公正和不可篡改的特性，其决策过程可以通过投票机制自动进行，确保其过程透明、结果公正。投票结果被写入区块链中作为最终决策被区块链自动执行，实现了区块链的自治，避免由于意见不同而导致的硬分叉。链上治理的优势在于它更加公平和透明，其"代码即法律"的理念是用程序实现的民主管理方式，在去中心化的组织结构中具有一定的价值。

链上治理完全依赖于区块链本身，如果区块链不支持链上治理，比如比特币没有智能合约，将无法实现基于智能合约的治理。另外，链上治理由于不依赖于链下的过程，难以掌控参与者的积极性，其投票过程相对漫长，效率相对低下。而且，链上治理对提案发起者的技术要求非常高，除了需要掌握区块链本身的技术和安全机制之外，还要对链上治理的技术和理论非常精通，才能避免由于设计不合理或代码的缺陷而导致治理过程的失败。

第三节　去中心化金融项目的治理示例

在去中心化社区中已有许多不同的区块链在运行，每个链都有自己的治理方式。一些主流区块链的治理方式有：

比特币——最初是根据白皮书中设立的一组规则，这些规则包括语法、时间锁定、数据结构等。如今比特币有好几种升级协议的方式。在深入研究问题后，通过比特币改进提案系统（简称 BIP）提交治理提案，如果得到节点运营商的同意，就会以链下治理的形式升级协议。

以太坊——不同于链上治理，以太坊是指定开发人员来升级协议。这样虽然高效，可以快速激活更改，但违背了区块链不可变和去中心化的原则。当以太坊实现 staking 系统时，也许会改变这一点。

Cardano——与 Tezos 类似，Cardano 将为协议更新设置了一个投票系统，普通用户和大户（根据持有的 ADA 代币数而定），能够提出提案和投票。非技术用户可以委托"受托人"或 stake 池来代表自己的决定。Cardano 奖励用 ADA 代币投票的人，具体的治理方式仍在探讨中。

Tron——中国区块链 Tron 用"超级代表"代表 Tron 社区的最大利益。有点像地方政治选举的治理结构，这些代表由代币持有者选出，分布在不同的地理位置。Tron 创始人孙宇晨将 Tron 网络上的治理描述为"就像国会一样，超级代表都是国会议员。"

除此之外，本书将介绍几种典型的治理示例。

一、Tezos 项目的治理模式

Tezos 是最早提出链上自治的解决方案的项目，它是一个自我修正具有图灵完备智能合约的区块链网络，通过集成一个正式的链上机制，用于提议、选择、测试和激活协议升级，而不需要通过硬分叉来进行决议等行为，其主网络已于 2018 年 9 月正式上线。

在 Tezos 项目中，产块和验证的行为被称作为 Baking（烘焙）。负责产块和验证行为的角色被称为 Baker（烘焙师），相当于比特币以太坊当中的节点运营商。如果用户想要成为烘焙师，这个节点必须持有至少 8000 个

Tezos 代币——XTZ。XTZ 代币的普通持有者可以自己抵押代币做节点，也可以通过将代币委托给烘焙师的方式间接参与治理，并进行技术升级和迭代，在 Tezos 的自我修正流程中，提案都是由烘焙师提交的。目前 Tezos 已经成功发起过 5 次提案。

1. 治理流程

Tezos 的治理过程可以分为四个独立的阶段：提案阶段、投票探索阶段、测试阶段和投票推广阶段。

（1）提案阶段。烘焙师可以在链上提交提案。每个提案期内最多可提交 20 份。每位提交提案的烘焙师均会获得一次投票机会，并为自己认同的提案投票。在提案期结束时，网络计算提案投票，票数最多的提案进入探索投票期。如果提案期内没有烘焙师提交建议书，或者不同建议书之间存在联系，那么将会重新征集提案。

（2）投票探索阶段。在此阶段，所有烘焙师将对前一阶段排名第一的进行投票，且每位烘焙师只有一次投票机会。当投票探索期结束时，网络计算选票。如果投票参与人数（赞成、反对和弃权人数）达到法定人数，且在赞成票和反对票中，赞成票超过 80%，则该提案可进入测试阶段。如不符合上述两个要求，则程序返回到提案阶段的开始。

（3）测试阶段。进入测试阶段的提案将在一个与主 Tezos 链并行运行的分支——testnet 分支上测试 48 小时，在此期间提案可以访问一个小型标准库，但不能进行任何系统调用。48 小时后，testnet 将脱机运行，直至测试期结束，以继续观察提案的各方面属性和安全性。

（4）投票推广阶段。烘焙师根据提案在测试阶段的表现投票表决是否采纳这一提案。每位烘焙师具有一次投票机会。在投票推广期结束时，网络统计票数。如果参与率达到最低法定人数，且 80% 以上的未弃权面包师投票支持，那么该提案将被采纳，否则回到提案阶段的开始。

2. 治理周期

Tezos 治理的四个周期中，每个周期持续 8 个烘焙周期（即 32768 个块或大约 22 天 18 小时），包括从提案到激活几乎要花费整整 3 个月。如果在某个阶段出现任何问题，整个过程即作废。

3. 治理特色

（1）法定人数调整机制。Tezos 法定人数不是一个固定的人数，它具备动态调整机制，这是一种简单而强大的工具，可以避免由于低利益相关者参与、硬币丢失等原因而导致治理停滞。如：

$$Q_t = 0.8Q_{t-1} + 0.2q_t$$

其中，Q_t 是本阶段投票需要设定的法定人数，Q_{t-1} 是上一阶段投票时的法定人数，q_t 是总参与人数。

（2）在投票结束时评估投票权重，而不是在投票开始时。烘焙师在进行投票时，实际上是将自己的账户余额作为赌注，计算投票权重而进行的投票。Tezos 的治理是在投票结束时计算投票人的持仓比例，而不是在投票开始时计算，这就使普通用户有足够的时间去选择委托哪位烘焙师替代自己进行投票，在整个治理过程中，普通用户也可以选择更换烘焙师。

二、Polkadot 项目的治理模式

Polkadot 采用链上治理，采用了一系列特殊设计，包括理事会、锁仓投票机制、自适应仲裁偏差规则和延迟生效等，在一定程度上解决了链上治理存在的问题。其核心理念是将项目的治理权交给 DOT 持有者，Polkadot 的更新和升级都由 DOT 持有者的投票结果来决定。

1. 治理流程

Polkadot 的治理流程主要包括三个阶段：提案阶段、投票阶段和计票阶段。

（1）提案阶段。参与者进行提案的方式有两种：公开提案和理事会提案。对于公开提案，在满足抵押一定数量 DOT 的条件下，任何参与者都可

以进行公开提案。支持这个提案的其他参与者需要抵押与提案人等量的代币。拥有最多代币支持的提案将进入投票阶段。此时，在提议阶段抵押的代币将被释放。对于理事会提案，当理事会中同意提案的成员数量大于反对的成员数量时，提案可以进入投票阶段。当理事会中所有成员一致同意某提案时，在计票阶段通过该提案的条件会更低。

（2）投票阶段。在投票阶段，参与者需要将 DOT 锁定，并对提案进行投票。参与者可以选择支持或反对，也可以不参与投票。如果提案通过，选择支持提案的参与者的 DOT 会被锁仓一段时间。参与者可以选择将 DOT 锁定更长的时间来增加每个 DOT 的投票权重。

（3）计票阶段。为了应对链上治理存在的投票率较低的问题，Polkadot 推出了自适应仲裁偏差规则。简单来讲，当投票率较低时，通过该提案所需要的投票同意率会更高。在计票阶段，有以下三种方式来确定投票结果：第一，当投票率较高时，采用多数通过的方式，即简单的票数比较，如果赞成票多于反对票，则提案通过。第二，正投票率偏差，即在投票率较低时，必须是以绝对多数通过。第三，负投票率偏差，即在投票率较低时，必须是以绝对多数否决。

2. 理事会

为解决投票率低的问题，Polkadot 成立了一个理事会，代表这部分 DOT 持币者参与投票。在初始阶段，理事会成员的人数在 6 人左右。随着时间的推移，理事会的成员将扩充到 24 人并保持稳定，每位成员的任期为 12 个月。所有的理事会成员都需要通过投票选举产生。

理事会成员的主要治理任务是提出明智提案进行全民公投，取消毫无争议的、危险或恶意的提案。理事会成员可以对提案行使否决权，一名成员对提案只能行使一次否决权。在一段冷却期过后，这些被否决的提案可重新提交，否决过该提案的理事会成员不能再次否决该提案。

理事会成员由选举产生，DOT 持有者可以给自己支持的候选人进行投票。对于上一轮落选的候选人，在下一轮选举中，只要 DOT 持有者不改变投票立场，候选人就可保留在上一轮选举中获得的选票。给候选人投票的 DOT 代币不会被锁定，并且 DOT 持有者在选举期间可随时撤销或更改自己的投票。一旦 DOT 持有者改变立场，那么在上一轮中的投票就会重置。

3. 其他治理设计

（1）投票权重。Polkadot 设计了锁仓投票机制，允许 DOT 持有者通过更长时间的锁仓来增加投票权重。DOT 持有者的投票权重会按照 DOT 数量和锁仓时间这两个维度来综合计算。

（2）延迟生效。延迟生效是 Polkadot 治理中的一个重要功能。每一个获得批准的提案都要经过一段时间才可以真正生效。这样一来，不同意该提案的参与者离开 Polkadot 生态，而同意提案的 DOT 持有者的代币会被锁仓，以表明对该提案的支持。

4. 如何参与 Polkadot 的治理

Polkadot 设计的治理机制使尽可能多的 DOT 持币者可以参与到治理中来，而参与 Polkadot 治理的关键是持有 DOT 代币。因此，持有 DOT 代币的数量将在很大程度上决定参与 Polkadot 治理的方式。

当持有 DOT 代币的数量很多时，就会有多种参与 Polkadot 治理的方式可供选择。第一，成为理事会成员。理事会成员在 Polkadot 治理中的话语权很高，并且持有的 DOT 数量越多，当选的概率越高。第二，如果自己不想成为理事会成员，那么可以把票投给信任的候选人，帮助他成为理事会成员。第三，不参与理事会成员的选举，只对自己支持的提案进行投票。

当持有 DOT 代币的数量较少时，成为理事会成员的可能性比较低。在这种情况下，参与 Polkadot 治理的方式是对提案进行投票，并可以通过锁定 DOT 来增加投票权重。

5. Polkadot 治理机制面临的问题

2020 年 5 月 26 日，Polkadot 第一个候选链 CC1 的首个区块被挖出，

Polkadot 进入逐阶段发布状态。CC1 不是 Polkadot 主网，未来可能会推出其他候选链。DOT 持有者可以选取验证人参与 Staking，但不能进行代币转移和交易。

现阶段，Polkadot 的治理功能还没有启用，治理功能会在第三阶段引进来，其治理功能的启用时间有很大的不确定性。

除此之外，Polkadot 采用链上治理，会不可避免地面临两个问题：一是持有大量 DOT 代币的用户在治理中的权力过大，二是普通 DOT 持有者的参与积极性不高。

（1）大户权力过大。Polkadot 采用一个 DOT 代表一票的机制，富裕的参与者可以通过购买大量 DOT 代币来影响投票结果。同时，理事会成员的选举也与获得的 DOT 数量直接相关。虽然 Polkadot 设计了锁仓投票机制来增加投票权重，但是 DOT 持币大户在 Polkadot 治理中起到的作用还是非常大的。虽然从博弈论的角度来看，DOT 持币大户与整个项目的利益方向是一致的，但他们的影响力太大会降低链上治理的去中心化程度。针对这个问题，很多链上治理的项目提出了一些新的方法。例如，将一币一票改为以区块链身份为基础的一个账户一票、代议制民主、在计票阶段采用新的计票方式等，但这些方法的有效性还有待检验。

（2）普通人的积极性不高。生态中很多参与者更关心自己的短期收益，对 Polkadot 的未来发展情况并不关心，他们不会根据项目的实际发展情况进行投票，一些投资者甚至不参与投票。同时，如提案内容与底层技术或经济设计相关，很多参与者由于并不了解，因而不会花大量时间研究提案的差别和影响，这也在很大程度上降低了参与者的投票积极性。Polkadot 设计的理事会可以在一定程度上解决投票率低的问题，但这种设计同样会降低链上治理的去中心化程度，无法从根本上解决普通人参与积极性不高的问题。

三、Bounce 项目的治理模式

Bounce Finance 是一个可以用来进行代币互换的去中心化拍卖工具，但与 Uniswap 这类协议不同的是，它需要设置每次拍卖的上限以及持续时间，超过上限的资金将会被弹回（bounce）给用户。Bounce 由著名加密货币基金 Blockchain Capital 领投，ParaFi Capital、NGC Ventures、SNX 的创始人 Kain 即 Aave 创始人 Stani 参投，入选币安智能链第二批种子基金资助项目。

1. 解决的问题

受 Uniswap 的去中心化交易影响，BOT 也专注与去中心化交易市场，与 Uniswap 提供无限流动性相反，Bounce 减小流动，提供竞争（即拍卖）。由于纯去中心化的设计、代码半开源，所以不需要实行 KYC 制度，以及其所有拍卖情况都在链上进行，所有数据公开透明可查，解决了之前中心化众筹平台存在的 KYC 难、募资不透明、存在暗箱操作等痛点。

正如 Uniswap 上假币盛行一样，任何人、任何机构都可以在 Bounce 上发布项目，这就意味着没有门槛，也意味着风险和收益是正相关的，所以项目的质量是否可控就是关注的重点。

Bounce 专业版的方法很简单——官方审核。官方审核是一个风险可控说明书，如果币安、火币、OK 的 IEO 一样。官方审核后的合作项目或将成为我们参与投资的安全保障，未来引入 DAO 治理模式或将形成去中心化审核治理模式。

2. 治理模式

（1）治理使命。为了完全去中心化 Bounce 平台，项目去掉最大的单点故障（团队），并创建了一种不可破坏的协议，该协议可以以全新的方式由 BOT 代币演变治理。Bounce 去中心化治理系统以社区治理取代了管理员系统，使参与者可以提出、辩论和实施对平台的更改，而无须依赖或要求团队。

（2）反弹治理政策。治理员需要将你的 BOT 代币放到交易费用权益池中才能获得投票。投票权等于 Staking 在交易费用抵押池中的 BOT 代币数量。要提出建议或向社会信托委员会提交项目，至少需要总票数的 2%（即交易费用赌注池中的已抵押代币总数）。社区提案委员会的每个提案和每个项目的投票权均等（如果你拥有 100 个 BOT 代币，则在每个提案和项目中都有 100 个投票权）。治理员只能投确定性票。如果你投了赞成票，则你不能对同一提案投反对票（如果你有 100 票，则所有投票权将被立即使用）。治理员可以投票支持的提案和社会信托项目数量没有限制。所有提案的投票期为 3~7 天。期限由提议者设定。任何具有投票权的地址都可以对提案投赞成票或反对票。如果（赞成票数−反对票数）≥（缺席（或中立）票数/6），提案将获得通过。如果（通过的票数−反对的票数）<（缺席（或中立）票数+/6）提案将不予通过。

除了交易费用下注的奖励外，每日奖励的 60% 还分配给治理参与者。奖励是根据参与者的投票权（与总权力相比）分配给参与者的。如果参与者对 3 个提案进行投票，并且每个提案中有 100 票，则他们计算奖励的总投票权为 300。

四、Uniswap 项目的治理模式

Uniswap 是迄今为止最大的去中心化交易所，根据 Dune Analytics 的仪表盘数据，其日交易量占到了市场交易量的 70%。UNI 是 Uniswap 的代币，UNI 代币持有人才可参与 Uniswap 社区治理。

1. 治理流程

依照 Uniswap 的治理流程，一项提议从发起到执行需要经历民意调查

（3 天）、共识检查（5 天）、正式治理投票（7 天）、时间锁（2 天）四个阶段，整套程序共计 17 天。

在治理过程中，Uniswap 要求发起提案方需至少持有 UNI 供应总量的 1% 才能发起投票（即发起投票门槛），提案所获赞成票数至少要达到 UNI 供应总量的 4%，该提案才可通过（即投票通过门槛）。目前 UNI 的总供应量为 10 亿个，因此发起投票门槛为 1000 万 UNI，投票通过门槛为 4000 万 UNI。

2. 历史提案

迄今为止，Uniswap 社区共发起过三次治理提案，前两次均以失败而告终，第三次成功通过。

首次提案是由 Dharma 在 2020 年 10 月发起，提案内容是建议降低发起投票的门槛以及投票通过所需的最少参与票数。具体来说，Dharma 建议将发起投票门槛从 1000 万 UNI 降至 300 万 UNI，将投票通过门槛从 4000 万 UNI 降到 3000 万 UNI。但该提案最终因未达到门槛要求而失败——最终的同意票数为 39596759，反对票数为 696857，距离 4000 万的最低要求仅差约 40 万票。

第二次提案由 Audius 战略负责人 Cooper Turley 和化名为 "Monet Supply" 的匿名人士在 2020 年 11 月发起，以继续为 WBTC/ETH、USDC/ETH、USDT/ETH 和 DAI/ETH 四大池提供流动性挖矿奖励，最终该提案也未能通过。

第三次提案是一项赠款计划（UGP），由 Variant Fund 的 Jesse Walden 于 2020 年 12 月发起，内容是建议通过赞助黑客马拉松和其他活动，帮助发展 Uniswap 生态。此提案成功通过投票，成为了第一个满足门槛的 Uniswap 治理提案。

3. 治理困局

（1）流程缓慢。完整通过 Uniswap 治理的 4 个阶段共需花费 17 天时间，并且这17天仅是程序要求时间，并未算入各流程之间所需的其他时间，如技术部署准备期等。在光速变迁的DeFi世界，Uniswap的治理或许需要提速了。

（2）参与门槛高。虽然提高门槛是"在治理过程中增加安全性的一种方式，也是避免继续进行收益农耕的一种更可靠的方式"，但同时也增设了人们参与社区治理的障碍。为了让一项提案获得通过，需要4000万UNI的支持——这大约是价值1.2亿美元的代币。可以想象，在治理过程中耗费的成本也是相当惊人的，可能制定一个政策就要花费数百万美元。Uniswap社区上发起的首次提案便是建议降低治理门槛，但遗憾的是该提案最终未能通过。

第四节　去中心化治理存在的问题与发展建议

一、去中心化治理存在的问题

1. 复杂程度较高

治理问题涉及政治学因素，这是一个宏大的命题，数千年来人们一直在探索和改变，至今仍是困境重重。很多人潜意识中会觉得，历史属于"过去"，我们处于"现在"，是历史的终点，但实际上我们都仍生活在历史进程中，社会制度的完善仍处于摸着石头过河的状态，我们的社会本身都是远未完善的，在此基础上要为去中心化社区提出完美的解决方案是不现实的，急于求成很可能动摇社区这个共同体的根基。

2. 需要一定的专业能力

治理模型所面临的问题往往是抽象的，很难进行量化的分析和评估，人为因素造成了变化、决定了进程，这些因素构成了一幅种种联系和相互作用无穷无尽地交织起来的画面，其中一切都是在流动的。因此在提出治理方案的同时，不能只针对目前的问题，而是要认识到问题之间的联系；不仅要看到静止，还要发现运动；不能只看到存在，还要知晓其诞生和消亡；否则很容易陷入只见枝叶不见树木、只见树木不见森林的误区，这需要非常专业的理解能力和展望能力。

二、发展建议

1. 去中心化需循序渐进

完全分散的社区是理想的，但在现实中可能会遭遇困难：首先是管理社区的职能很可能会分散在很多人手中，为了处理问题方便，人们会逐渐转交职权，这将不可逆转地导致少数人获得权力；其次是社区成员难以集合，越庞大的社区想将成员集合起来就越是异想天开，EOS 主网上线就撒手不管，投票难以想象的延误问题有目共睹；最后是容易发生内部分歧或冲突，这也是不可避免的。所以社区治理去中心化的过程要循序渐进，一是在启动和成长期间起到主导作用可以设定一定时期的中心化，二是在长期运行中可以弱中心化。

2. 避免独裁者

过强的核心一是容易膨胀，进而意识不到自身偏执或他人影响而导致重要失误；二是出于自身利益的原因，倾向于弱化社区制衡力量；三是影响管理持续性，正因为其对社区的影响很大，一旦此人离开社区，将有可能引起社区不稳定。

3. 具备自我调整机制

在建立之初就在制度上完善各方面的内容，让社区能够像一个有灵魂、神经、关节、肌肉和想法的人一样能保持一定的步调、沿着既定方向协调一致地前进。

4. 防止管理机构官僚化

应明确管理制度、管理者的权限、管理者的义务，设计合理的管理职能和层级，避免管理机构功能重叠或缺失，防止内部倾耗和推诿扯皮，以及管理机构的中心化。

5. 避免出现寡头经济

在保持"多劳多得"的前提下，将治理权的天平向多数人倾斜，在保证每个人享受自由和平等权利的前提下，给予势力上的弱者以基本的保障，使所有人都能和强者一样有机会参与社区，达成经济权利的平衡。

6. 妥善设计表决方案

妥善确立表决的程序和方法，在不同性质的问题上混合使用表决原则，如普通问题采取多数原则，加快决策程序；重大问题采取否决原则，以保障问题得到谨慎对待；紧急的问题采取效率原则，降低票差限制；关键的问题采取一致原则，召集全体投票、集体通过等。

7. 社区主导者和管理者的任职需要区分

作为主导者，应当对社区的建设、管理和方向采取立足整体社区的普遍原则，确保社区的公平和自治。管理者应另有人担任，专注于事务，防止主导者受具体一方面事物干扰，原则从普遍转向个别。

8. 保障社区用户共同的权力

建立应急制度防止社区管理者或小团体篡夺社区成员集体的权力，一是要设定切实可行且便于操作的更替管理者的程序；二是明确废除和更改的规章制度和方案，除了社区本身，这些都应是可以废除的；三是提供开启紧急状况的渠道，作为最后的手段。以上三点都可以用智能合约来实现。

参考文献

［1］Status. DeGo in DeFi［EB/OL］.（2020-12-15）［2021-01-28］. https：//our. status. im/dego-in-defi/.

［2］白话区块链. 代码即共识，从 Dao、DCR 到 Polkadot，去中心化社区治理探索之路［EB/OL］.（2019-12-18）［2021-01-28］. https：//www. hellobtc. com/kp/hd/12/2556. html.

［3］火星财经. 5 大项目的链上治理对比，Tezos 雅典提案成区块链民主的发源地？［EB/OL］.（2019-05-27）［2021-01-21］. https：//news. huoxing24. com/20190527102516326621. html.

［4］金色财经. Polkadot 治理机制的特殊设计：理事会、锁仓投票机制、自适应仲裁偏差规则和延迟生效［EB/OL］.（2020-06-15）［2021-01-21］. https：//www. jinse. com/blockchain/733997. html.

［5］金色财经. 区块链治理之战：Tezos、波卡和以太坊［EB/OL］.（2020-07-22）［2021-01-21］. https：//m. jinse. com/news/blockchain/751437. html？source=m.

［6］链闻. Bounce（BOT）项目调研报告［EB/OL］.（2020-02-23）［2021-01-28］. https：//www. chainnews. com/articles/643852174377. htm.

［7］张超. 区块链的治理机制和方法研究［J］. 信息安全研究，2020，62（11）：18-27.

［8］知乎. 什么是 Tezos？［EB/OL］.（2018-12-27）［2021-01-28］. https：//www. zhihu. com/question/269003893？sort=created.

第十一章
去中心化金融监管

第一节　去中心化金融的风险

去中心化金融具有分布式记账、数据不可篡改、加密安全性高、系统安全可信、信任方式成本低和价值传递安全可靠等技术特点，这些特点也是去中心化金融的灵魂所在。但也正是由于这些技术特性的存在，去中心化金融也蕴含着一定的风险。

一、技术不完备导致的风险隐患

区块链技术的研究和开发尚未完成，在去中心化金融发展的初始阶段，可能会由于一些技术上的"漏洞"而引发一些金融问题。

第一，目前区块链的性能问题主要表现在吞吐量和存储带宽上，二者都远不能满足整个社会的支付需求。以比特币为例，比特币交易结算每秒钟可完成7～10笔，对于银行和众多客户来说，这个速度显得过于缓慢，无法胜任高频次、大资金的证券交易场。在链上，一笔交易记录的生成需要大多数节点进行区块确认，这就意味着节点基数越大，就需要多达成一次共识，确认所需的时点就越长。节点越多，依靠强势算力篡改数据的难度就越大，系统的安全性就越高，但同时交易的效率也会下降，安全和效率之间存在矛盾。因此，区块链底层技术的研发需要解决兼顾安全和效率问题。

第二，与传统交易模式相比，区块链所采用的密码学技术能够增强系统的安全性，但"随着计算能力的不断进步，这些机制的基本弱点更加难以消除。例如，量子计算机能够破解性能最强的普通电脑难以破解的加密算法"。一旦破解了密码，交易信息甚至是数字签名均有可能遭到篡改。

第三，区块确认遵循少数服从多数的原则，当一方掌握了51%以上的算力时，他将有能力篡改和伪造区块链的数据，进而从中获利。比如，当某一区块链处于起步阶段时，节点还较少，很容易获得半数以上算力进而控制全链。再比如，即使某一区块链系统已经较为完善，节点数量多、系统安全性较高，不法分子发动攻击的成本高、难度大，但在高利润的诱惑之下，一些不法分子仍会选择铤而走险，以51%的高成本算力攻击区块链。"Bitcoin Gold 受黑客攻击案"就是后一种情形，攻击者部署大量服务器通过"51%的攻击"来控制 Bitcoin Gold 超过一半的网络哈希率，从中获利1800万美元。

综上所述，去中心化金融底层技术仍需进一步完善。"区块链技术仍处于早期阶段，相关标准仍在探索和完善中，实体场景的应用存在技术层面的风险。"创新过程中的"试错"机制可以在一定程度上容许技术本身带来的风险，随着研究的不断深入，技术漏洞也会被逐渐填充，但由于金融系统的特殊性，在去中心化金融应用未经完备的风险测试前，还不宜全面推广。

二、去中心化的技术特点可能导致的风险

与传统金融不同，去中心化金融不依靠某个中心化交易机构的权威性来获取用户的信任，而是通过分布式记账技术，众节点共同参与，以此来维护系统安全性。不难想到，去中心化金融的这一特性必定会触动管理部门的核心地位，并对现行的法律法规构成挑战。

去中心化金融的实现依赖于区块链技术，区块链具有匿名性，也就是说每个链上的节点并非是用真实姓名进行交易，而是采用一串数字代码。例如，比特币依赖于区块链，该区块链由匿名计算机管理，该计算机通过世界各地的匿名交易分类账链接在一起。数字货币通过计算机、互联网和加密技术实现自动化，从而将实现价值转移。该链由分散的开发者负责维护，其安全性和可靠性也依赖于这些开发人员，这样的社区通常缺乏强有力的治理。许多加密货币在其分类账中几乎没有关于加密货币所有者身份的信息，也就是说，在区块链价值传递中，基于隐私保护的要求，人们更加关注交易的实际内容，对参与者的真实身份并不关心。一旦有不法人员使用他人身份或使用虚假身份进行交易时，往往难以追查。在一个案例中，犯罪嫌疑人李某在诈骗某公司得手后，试图通过"洗钱"将诈骗所得合法化。于是，李某在网上购买了一张身份证复印件及此身份证名下的银行卡和电话卡信息，利用这些信息，李某在某比特币交易平台注册了一个账户，并用网名"微风"与平台客服联系要求充值。客服按照规定要求"微风"出示身份证正反面照片，李某将购买来的身份证复印件发送过去，客服核对发现身份证复印件与注册时信息相符，但没有进一步确认此笔业务的操作人与注册客户是否为同一人，即同意充值200万元。以此，李某成功洗钱200万元。

数字货币具有可匿名性、可现金交易等特征，这些特征往往会造成身

份溯源上的难题，一旦滥用数字货币，将带来刺激黑市交易、逃税、洗钱以及资助恐怖组织等隐患。《中华人民共和国刑法》规定了与洗钱犯罪有关的五种行为："提供资金账户；协助将财产转换为现金、金融票据、有价证券；通过转账或者其他结算方式协助资金转移；协助将资金汇往境外；其他掩饰隐瞒行为。"不可否认的是，数字货币为这些非法行为提供了一定的便利，因此虚拟货币的放开与反洗钱的监管措施应当同步，否则势必会被不法分子所利用。

实施网络敲诈的犯罪分子也往往会利用比特币的匿名特征，例如一些黑客攻击他人计算机或加密他人文件，以此威胁用户向某比特币账户发送"赎金"。全球极端组织正在考虑把比特币作为购买武器以及获得资金援助的一种手段。除此之外，如果完全放开虚拟货币市场，区块链实现国际一体化，那么这些虚拟货币便可在不同国家之间自由流通，甚至可以越过央行监管直接转换为外币。换句话说，可以先以人民币购买虚拟货币，再通过匿名交易汇往境外，最后再转换为外币，这一人民币转外币的过程不再需要央行的审核。尽管这种行为有骗购外汇罪的嫌疑，但却很难对其调查取证。再如，许多腐败分子偏爱现金，正是由于查证上的困难，比特币盛行之后，不排除会出现比特币腐败等现象，以比特币行贿再提现或者先收取现金再购买比特币等，这就增加了贿赂和贪污腐败案件的侦破难度。

综上所述，区块链或虚拟货币本身所蕴含的法律风险，目前来说，公众对区块链的运行机制还较为陌生，比特币具有高投资潜力，以 ICO 为主要手段，以区块链业务为名而行违法犯罪之实的现象也日益加剧。虽然技术是中立的，但技术背后的市场规则的缺失却给非法者提供了可乘之机，典型情况如"传销币"和"空气币"。所有非法"项目"均是打着区块链和虚拟货币的招牌，实际上却对公众的财产安全造成严重威胁。据此，在监管措施尚不健全的情况下，国家通过"一刀切"制止代币发行的做法是有一定的合理性的。

第二节　去中心化金融监管的实践

一、对区块链技术应用的监管

近年来，国际组织和各国监管机构普遍对分布式账户、区块链等新技术在金融业的应用与潜在风险予以密切关注，并加强跟踪研究。区块链技术相关应用虽然发展较快，但尚未产生新的金融模式，仍未超越存款、贷款、支付、证券发行、投资咨询、资产管理等金融业务范畴。因此，各国监管机构普遍遵循"技术中立"的原则，按照金融本质而不是技术形式实施监管。在新技术、新模式还未成熟稳定的情况下对属于金融领域的业务活动实施"穿透定性"监管，相应纳入现行金融监管体系。

1. 美国

美国证券交易委员会认为，在证券活动中应用区块链，只是用"分布式账户"记账方式代替传统的中央记账方法，改变了交易形式，但并未改变交易本质，因此仍需严格遵守证券活动的法律法规并接受监管。并且，美国证券交易委员会于2017年成立由75名成员组成的分布式账户工作组开展应用研究和风险识别，同时加强内外协调沟通。

2. 中国（大陆）

2020年，中国21个省在政府工作报告中均提及区块链，国家发展和改革委员会、工业和信息化部、中国人民银行、中国银行保险监督管理委员会、中国证券监督管理委员会等中央部委也出台了相关文件支持和规范区块链产业发展。从监管的主要内容来看，主要集中于扶持区块链技术及产业发展，还包括区块链标准制定。

3. 亚洲主要国家和地区（除中国大陆以外）

韩国和新加坡政府格外强调区块链技术应用。2020年，韩国政府呼吁私营企业利用区块链潜力，出台数字新政，投资200亿韩元培养AI和区块链人才；新加坡金融管理局于2016年11月启动了分布式账户技术试验项目，与银行业协会、商业银行、技术公司共同探索在跨行支付结算领域的应用，并与香港金融管理局签署合作备忘录，加强分布式账户应用于跨境贸易融资的双边合作。2020年，新加坡政府主导的区块链计划"乌敏岛项目"已完成测试工作，另外，企业、信息通信媒体发展局和国家研究基金会发起了一项1200万新元（约合890万美元）的项目，以进一步加强新加坡的区块链生态系统。

4. 欧洲主要国家和地区

英国金融行为监管局表示，将始终坚持"技术中立"原则，不按照技术类型或具体形式，而是针对金融活动及机构实施监管。就分布式账户而言，现阶段暂无必要改变现有监管体系和方式。瑞士金融市场监管局也表示，"技术中立"是金融监管的基本原则，也是现行法律法规的基础。任何违反监管规定的行为，无论基于何种技术，都要接受监管机构的调查和惩处。在对新技术的关注研究上，瑞士政府建立了由财政部、司法部、金融市场监管局等组成的联合工作组，以加强对区块链的跟踪研究。葡萄牙则于2020年4月发布了监管沙箱框架，该框架将测试包括区块链在内的新兴技术。

5. 国际组织

2016年2月，金融稳定理事会在纽约联储举行会议，专门讨论区块链的发展和潜在影响。参会者达成初步共识：应更积极地关注、监测区块链的发展应用情况，与业界保持充分沟通，但现阶段暂不需要制定专门的法规制度。2017年2月，国际清算银行下设的支付与市场基础设施委员会研究认为，分布式账户可能会深刻改变资产持有形式、交易合约履行和风险管理等实践，但还处于发展过程中，现阶段尚未获取充分证据，表明在短期内可以得到广泛应用。

二、对私人数字货币的监管

1. 关于私人数字货币的性质认定

各国普遍表示，比特币等私人数字货币不是法定货币，并不断向投资者进行风险提示。各国央行和监管机构普遍表示，私人数字货币不具有普遍的可接受性和法偿性，本质上不是货币。同时，鉴于与美元等主权货币的兑换比率波动剧烈，其市场风险、流动性风险和信用风险可能会影响消费者权益、金融秩序和社会稳定。从消费者权益保护角度，中国、美国、欧洲、加拿大、俄罗斯、新加坡等监管机构均发布了风险提示，提醒数字货币参与者关注投资风险、技术风险和法律风险，并防范黑客攻击、反洗钱、反恐怖融资、依法纳税等方面的潜在风险。

目前，各国对私人数字货币是否为金融工具的意见不一，其性质需根据具体情形进行判定。

（1）美国。美联储认为，数字货币缺乏内在价值，没有安全资产的支持，也不是任何机构的负债，难以简单对其进行定性。与此同时，美国商品期货交易委员会认为，对于符合《商品交易法案》所定义"商品"特征的数字货币，应作为大宗商品进行监管；美国证券交易委员会认为，目前难以证明所有数字货币均不符合"证券"特征，对于符合"证券"特征的数字货币，应纳入证券发行框架进行监管。

（2）中国。我国对虚拟货币的司法监管态度主要是认定比特币不是法定货币但是一种虚拟商品。最高人民法院联合国家发展和改革委员会于2020年7月共同发布《关于为新时代加快完善社会主义市场经济体制提供司法服务和保障的意见》，要求加强对数字货币、网络虚拟财产、数据等新型权益的保护。

（3）欧洲主要国家和地区。德国财政部认为数字货币是一种金融工具，欧洲银行业监管局和英国金融行为监管局则表示，数字货币本身不是银行存款或金融工具。乌克兰数字转型部于 5 月发布了一份新的虚拟资产草案，旨在确定加密资产的法律地位以及流通和发行规则。

（4）国际组织。2020 年，G20 表示将全面开始探讨如何防止洗钱等监管措施；金融行动特别工作组计划加强加密交易所全球监管框架，以协调和共享有关虚拟资产服务提供商（VASP）的信息；欧盟监管机构公布的三年内战略方针明确将为数字货币引入法律框架。

2. 关于私人数字货币的监管方式

虽然各国对私人数字货币的性质认定意见不一，暂未将商户或个人单纯购买、持有、出售或开发私人数字货币的行为纳入金融监管范畴，但对于与数字货币相关的金融活动，则普遍认为应至少根据其业务属性纳入相应的监管框架。需要纳入监管的业务活动主要有三类：一是以数字货币为基础资产的衍生品交易。二是为数字货币交易提供的支付服务。三是私人数字货币交易平台。

（1）美国。金融犯罪执法网络（FinCEN）、税务总局（TIGTA）和货币监理署（OCC）是美国财政部监管数字货币的三大主要执行机构。另外还有商品期货交易委员会（CFTC）。

FinCEN 主要关注反洗钱，2020 年出台的最新拟议的规则要求想要将加密货币从中心化交易所转移到自己的私人钱包中的用户需要向交易所提供个人信息。这与要求虚拟资产服务提供商（VASP）实施 KYC 规则的总体监管趋势一致。

TIGTA 则主要关注税收问题，纳税人被要求回答是否在 2020 年接收、出售、发送、交换或以其他方式获得过任何虚拟货币。2020 年，税务总局正在评估不同的加密货币征税方式，并有意加强对加密交易所的审查。

OCC 的主要监管内容是将加密货币的使用与传统银行业务进行合法构连。2020 年，OCC 的一项长期计划旨在向不提供存款服务的支付公司提供国家银行执照，并曾宣布允许美国国家银行和联邦储蓄协会托管加密货币，明确此类托管服务是一种与托管服务相关的、现代形式的传统银行活动，这为稳定币的发行提供了合法空间。OCC 的监管规则将使加密货币企业能够更多地使用银行服务。

商品期货交易委员会（CFTC）已将全面的加密货币监管作为优先事项。在最近的指导方针中明确限制了期货佣金商（FCM）存放客户虚拟货币的规则。另外，CFTC 还就加密货币交易向公众提示风险。

除以上四个机构进行的监管活动外，纽约州金融服务局还于 2015 年发布《数字货币监管法案》，对"数字货币业务活动"进行了界定，即支付、兑换、托管、代客买卖数字货币以及控制、管理或发行数字货币。凡是在纽约州从事上述一项或多项业务，均需事先从纽约州金融服务局申领牌照，并遵守资本要求、资产托管、消费者保护、信息披露、反洗钱等相关规定。银行机构开展上述业务，也需事先获得批准并遵守相关规定。

（2）中国（大陆）。我国对与数字货币相关的金融业务实施严格限制或禁止。

2013 年，我国明确禁止金融机构和第三方支付机构参与比特币交易活动。中国人民银行等五部委于 2013 年 12 月发布《关于防范比特币风险的通知》，要求"各金融机构和支付机构不得以比特币为产品或服务定价，不得买卖或作为中央对手买卖比特币，不得承保与比特币相关的保险业务或将比特币纳入保险责任范围，不得直接或间接为客户提供其他与比特币相关的服务"。相关服务包括：结算、法币兑换、托管、抵押、发行金融产品、将比特币为信托、基金的投资标的等。

2017 年，我国对集中数字货币交易活动进行了整治。中国人民银行等七部委于 2017 年 9 月发布《关于防范代币发行融资风险的公告》，禁止网络平台开展法定货币与代币、"虚拟货币"相互之间的兑换、定价、信息中介等业务。随后，要求各地政府综合采取电价、土地、税收和环保等措施，引导辖内从事比特币生产（俗称"挖矿"）的企业有序退出。部分地方政府要求电力系统停止对比特币生产活动供电，并取消其他相关优惠政策。2017 年底以来，一些境内人士转向境外（以日本、中国香港为主）网站平台进行交易。

2018 年初，又进一步要求地方政府对于在当地注册的集中数字货币交易场所，包括采用"出海"形式继续为国内用户提供服务的网站平台，持续加强清理整顿。中国互联网金融协会也进一步强化风险提示，提醒投资者关注境内外政策风险，远离非法金融活动，并强调境外平台同样存在系统安全、市场操纵和洗钱等风险隐患。

2020 年，中国互联网金融协会发布《关于参与境外虚拟货币交易平台投机炒作的风险提示》，郑重提醒任何机构和个人都应严格遵守国家法律和监管规定，不参与虚拟货币交易活动及相关投机行为。互金整治领导小组和网贷整治领导小组联合召开了互联网金融和网络借贷风险专项整治工作电视电话会议，强调对虚拟货币投机炒作、非法外汇交易等其他领域新增风险的监测，始终保持高压态势，全面贯彻落实"金融业务一定要持牌经营"的总体要求。公安部国际合作局局长廖进荣在第九届中国支付清算论坛上表示，每年自境内流出涉赌资金超 1 万亿元，部分涉赌团伙利用虚拟货币收集转移赌资，或将与金融部门共同整治虚拟货币转账。一年以来，地方公安多次对涉及虚拟货币犯罪的案件进行立案侦查，比如公安部指挥破获涉案金额超 400 亿元的特大跨国网络传销 PlusToken 案；惠州警方侦破全国首例利用 USDT 经营跑分平台的案件；暴雷的交易所 FCoin 被湖南警方刑事立案等。中国人民银行办公厅下发《关于开展金融科技应用风险专项摸排工作的通知》要求对涉及区块链等新技术金融应用风险进行摸排。

（3）亚洲主要国家和地区（除中国大陆外）。

日本于 2017 年 4 月修订《支付服务法案》，明确将数字货币涉及的支付业务纳入监管范畴；日本金融监督厅于 2017 年 9 月同意注册 11 家数字货币交易平台，并提出了信息披露、系统安全、资产隔离、内控检查等监管要求，还要求遵守反洗钱、打击犯罪活动、可疑资金报告等法律规定；日本包含虚拟货币相关规定的修订版资金结算法于 2020 年 5 月开始生效，加密保管服务提供商和加密衍生品业务现在分别受到《支付服务法案》《金融工具和交易法》和《资金结算法》的监管。

泰国央行禁止银行参与任何数字货币交易活动，包括自身投资或交易数字货币、设立交易平台、为交易提供信用卡等支付或融资工具、提供投资咨询等。

韩国政府于 2017 年底组建跨部门数字货币对策小组防范数字货币过度投机行为。此后，禁止未成年人和非居民开设数字货币账户，禁止金融机构为数字货币购买、投资或相关抵押担保活动提供服务，要求数字货币交易平台于 2018 年 1 月 1 日起暂停开立新的账户。目前，韩国政府正在研究对数字货币交易实施实名身份认证，禁止匿名交易。

新加坡《支付服务法案》于 2020 年 2 月生效，新的《支付服务法案》是首个针对企业从事代币交易等活动的综合性监管规定。

（4）欧洲主要国家和地区。欧洲多国对数字货币的监管法案逐渐明确。

欧洲银行业监管局和意大利监管机构表示，不鼓励银行和其他金融机构持有数字货币或参与交易。俄罗斯政府起初认为比特币的推广及匿名支付，会对本国法定货币产生替代效应，影响公众对法币的信心，故予以禁止。2020 年，俄罗斯数字货币和区块链协会表示计划考虑起草一份新的数字货币法，另外，2020年俄罗斯总统普京签署了一份法案，明确允许加密货币进行交易但禁止作为支付手段的监管准则。

法国审慎监管局表示，任何使用法定货币为比特币买卖提供资金划转服务的行为均属于支付业务，需持有支付服务机构牌照。

瑞典认为比特币交易属于货币兑换业务，或涉及资金支付业务，提供交易服务的机构应按照法律规定接受监管。

德国金融监管局已强制要求安装数字货币ATM机器时需获得该机构的许可，相关条款设置在德国银行法案之下。

（5）西亚和中东主要国家和地区。西亚和中东各国区块链产业的发展主要集中于矿业，这与该地区丰富的能源有关。

伊朗、哈萨克斯坦、乌兹别克斯坦相继发文允许加密货币挖矿。伊朗政府向14个加密矿场颁发经营许可，高峰期电费可下调47%，并允许发电厂开采加密货币；哈萨克斯坦的法案将挖矿定义为一个技术过程，将挖矿服务定义为一项企业活动，并宣布在2020年底前将其数字货币挖矿投资增加1倍；而乌兹别克斯坦则更为积极，国家项目管理局计划建立国家采矿池，并配合合规的加密货币交易所，以便矿企能够向市场流通加密货币。

对矿业的积极态度主要是为了税收服务，伊朗、哈萨克斯坦和吉尔吉斯斯坦都在2020年表态（拟）对挖矿所得征税。伊朗要求除保税区外的挖矿实体遵守加密挖矿的关税规定；哈萨克斯坦计划对比特币挖矿征收15%的税；《吉尔吉斯共和国税法》补充了第61章，其中规定对加密货币挖矿实行纳税制度。但是，乌兹别克斯坦是该地区的一个例外，其在2020年免除了对加密货币运营中获得的收入征税，明确与加密资产的流通有关的法人和个人的业务（包括由非居民进行的业务）不是征税对象。

三、对首次代币发行的监管

目前，各国（地区）普遍认定 ICO 活动本质上为一种公开融资活动，多数国家（地区）将其界定为证券发行行为。一些国家对 ICO 活动予以禁止，也有一些国家将其纳入证券监管范畴。

1. 美国

证券交易委员会（SEC）是美国监管数字货币的主力机构，其执法依据主要是《证券法》。证券交易委员会认为，ICO（含 IEO）发行可能涉及证券的发行和出售，因此必须遵守适用于根据联邦证券法发行的注册要求。

美国证券交易委员会明确表示：第一，ICO 本质是企业从投资者募集资金，并按预先约定分配收益。按照联邦法律，任何证券活动，无论使用何种技术和术语，其性质认定均取决于业务本质。"ICO 代币"符合证券的法定特征，须纳入《证券法》实施监管。第二，如果网络平台开展代币推介销售，必须按照《证券法》事先在证券交易委员会进行注册，否则属于违法行为。第三，证券交易委员会与商品期货交易委员会在 2018 年发布《关于对数字货币采取措施的联合声明》明确表示，不论是以数字货币、代币还是以其他名义开展的违法违规行为，都要进行穿透分析，判定其业务实质并依法采取监管措施。此外，两家监管机构还多次向投资者发布警示公告，提示市场操纵和欺诈风险。

2020 年以来，证券交易委员会多次对 ICO 进行监管，比如起诉科技公司 Kik 1 亿美元 ICO 违反了《证券法》第 5 条的规定，在未提交注册声明或豁免注册的情况下提供和出售证券；起诉 John McAfee，称其在未透露报酬的情况下推广了 ICO，已涉嫌税务欺诈；指控 Ripple 进行了 13 亿美元的未经注册的证券出售。在未来，强力监管 ICO 的趋势可能还会得到加强。

2. 中国（大陆）

在我国，中国人民银行等七部委于 2017 年 9 月联合发布《关于防范代币发行融资风险的公告》，将 ICO 定性为未经批准非法公开融资的行为，涉嫌非法发售代币票券、非法发行证券以及非法集资、金融诈骗、传销等违法犯罪活动，禁止各类代币发行融资活动。同时，禁止各金融机构和第三方支付机构开展与代币发行融资交易相关的业务。

2018 年 8 月 24 日，中国人民银行发布《关于防范以"虚拟货币""区块链"名义进行非法集资的风险提示》，提示公众防范以"金融创新"为噱头实质是"借新还旧"的庞氏骗局，并进一步加强监管。2018 年 9 月，中国人民银行上海总部、上海市金融服务办公室联合发布《常抓不懈　持续防范 ICO 和虚拟货币交易风险》一文，提醒广大消费者和投资者防范 ICO 和虚拟货币交易风险。文件特别指出，将加强对 124 家服务器设在境外但实质面向境内居民提供交易服务的虚拟货币交易平台的监测，还将加强对 ICO 及虚拟货币交易相关网站、公众号、自媒体等的处置。

2020 年 8 月，中国人民银行上海总部 2020 年下半年工作会议召开，会议要求，持续做好 ICO 与虚拟货币交易、P2P 网贷等互联网金融风险监测和处置。强力打击跨境赌博、电信网络诈骗、支付机构违规经营、无证经营支付业务等违法违规行为。不少业内人士认为，目前市场中充斥的大量借 ICO 之名投机圈钱的行为，央行此次行动是对我国整体金融环境的一次大清理。

3. 亚洲主要国家和地区（除中国大陆外）

香港证券及期货事务监察委员会于 2017 年 9 月发布《有关首次代币发行的声明》，表示虽然一般 ICO 发行或销售的数码代币被视为"虚拟商品"，但若符合《证券及期货条例》的"证券"特征，则需接受香港证券法规监管。第一，若该代币代表对发行企业拥有的股权或所有权权利，则应视为"股份"；第二，若发行人可于指定日期向持有人偿还本金和利息，则应视为"债券"；第三，若 ICO 项目管理者集中管理募集资金并投资于不同项目，代币持有人有权分享相关投资回报，则应视为"集合资产管理计划"。上述活动及与之相关的交易、咨询、推介、投资管理行为均属于受监管的证券活动，无论经营主体是否在中国香港境内，只要以中国香港公众为服务对象，就必须事先获得相应牌照并受香港证券及期货事务监察委员会监管。

新加坡金融管理局于 2017 年 8 月发布声明：第一，任何数字代币如果涉及发行股权、债权凭证以及集合资产管理计划等《证券期货法》监管的行为，发行前必须向金融管理局注册并提交相关文件；第二，任何发行机构和交易服务机构必须依照《金融顾问法》规定，取得法定牌照；第三，任何提供数字代币二级市场交易服务的机构，均需向金融管理局申领交易所或市场运营商牌照；第四，严格遵守反洗钱、反恐融资等相关规定。2018 年 5 月 24 日，新加坡金融管理局向境内 8 家数字货币交易平台发出正式警告，所有平台未经金融管理局批准，不得交易任何具有证券或期货合约属性的产品，正在开展的交易业务必须立即停止。同时，金融管理局还叫停了一起具有股权发行性质的 ICO 活动，责令发行方终止发行行为、回收代币并向投资者退还资金。

韩国金融监督院于 2017 年 9 月宣布禁止所有形式的首次代币发行融资，无论其采取什么技术，使用什么名义。

4. 欧洲主要国家和地区

英国金融行为监管局也于 2017 年 9 月发布风险警示，指出 ICO 代币价值波动性较大，大多数 ICO 公司设立在海外或不受监管，投资具有高风险和高投机性，提示消费者谨慎投资。

四、对法定数字货币的监管

近年来，各国普遍加强了对法定数字货币的研究，部分国家开始探索数字法币发行、流通的技术研发和制度安排，但多数国家尚未提出实质性的具体发行计划。美联储表示，面向公众发行法定数字货币涉及法律、技术可靠性、网络安全、洗钱、个人隐私等诸多问题，需要严谨论证以避免对已经较为成熟的支付体系和金融的稳定产生不利影响。欧央行提出，欧元区的法定数字货币尚处于研究论证阶段。数字法币设计必须充分考虑能否实现维护物价稳定目标，并基于技术安全性、中立性、使用效率和公众支付的自由选择权四项基本原则，综合衡量法定数字货币发行的必要性。

法定数字货币可分为两种发行模式：一是中央银行单层投放模式，二是中央银行—商业银行双层投放模式。

中央银行单层投放模式，又称为零售发行模式。即中央银行不通过商业银行，而是直接面向社会发行、管理、回收法定数字货币。单层投放模式在理论上有利于提高发行效率、降低流通成本，但同时也具有许多不确定性：第一，对货币政策框架和金融稳定形成挑战。法定数字货币是在银行存款之外，为公众提供了新的无风险资产选择，对货币供应量 M0、M1、M2 和货币政策传导渠道均会产生影响。资金存放形式从银行存款转变为数字法币，也会影响商业银行体系的存款创造和贷款发放功能，进而影响金融稳定。第二，可能存在技术安全问题。法定数字货币由央行集中管理，有可能受到网络攻击，成为洗钱等犯罪活动载体，央行必须有能力长期确保数字货币的安全性。第三，匿名性问题。央行是否应集中保存公众隐私信息，仍存在争议。由于单层投放模式将从根本上改变现行货币发行体制，所以多数国家持谨慎态度。美联储认为，现阶段不宜采用单层投放模式，其当前的优先考虑也不是发行数字法币，而是以现有银行体系和支付系统为基础，充分利用新技术提高银行和支付系统的运行效率，并密切跟踪分布式账户、区块链等新技术的发展应用。

中央银行—商业银行双层投放模式，又称批发发行模式。双层投放模式是指沿用现行纸币流通模式，由中央银行向商业银行发行数字货币，再委托商业银行向公众提供法定数字货币存取等服务。在实施效果上，该模式仅是对 M0 的替代或补充，不会因央行信用优势而形成对 M1、M2 的替代挤出，有助于保持现行货币发行流通体系的连续性，也可以防止技术风险过度集中于央行。目前，各国普遍倾向于采用这一模式，已有部分国家启动了试验项目。

1. 美国

美联储在 2020 年重点关注了央行数字货币，但对数字货币的态度比较摇摆，并不积极。美联储主席鲍威尔承认中央银行数字货币（CBDC）可能会改善美国的支付系统，全球约有 80% 的中央银行正在探索 CBDC 概念，但同时表示美联储不急于发行自己的 CBDC。鲍威尔认为围绕数字货币有许多问题需要回答，包括网络问题、隐私问题等，并且数字货币是否能保持货币可信的中心地位也仍然存疑。

2. 中国（大陆）

中国在央行数字货币的研发方面一直处于领先地位。2014 年，中国人民银行成立专门团队，开始对数字货币的发行框架、关键技术、发行流通环境及相关国际经验等问题进行专项研究。2016 年成立数字货币研究所，完成法定数字货币第一代系统原型的搭建。2017 年末，经国务院批准，人民银行开始组织商业机构共同开展法定数字货币研发试验。2019 年 8 月，中国人民银行明确"加快推进我国法定数字货币（DC/EP）研发步伐"为 2019 年下半年重点工作之一。2019 年底，数字人民币相继在深圳、苏州、雄安新区、成都及北京冬奥场景启动试点测试，2020 年 10 月又增加上海、海南、长沙、西安、青岛、大连 6 个试点测试地区。2021 年 7 月，中国人民银行数字人民币研发工作组发布《中国数字人民币的研发进展白皮书》，阐明了数字人民币研发的基本立场、研发背景、目标愿景、设计框架、相关政策考虑和当前工作进展。目前，数字人民币的应用场景不断扩大，逐渐覆盖了生活缴费、餐饮服务、交通出行、购物消费、政务服务等多个领域。

3. 亚洲主要国家和地区（除中国大陆外）

亚洲地区对央行数字货币的态度总体而言是比较积极的。2020 年，新加坡央行和新加坡金融管理局首席金融技术官表示，新加坡已准备好推出自己的央行数字货币（非零售型）。韩国央行称其已于 2020 年 7 月完成了基于 CBDC 的设计和需求定义，以及实施了技术评审，并在此基础上开展第二阶段项目"CBDC 工作过程分析和外部咨询"，计划在明年建立和测试 CBDC 试点系统。日本央行也正为发行 CBDC 做准备，已于 2020 年 7 月成立了 CBDC 工作组，旨在推进整个结算系统的数字化以及对 CBDC 的研究。

4. 欧洲主要国家和地区

欧洲各国对央行数字货币的态度总体较为积极，其中，瑞典和立陶宛对央行数字货币的实践较为领先。立陶宛在 2020 年 7 月发行了 2.4 万枚由本国央行发行的数字货币 LBCoin，虽然这只是一种纪念币，但其发行是国家级央行数字货币试点的一部分，同时这也是欧元区首个由中央银行发行的数字货币。瑞典央行在 2020 年对瑞典克朗电子版的四种模式在本国市场的可行性进行了深入研究，并概述了不同模式下如何符合其政策目标。

除此之外，法国、德国和意大利都在积极对接数字欧元。意大利银行业协会（ABI）已成立了一个工作组研究数字资产，希望通过参与相关项目和实验来帮助欧洲央行加快数字货币的实施；法国央行已选择了包括汇丰银行、埃森哲和瑞士加密银行 SEBA 在内的八家合作伙伴测试 CBDC。2020 年法国央行提出对稳定币风险的担忧，认为尽管稳定币为改善支付系统提供了机会，但也可能会带来相当大的风险。德国央行也表态支持央行之间的国际合作，认为有必要分析和评估 CBDC，特别是在履行任务授权方面。英国央行和英国财政部宣布将联合成立央行数字货币工作组，协调推进央行数字货币的探索工作。俄罗斯央行表态禁止私营企业提供由俄罗斯法定货币支撑的稳定币，而只能使用俄罗斯银行的数字卢布。

5. 西亚和中东主要国家和地区

阿拉伯联合酋长国、沙特阿拉伯、哈萨克斯坦和黎巴嫩在 2020 年宣布了央行数字货币的相关进展。黎巴嫩央行计划在 2021 年推出数字货币，以恢复人们对银行业的信心；哈萨克斯坦计划引入央行数字货币，正在对各种技术基础设施和监管办法进行分析，制定关于引入数字货币的场景方案报告；沙特阿拉伯和阿拉伯联合酋长国联合宣布央行数字货币试运行取得成功，该项目旨在通过跨国联合 CBDC 结算两个辖区内商业银行之间的跨境交易。

6. 国际组织

2020 年，各大国际组织对稳定币监管的关注度较高。G7 反对 Libra 这样的稳定币，强调此类支付服务必须得到适当的监管，以免破坏金融稳定、消费者保护、隐私、税收或网络安全；G20 金融稳定委员会也强调了监管全球稳定币（Global Stablecoin，GSC）的建议，希望在各国司法管辖区实施国际监管标准，其中包括有效的合作、协调和信息共享安排；欧盟五国（德国、法国、意大利、西班牙和荷兰）财长呼吁欧盟委员会监管稳定币以保护消费者并维护货币主权。

第三节　去中心化金融监管的主要技术手段

一、区块链节点的追踪与可视化

区块链节点追踪与可视化就是构建一个区块链中全部节点的"图谱"。区块链节点是负责维护区块链运行的网络节点，可以是小型设备、普通计算机或大型功能强大的服务器。节点分为"全节点"和"轻节点"，全节点就是拥有全链所有的交易数据的节点，轻节点就是只拥有和自己相关的交易数据的节点。区块链节点的追踪和可视化就是要查清一个区块链中的各类节点的网络地址、账户地址和交易等情况，并用动态的可视化方法展现各类节点的网络地址、账户地址和交易信息的情况，方便管理者对一个区块链的参与者进行有效的管理。

二、公链的发现、探测与异常发现

公链的主动发现、探测就是如何在网络中发现一个在运行的公有链。网络世界中，区块链行业野蛮生长，并且有些区块链的核心技术团队转战各处灰色地带逃避监管，制造风险隐患。因此，对这类区块链进行监管就成为重要任务。

三、联盟链的穿透式监管技术

联盟链是指其共识过程受到预选节点控制的区块链，是弱中心化的私有链。联盟链兼顾了公有链的去中心化和私有链的高效。联盟链"穿透式监管"是借用金融领域"穿透式监管"的概念，对联盟链中参与各方的各种行为的本质进行监管，以应对监管对数据的真实性、准确性和甄别业务性质等方面的要求。因此，联盟链穿透式监管的表现形式是一种功能监管、行为监管。

四、"以链治链"技术

"以链治链"就是用区块链的技术治理区块链及其应用。链上治理可以借助区块链智能合约和共识机制，将治理区块链的法律和合同等条款转化为简单而确定的基于代码的规则，这些规则将由底层区块链网络自动执行。如果区块链上可以部署不受第三方干预的代码，并且监管者鼓励区块链项目方将部分法律转换为代码，推动区块链领域的软件自治，就可以协调不特定主体的正当利益诉求。

参考文献

［1］白阳，刘硕，吴雨．"黑钱"就这样用比特币"洗白"［N/OL］. 新华每日电讯（2021-04-13）［2021-04-14］．http：//mrdx. cn/content/20210413/Page08DK. htm.

［2］崔志伟．区块链金融：创新、风险及其法律规制［J］．东方法学，2019（3）：87-98.

［3］董珊珊，孙琦，杜威．数字货币市场发展、风险防范及监管建议［J］．中国物价，2019，362（6）：45-48.

［4］冯静．货币演化中的数字货币［J］．金融评论，2019（4）：18.

［5］付艳艳．区块链视野下夫妻共同财产隐匿转移问题研究［D］．扬州大学，2020.

［6］郭锋．数字科技对证券市场及其监管的影响——基于大数据、人工智能、区块链的视角［J］．证券法律评论，2019（1）：1-25.

［7］何波．国内首例比特币挖矿机纠纷案评析［J］．中国电信业，2018，214（10）：66-69.

［8］洪学海，汪洋，廖方宇．区块链安全监管技术研究综述［J］．中国科学基金，2020，34（1）：22-28.

［9］胡改蓉，钱一帆 . 2016 年中国证券市场法制研究报告［J］. 公司法律评论，2017（1）：23.

［10］华秀萍，夏舟波，周杰 . 如何破解对数字虚拟货币监管的难题［J］. 金融监管研究，2019（11）：1-18.

［11］环球网 . "典"亮我们的生活　给网络虚拟财产加设"放心锁"［EB/OL］.（2020-11-24）［2021-03-06］. https：//baijiahao. baihu. com/s？id＝1684242245279095441&wfr＝spider&for＝pc.

［12］黄紫豪 . 比特币"猎场"的陷阱与风险［N/OL］. 上海证券报（2021-01-13）［2021-01-15］. https：//paper. cnstock. com/html/2021-01/13/content_1417610. htm.

［13］金融界 . 吉尔吉斯斯坦经济部提议对加密货币挖矿征税［EB/OL］.（2020-08-05）［2020-08-29］. https：//baijiahao. baidu. com/s？id＝1674158485709117474&wfr＝spider&for＝pc.

［14］金融界 . 乌克兰发布新的"虚拟资产"草案，以允许当地加密公司能够开设银行账户［EB/OL］.（2020-05-23）［2020-08-29］. https：//baijiahao. baidu. com/s？id＝1667439840864718124&wfr＝spider& for＝pc.

［15］金融界 . 央行上海总部：持续做好 ICO 与虚拟货币交易等风险监测和处置［EB/OL］.（2020-08-05）［2020-08-29］. https：//baijiahao. baidu. com/s？id＝1674190458096189374&wfr＝spider&for＝pc.

［16］凯伦·杨，林少伟 . 区块链监管："法律"与"自律"之争［J］. 东方法学，2019，69（3）：121-136.

［17］李沐阳 . Y 商业银行反洗钱管理优化研究［D］. 陕西：西北农林科技大学，2020.

［18］李文红，蒋则沈 . 分布式账户、区块链和数字货币的发展与监管研究［J］. 金融监管研究，2018，78（6）：5-16.

［19］李文红 . 虚拟资产的国际监管思路及其对建立防范互联网金融

风险长效机制的启示 [J]. 金融监管研究, 2020 (8): 15.

[20] 李自华, 路娟, 张伟. 英国加密资产市场发展概况、监管政策以及对我国的启示 [J]. 国际金融, 2021 (2): 5.

[21] 马樱健. 数字货币全球提速 风险监管走向多元 [N]. 新金融观察报, 2021-02-08 (39).

[22] 彭扬. "过山车" 行情频现 比特币 "泡沫" 警报拉响 [N/OL]. 中国证券报 (2021-01-13) [2021-01-15]. http: // epaper. cs. com. cn/ zgzqb/html/2021-01/13/nbs. D110000zgzqb_A01. htm.

[23] 齐芳. Policy Highlights 政策要揽 [J]. 国际融资, 2016 (3): 64-65.

[24] 汤媛媛. 区块链风险治理: 困境与规制 [J]. 税务与经济, 2020 (5): 6.

[25] 唐安然. 比特币交易监管的域外借鉴 [J]. 互联网金融法律评论, 2017 (2): 81-93.

[26] 王金成, 晋卫强, 王尚尚. 区块链犯罪防控对策探析 [J]. 江苏警官学院学报, 2020, 35 (6): 35-43.

[27] 王闲乐. 去年2605人涉金融犯罪被捕 [N/OL]. 解放日报 (2020-05-10) [2020-08-29]. https: //www. jfdaily. com/staticsg/res/html/ journal/ detail. html? date=2020-05-10&id=292753&page=02.

[28] 王延川. "除魅" 区块链: 去中心化、新中心化与再中心化 [J]. 西安交通大学学报 (社会科学版), 2020, 40 (3): 38-45.

[29] 卫磊. 《刑法修正案 (十一) 》对洗钱犯罪刑法规制的新发展 [J]. 青少年犯罪问题, 2021 (2): 10.

[30] 徐思秋. 业态犯罪初论——以淫业罪 VS 毒业罪为蓝本 [D]. 上海: 华东政法大学, 2020.

[31] 于品显. 中央银行数字货币法律问题探析 [J]. 世界贸易组织

动态与研究, 2020, 27（2）：88-102.

[32] 曾昕，刘滔．规则与惩罚：区块链金融交易的刑事犯罪分析 [EB/OL]．（2021-06-09）[2021-07-15]．https：//m. thepaper. cn/baijia-hao_13080137.

[33] 张琼斯．近 5000 家机构已退出　互金网贷专项整治进入收官 [N/OL]．上海证券报（2020-04-25）[2020-09-03]．http：//paper. cnstock. com/html/2020-04-25/content_1308349. htm.

[34] 钟洲，郝芮琳．数字货币反垄断问题研究 [J]．技术经济，2021（1）：91-98.

第十二章
未来展望

一、DeFi 实现重大技术升级

回顾过去十年区块链技术的发展，有学者观察到一个所谓的"三年技术周期律"。这个行业的技术更新为 3~4 年一个周期向前波动式前进。它往往具有这样的形式：一个技术从提出、形成雏形到完全成熟可用，需要经历三四年时间。它的成熟以及缺陷又会激发下一代技术的提出，从而进入下一个波动阶段。

比特币是 2009 年上线的，当时还存在很多漏洞和小瑕疵，经历了 3~4 年的发展，到 2013 年其技术才完全成熟。比特币技术成熟之后，提供 7TPS 的交易性能，1MB 每区块存储限制，单一数字资产（即比特币，BTC）在当时已经十分厉害了，所以立刻迎来一波百倍的上涨。比特币的成功启发了 Vitalik，他是 *Bitcoin Magazine* 的编辑，对比特币非常熟悉，他看到了比特币的优点和不足，于是在 2013 年底提出了以太坊这一设想。

2015 年以太坊发布，但到 2016 年才真正运作起来，2017 年以太坊大热，这之间又是经历了三四年的时间。以太坊的技术水平已经上升到了 15TPS，有完备的智能合约支持，可以自定义通证，但是缺点是不能跨链。以太坊一出来就技惊四座，立刻创造了众筹（ICO）这一新的应用场景。以太坊的成功又激发了一批新的项目。回顾 2016 年与 2017 年，Filecoin、

Polkadot（波卡）、COSMOS，包括 Facebook 的 Libra，实际上都是被以太坊的成功激发出来的。这些项目同样也需要经过三四年才能真正落地、成熟。例如，Filecoin 项目是在 2017 年做的众筹，最开始并没有激起水花，也是随着技术的成熟，经过几年的发展才真正落地。又如 Polkadot，在 2017 年发起众筹的两周后，因为某位程序员的误操作，将近 1 亿美元融资款被锁死，一度成为行业内的笑话，但在项目团队的努力下，Polkadot 生态系统日益壮大，目前已经成为业内最受关注的项目之一。

随着一批在众筹热潮中催生出来的以太坊 2.0（ETH2.0）、Filecoin、Polkadot、OSMOS、Libra 等项目技术逐步落地应用，DeFi 的技术基础设施会迎来巨大的发展。根据 ETH2.0 的目标，未来将拥有 10 万 TPS 的性能、IPFS 存储、跨链资产、跨链智能合约和多语言编程等能力，DeFi 的技术基础设施将全面走向成熟。

1. 跨链推动生态融合

现阶段，最令人苦恼的莫过于以太坊网络的拥堵以及高昂的 Gas 费用。目前，ETH2.0 已在 2020 年 11 月正式上线，主打跨链功能的高性能网络正在蓬勃发展，未来将成为承接以太坊价值溢出的重要通路。此外，Bancor 宣布加大通往波卡跨链桥的开发力度；Linch 宣布由其开发的自动化做市商协议，Mooniswap 将同时部署在 NEAR（一个采用分片技术的 PoS 公链）上，以探索 NEAR 和以太坊互操作性的各种可能性。开发者寻找新底层、迁移新生态成为 2021 年 DeFi 扩大规模的重要方向。

2. 扩容提高区块链性能

以太坊已经踏上 2.0 升级之路，"跨链之王" Polkadot 也已经开始落地，推动 Web3.0 进入高速发展阶段；主攻分片的 NEAR、Layer 0 的 Marlin 等一众不同的扩容解决方案也有所进展。虽然路径不同，但都剑指"高速、低手续费"，这些扩容方案正在为 DeFi 的下一轮爆发铺平跑道、夯实基础。

3. 支撑组件不断走向成熟

预言机、检索器、链上身份、链上征信等一系列 DeFi 组件继续完善；这些"工具"正在为 DeFi 的正常运转提供支持，也为下一个爆款产品的出现提供了可能。

二、DeFi 驱动价值互联网

DeFi 将赋能 Open Web 大发展。很长时间以来，区块链行业里就有 DAPP、Web 3.0、Open Web、价值互联网、去中心化互联网这些说法。对于传统互联网的每一层，Open Web 都有对应的解决方案：在存储层，传统互联网有云存储，DeFi 有 Filecoin、IPDB；在计算层，传统互联网有云计算，DeFi 有以太坊、EOS、Cardano、NEO、波场等智能合约公链；在互联层，传统互联网有 HTTP，DeFi 有 IPFS，还有波卡、COSMOS 等专门负责跨链的公链；在价值层，传统互联网是缺乏的，而 Open Web 有一个完整的 DeFi 生态。

DeFi 的存在是 Open Web 相对于传统互联网的主要竞争优势，近几年区块链领域的成功项目几乎都集中在数字资产和金融方面，做应用成功的很少。在应用方面，传统互联网资金雄厚，技术实力强，Open Web 还无法与之较量。在价值层，DeFi 相对传统互联网具有明显的优势。DeFi 发展起来之后，将会有力地赋能价值互联网上的去中心化应用，帮助他们在 DeFi 世界里快速完成从支付到发行、融资、上市、交易的全过程，而不是依赖传统的金融体系。DeFi 就是通过构造新的金融模式、金融工具和金融基础设施，赋能和支持新产业的发展，这将成为未来去中心化应用蓬勃发展的基石，孵化出那些去中心化世界里的谷歌、淘宝、微信和抖音。

三、DeFi 通过数字资产与实体经济关联

实体经济使用区块链来改造业务流程，这是一件非常重要的事情，要改变的地方很多。DeFi 只有与实体经济相关联才会有光明的未来，这是由"金融要支持实体经济"这一本质决定的。

区块链是一个数据管理技术，数据管理是企业 IT 架构的一个基础层，基础层变化，牵连巨大。区块链也还涉及各协作机构和部门之间的关系改变，相当于要实现流程再造，整个改造过程，需要很长的时间。互联网发展了 30 多年，很多产业和机构都还不能真正拥抱互联网思维，进行区块链改造就更是难上加难。

相比之下，从数字资产入手，可能是最可行的路径。实体经济始终都是有融资需求的，在现代经济体系里，如果说实体经济是器官，资金就是血液，金融就是心脏。实体经济高质量发展离不开金融的支持。DeFi 现在是一个全新的金融体系，实体经济需要利用这个体系吗？答案是肯定的。一定会有企业愿意进行尝试，而要想进入 DeFi，就得拿着可信资产来进行交易。因此，实体经济与 DeFi 的连接一定会从数字资产开始，实体经济通过数字资产上链，简单、干净、轻量。

四、DeFi 被监管并走向规范

科技大趋势之下，监管也会与时俱进，以 DeFi 为代表的开放金融是未来全球金融的新高地之一，必须用新的监管思路来引导和管理。以美国的监管为例，美国 SEC 的海斯特·佩尔斯在 2020 年提出了一个"通证避风港"提案，英文是 Token Safe Harbor。在这个提案中，佩尔斯提出，不能让现有的监管框架阻碍创新、伤害美国的竞争力，对于真正去中心化、开

源且充分信息披露的项目，只要到美国 SEC 注册，进入"安全港湾"，就可以在三年内豁免证券法监管，允许初创项目发 token 融资。在此之前，各国的监管几乎都只是简单禁止了事，从而使这个领域的许多创新处于两难境地。2021 年 4 月 13 日美国 SEC 在官网上发布了《通证避风港提案 2.0》提案，这一提案本质就是一个大号的"监管沙盒"，一旦落地，区块链特别是公链和 DeFi 项目将会得到爆炸性的发展。

我们认为，监管对 DeFi 的发展将起到积极的引导作用。目前，影响 DeFi 发展的很大问题是一些明显的犯罪行为、欺诈行为得不到及时惩戒。如果没有有效的监管，DeFi 生态很难实现高质量发展。DeFi 如何接受监管，监管机构如何在链上参与审查，原生 DeFi 项目需要什么样的注册和备案制度，这些问题都将直接关系到 DeFi 的未来发展。

参考文献

巴比特. 关于 DeFi 未来的四点判断 [EB/OL]. (2020-09-18) [2020-10-28]. https：//blog. csdn. net/myan/article/details/108675394.